Schäfer/Knubben · ... in meinen Armen sterben?

... in meinen Armen sterben?

Vom Umgang
der Polizei
mit Trauer und Tod

von
Dierk Schäfer
und
Werner Knubben

VERLAG DEUTSCHE POLIZEILITERATUR
GMBH

Die Deutsche Bibliothek – CIP-Einheitsaufnahme

... in meinen Armen sterben? : Vom Umgang der Polizei mit
Trauer und Tod / von Dierk Schäfer und Werner Knubben. –
2. Aufl. - Hilden/Rhld. : Verl. Dt. Polizeiliteratur, 1996
  (VDP-Sachbuch)
  ISBN 3-8011-0345-5
NE: Schäfer, Dierk; Knubben, Werner

Der Inhalt dieses Buches wurde auf
chlorfrei gebleichtem Papier gedruckt

2. Auflage 1996
© VERLAG DEUTSCHE POLIZEILITERATUR GMBH; Hilden/Rhld. 1996
Alle Rechte vorbehalten
Titelfoto: Hermann Wesseling, Köln
Satz: VDP, Hilden
Druck und Bindung: Theissen Druck, Monheim
Printed in Germany
ISBN 3-8011-0345-5

In seinem Buch über den armenischen Völkermord läßt Edgar Hilsenrath einen Priester, den einzigen Überlebenden von sieben Dörfern, die Geschichte von Sodom und Gomorrha erzählen.

Auf die Frage, warum der liebe Gott Lots Frau ausgerechnet in eine Salzsäule verwandelt habe, antwortet er, Gott habe Mitleid mit ihr gehabt, denn sie habe Schreckliches gesehen und der liebe Gott habe gewußt, *daß ein Mensch mit dieser Erinnerung nicht weiterleben kann.*

Vorwort

"Norbert, noch 'ne Leiche!" Der Beamte vom Dezernat 'Gewaltverbrechen' gab die Information gleich an seinen Kollegen von der Kriminaltechnik weiter, als kurz vor Dienstschluß der dritte Suizid während der Weihnachtsfeiertage gemeldet wurde. Seine Stimme klang nicht verärgert, sondern eher resignierend und schicksalsergeben.

In vielen Berufen haben Menschen zu einem erheblichen Anteil mit Sterben und Tod zu tun. Sie sind Experten um das Todesgeschehen herum, *Periletalexperten*. Als Ärzte und Schwestern versorgen sie Sterbende im Krankenhaus oder Altersheim. Als Polizisten nehmen sie tödliche Verkehrsunfälle auf und führen die Ermittlungen bei Gewaltverbrechen. Als Gerichtsmediziner und Sektionsgehilfen sezieren sie Leichen. Als Bestatter kümmern sie sich um Beisetzung und Formalitäten. Als Pfarrer halten sie Bestattungsansprachen und leisten Trauerbegleitung. Als Totengräber schaufeln sie das Grab aus und beseitigen die Gebeine des vorigen 'Benutzers'.

Die Autoren wurden durch ihren Beruf als Polizeiseelsorger veranlaßt, sich mit Trauer und Tod zu beschäftigen. Zunächst wollten Polizeibeamte wissen, wie sie Todesbotschaften 'besser' überbringen können. Doch Polizisten haben noch mehr Berührungen mit dem Tod: Unfälle, besonders im Straßenverkehr, Großunfälle und Katastrophen, Suizide und Gewaltverbrechen, Notwehrsituationen und Verfolgungsjagden, – man kann nicht Polizist sein, ohne Leid, Tod und Trauer immer wieder ganz hautnah und bedrängend, aber auch als völlig normal und sogar banal zu erleben. Über die Berichte der Polizisten kamen dann auch immer deutlicher die anderen Berufe in den Blick, die mit dem Tod zu tun haben und denen die Beamten bei ihrer Arbeit begegnen.

Wir wollen Ihnen, dem Leser, einerseits ganz praxisorientiert helfen, besser, also professioneller mit dem Tod umzugehen. Dennoch soll dieses Buch kein Handbuch für 'Todesprofis' sein. Denn zum anderen möchten wir Ihnen nahebringen, daß Ihr beruflicher Umgang mit Tod und Leichen nur dann für Sie und die Hinterbliebenen verkraftbar ist, wenn Sie mutig genug sich auch dem Problem Ihrer eigenen Sterblichkeit stellen und sich die eigene Verletzbarkeit ein- und zugestehen. Für zukünftige eigene Trauer und eigenes Sterben gibt es keine Rezepte, sondern allenfalls die eine oder andere Weisheit, von der niemand weiß, ob sie wirklich hält, wenn es soweit ist. Und so gibt es auch für das Sterben und Trauern anderer Menschen keine Rezepte, sondern nur Erfahrungen, und ob diese Erfahrungen Ihnen mit Sicherheit helfen, können wir nicht versprechen. Routine und Professionalität gehören zwar unabdingbar auch in das Berufsbild der unterschiedlichen Periletalexperten, schließlich, so meinen viele, werden sie genau dafür bezahlt. Doch um der Humanität willen ist es ebenso wichtig, die Grenze aller Routine zu erkennen, und die liegt dort, wo für die aktiv wie passiv Beteiligten die seelische Verletzbarkeit anfängt. Dies gilt sicher für alle Berufe, für Periletalexperten jedoch in besonderer Weise. Ein Polizist schrieb uns: *Wer über den Tod, auch den eigenen Tod nicht nachdenkt, der tut sich schwer, den Hinterbliebenen das zu geben, was sie so dringend brauchen: Das Gefühl des Verstehens und menschliche Nähe. Allzu oft habe ich während meiner Dienstzeit diese Zusammenhänge beobachten können. Kollegen, die den Tod verdrängten, sogar Witze machten, zeigten auch in alltäglichen, eher harmlosen zwischenmenschlichen Konfliktsituationen Mängel im Verständnis, im Mitgefühl und in ihrer Offenheit. Kollegen hingegen, die den Tod zumindest nicht bagatellisierten, konnten auch im allgemeinen Umgang eher Menschlichkeit vermitteln.*

Hier ist der Platz, anzumerken, daß auch die beiden Autoren durch ihre intensive Beschäftigung mit dem Thema empfindlicher geworden sind und ähnliche Probleme zu verarbeiten hatten wie die Periletalexperten. Fragen zu Leben und Tod haben sich verdichtet, und es wurde die eine oder andere Antwort gefunden. Dieser Prozeß, aber auch Erlebnisse mit Hinterbliebenen und die 'Neubewertung' zurückliegender Todeserfahrungen im eigenen Bekannten- und Familienkreis, haben die Einstellung der Verfasser verändert. Doch wir sind nicht betrübt darüber. So wünschen wir auch Ihnen, daß unser Buch über ein gemiedenes, weil traurig stimmendes Kapitel menschlichen Lebens Ihr Leben nicht belastet, sondern bereichert.

Vorwort

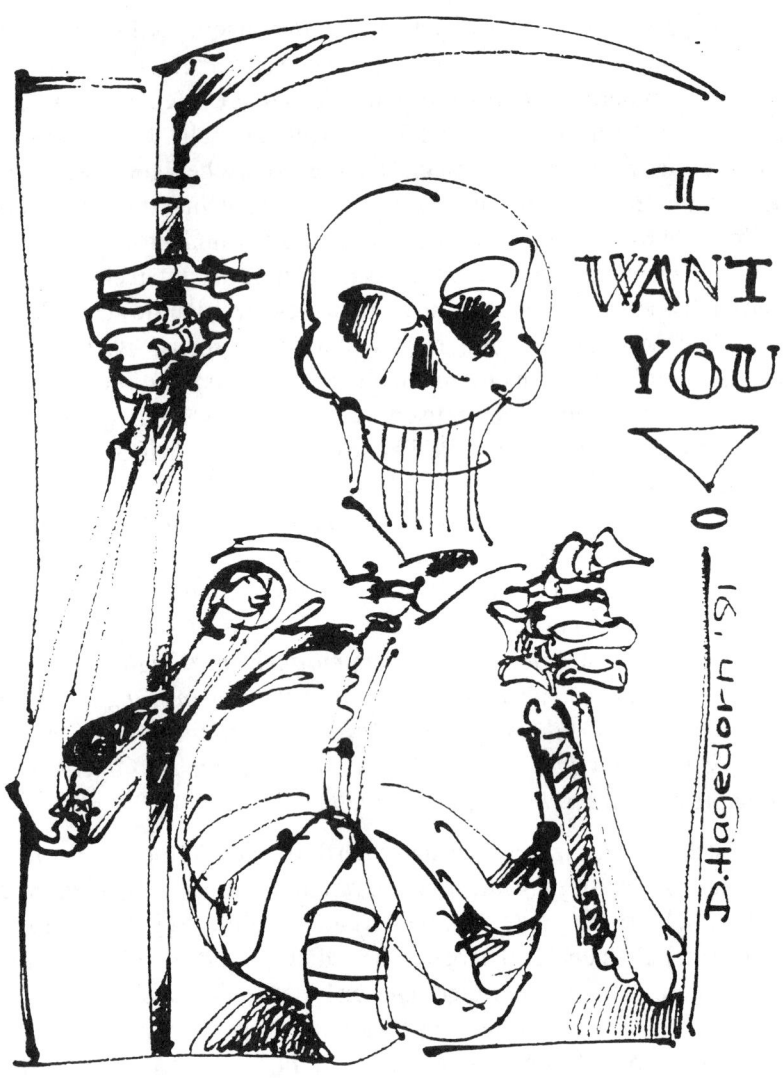

Vorwort

Wir haben dieses Buch als Lesebuch gestaltet, denn wir wollen Ihnen die Freiheit der eigenen Akzentwahl lassen und Ihnen nicht in Form einer stringenten wissenschaftlich-philosophischen Argumentationskette Lösungen aufnötigen, die Sie in Ihrem Gefühl oder aufgrund Ihrer Weltanschauung nicht mittragen können. Darum haben wir auch häufig künstlerisch gestaltetes Material verwendet, denn die Philosophie hatte, wie Odo Marquard schreibt, auf dem Gebiet der Lebensweisheit ohnehin niemals das Kompetenzmonopol. Schon immer seien mindestens die Dichter ihre Konkurrenten gewesen. Und so sollen Bilder, Gedichte und Prosatexte, die oft Ergebnis von Trauerarbeit sind, als besonderer Zugang zum Thema dienen. Neben der Musik und kultischer Ritualsprache sind sie vielleicht der einzig angemessene Zugang, weil sie über die Fachsprache der Periletalexperten hinaus die menschliche Verwirrung, Angst und Verzweiflung, aber auch die damit verknüpften Lebenshoffnungen auf eine glaubwürdige Weise vermitteln. Diese nicht so präzise Sprache läßt eigenen Ausdeutungsmöglichkeiten Raum und spricht uns unmittelbarer an als die Spezialsprachen von Theologen, Philosophen und Wissenssoziologen. In der Stunde des Todes hilft uns kein fremdes Wissen über Leben, Sterben und Tod, sondern nur die reife Gelassenheit eines gefestigten, das Leben loslassen könnenden Selbstverständnisses. Dieses ist das selbst für richtig erfundene und gelebte Ergebnis unseres Lebens und Glaubens, ist die Münze, für die Charon uns gut hinüber fährt, wohin auch immer.

Dierk Schäfer Rottenburg, Sigmaringen
Werner Knubben im Frühjahr 1996

Inhaltsverzeichnis

Ein Buch über den beruflichen Umgang mit dem Tod – was können Sie davon erwarten?

Sie, verehrte Leserin, verehrter Leser, interessieren sich für das Thema Tod. Sie haben beruflich mit Todesfällen zu tun, vielleicht haben Sie aber dieses Buch in die Hand genommen, weil Sie selber gerade vom Tod eines lieben Menschen betroffen sind und nach allem greifen, was Ihnen helfen könnte.

Wir wollen Ihnen zunächst einen kurzen Überblick verschaffen, damit Sie gezielt aussuchen können, was Sie interessiert.

1. Kapitel: Der Tod als berufliche Aufgabe
Periletalexperten unter sich

Im ersten Kapitel bringen wir Beispiele aus verschiedenen Berufen, in denen der Tod eine wichtige Rolle spielt. Ein großer Teil dieser Beispiele wurde uns von Polizeibeamten berichtet, die wir um Mithilfe gebeten hatten. Sie finden Berichte über Verkehrsunfälle, Tod durch Verbrechen und das Überbringen von Todesnachrichten. Einige Beamte haben auch versucht, ihre belastenden Erlebnisse in Form eines Gedichtes zu verarbeiten. Auch der Arzt und Schriftsteller Gottfried Benn schrieb sich seine Erlebnisse in der Pathologie in Versform von der Seele. Zwei hintersinnige Anekdoten über Totengräber und ein Interview mit einem Bestatterehepaar zeigen andere Blickwinkel.

Ein Schwerpunkt innerhalb dieses Kapitels ist der Umgang mit Schwerverletzten und Sterbenden am Unfallort – was tun, wenn manches in der Ausbildung nicht vorkam? Auch die Gaffer bei Verkehrsunfällen gehören in diesen Zusammenhang.

Inhaltsverzeichnis

Zum Schluß des Kapitels haben wir die geschichtliche Entwicklung des gesellschaftlichen Umgangs mit Sterben und Tod unter die Lupe genommen: Wie sind die besonderen Schwierigkeiten zu erklären, die wir heute, mehr als die Menschen früherer Zeiten, mit diesem Thema haben?

Vorwort 6
Einführung in das erste Kapitel 20
Suizid 1989: Viele Alte machen selber Schluß 22
Tommy Welsch, Von einem ruhigen Sonntagsdienst
    eines MEK-Beamten 24
Horst-Peter Jung, In 15 Jahren Schutzpolizeidienst ...
    Ein Kommissar zieht Bilanz 25
Stefan Beuschel, Einen schönen Tag noch –
    'Ausfluß' von einem Einsatz Exitus 28
Karl-Heinz Lüdtke, Tode, lauter Tode,
    Aus den Erinnerungen eines Ostberliner Polizeibeamten 30
Protokoll, kurz und bündig 34
Dierk Schäfer, danse macabre – Totentanz auf Schienen 35
Herbert Kosyra, Guten Appetit! –
    doch der Staatsanwalt übergibt sich 36
Werner Knubben, Auf Probe –
    Makabre Einführungsriten bei der Kripo 36
Peter Sager, Über unsere Arbeit spricht man nicht,
    sagt der Sektionsgehilfe 37
Gottfried Benn, Kreislauf 40
Gottfried Benn, Kleine Aster 41
Totengräber:
Kein blühendes Geschäft 42
Dierk Schäfer, Das Sterbesoll 42
Unser Traumberuf: Bestatter 44
Dierk Schäfer, Klug 55
Warum habt ihr mich verlassen? –
    Die Einsamkeit des Unfallopfers 56

Inhaltsverzeichnis

Peter Dinninghoff, "Er wird doch nicht
  in meinen Armen sterben!" 57
Über den Umgang mit Schwerverletzten am Unfallort 59
Hellmut Tourneau, Beten? 62
Erste Hilfe – letzte Hilfe, ein kurzer Leitfaden,
  auch im Anhang zum Ausschneiden 64
Was tun mit den Gaffern? Der by-stander-Effekt 71
M.F., Überfällig – Viele sterben, ohne daß es jemand merkt 73
M.F., Achtung! Lebensgefahr! 74
Christina Rosenauer, Hilfe, ich sterbe!
  oder: Es hätte auch mich treffen können 75
M.F., Keine Zeit 76
M.F., 3o Minuten Zeit 77
Stefan Kautzky, Ordnung vor Menschlichkeit 77
Werner Knubben, Wechselnde Peinlichkeiten
  beim Umgang mit Leichen:
    Heute schäme ich mich, ... 80
    Heute schäme ich mich nicht mehr 81
Dierk Schäfer, Schicksalspunkte – gut aufgehoben 82
Unter der Lupe: Gesellschaft und Todeserleben im Wandel 84
Dierk Schäfer, Die Sprache des Todes verschleiert so oder so 89
Martin Gehlen, Hooss Johannes –
  Ein Fall von Unsterblichkeit? 91
Dierk Schäfer, Entwicklung der MODERNE
  am Beispiel der Lebensgemeinschaften 93
Paul Gerhardt, Auf, auf, mein Herz 95
Erich Fried, Definition, Der Mensch ist der ärmste Hund 97
Entzauberung und Sinnverlust –
  die Entwicklung der modernen Welt 98
Johannes-Heinrich Jung-Stilling, Der Tod von
  Eberhard Stilling im Kreis der Familie 100
Dierk Schäfer, Vor unseren Ohren ... Öffentlich sterben 102
Der Tod ist ein schnelles Fahrrad 105

2. Kapitel: Wenn der Tod Bedeutung gewinnt

Wenn der Tod Bedeutung gewinnt, dann ist es meist vorbei mit aller Professionalität. Geradezu allgemeingültig zeichnet Edgar Allen Poe die Choreographie des den Menschen bedrängenden Todes. Das Fluchtverhalten der vornehmen Gesellschaft in Poes Geschichte *Die Maske des roten Todes* finden wir wieder in den Antworten, die junge Polizeibeamte und Krankenpfleger auf die Frage gegeben haben, was sie täten, wenn sie nur noch sechs Monate zu leben hätten. Diese Antworten werden Sie sehr gut in die Phasen des Sterbens einordnen können, die wir überblicksmäßig abdrucken.
'Ich habe getötet' ist ein anderer Aspekt, unter dem der Tod fürchterliche Bedeutung gewinnen kann. Darum finden Sie unter dem Thema *Post-Shooting-Trauma* Beiträge von und über Menschen, die getötet haben und damit nicht so leicht fertig wurden, wie man es Polizisten oft in Unkenntnis und leichtfertig unterstellt.

Die Überbringung von Todesnachrichten ist eine Aufgabe, die meist von Polizisten wahrgenommen wird und sie oft in Bedrängnis bringt. Dazu eine Reihe von beeindruckenden Beispielen und ein Leitfaden, der auf die Aufgabe vorbereitet.

Nachrufe und Bestattungsansprachen halten zwar zumeist das tiefe Leid auf Distanz, und dennoch, wer es ernst damit meint, wird sich der Bedeutung und Deutung des Todes nicht ganz entziehen können. Hier einige Beispiele und Hilfen.

Einführung in das zweite Kapitel 108
Dierk Schäfer, Zum Frühstück 113
E.A. Poe, Die Maske des roten Todes 114
Werner Knubben, Wenn ich noch 6 Monate zu leben hätte ...
    Polizisten in Ausbildung 121
    Krankenpflegeschüler 126
Joseph von Eichendorff, Im Walde 128
Dierk Schäfer, Um ein Haar tödlich 130
Hans Sayer/Fritz König, Menschen, die dem Tod nahe sind 136

Inhaltsverzeichnis

Phasen des Sterbens 138
Psalm 90, Unser Leben währet siebzig Jahre 140
Unter der Lupe: Ich habe getötet 141
   Ernest Hemingway, Gespräch über das Töten 141
   Was kommt nach dem Töten? 144
   Nach Schüssen Gewissensbisse 146
   Dierk Schäfer, Das Post-Shooting-Trauma 147
   Heinz Hermann Niemeyer, Tödliche Notwehr 151
Unter der Lupe: Die Begegnung mit den Leidtragenden 155
   "Es tut uns aufrichtig leid ..." 155
   Das Überbringen von Todesnachrichten 156
   Sie haben eine Todesnachricht zu überbringen
      Vorbereitung auf eine schwere Aufgabe,
      im Anhang auch zum Ausschneiden 158
   M.F., Dem Freund die Todesnachricht überbringen 165
   Stefan Kautzky, Mir krampft sich der Magen zusammen 166
   Roald Dahl, Wir müssen Ihnen mitteilen 168
   "Bewundernswert!" 171
   Traueransprachen und Nachrufe 174
      Dierk Schäfer, Jürgen Janka starb durch eigene Hand 174
      Wolfgang Wenzel, Werkstattbericht 177
      Wolfgang Wenzel, Polizeirat a.D. Wilhelm Ritter 182
      Dierk Schäfer, Widerstand und Vergebung,
      Zwei tote Polizisten an der Startbahn 186
      Andreas Metzl, Ausgerastet: Reinhold Rehm 194

3. Kapitel: Über den Tod hinaus – Sag mir, wo die Blumen sind

Trauer ist der Weg zum Weiterleben nach dem Tode eines geliebten Menschen.

Ausführlich stellen wir die Phasen des Trauerprozesses dar, vom Schock bis zur Adaption, dem Wieder-leben-können. Auch die Unfähigkeit zur Trauer, das Scheitern von Trauerprozessen wird angesprochen, damit wir Trauer besser verstehen und sie helfend fördern können.

Und nahtlos geht es über in die Kunst des Lebens, die zugleich eine Kunst des richtigen Umgangs mit Leid und Tod ist. Wenn wir wieder lernen, unsere Angst vor dem Tod nicht verstecken zu müssen, sondern ehrlich darüber reden können, dann wird unsere Angst kleiner und unser Lebensgefühl freier werden. Beispiele über die angstvoll-ehrliche und zugleich befreiende Rede von Leiden und Tod finden Sie im letzten Teil dieses Kapitels.

Einführung in das dritte Kapitel 201
Nossrat Peseschkian, Der gläserne Sarkophag 205
Trauerprozeß 206
    Schock 208
    Kontrolle 212
    Regression 215
    Adaption 224
Kurt Marti, Auferstehung 229
Marie-Luise Kaschnitz, Die Mutigen 230
Helga Steinhauser, Diese kostbaren Tage 230
Albert Rau, Vom Umgang mit dem Tod –
    ein Beispiel zum Nachdenken 232
Jakob Kneip, Mit dem Bruder am Grabe des Vaters 234
Die Unfähigkeit zu trauern 236
Hiob's Botschaften 238
Siegfried Rudolf Dunde, Trösten – nichts für Männer 239
Werner Knubben, Eigentlich können Sie froh sein! 242
Georg Britting, Der Geheimrat Zet 246

Inhaltsverzeichnis

Dierk Schäfer, Leben 249
Eugen Drewermann, Tod und Leben 250
Werner Knubben, Lebensanzeige 254
Hallo Jochen! 255
Kurt Marti, Protest 256
Viktor Frankl, Lebens als Herausforderung 258
Frank M. Ochberg, Überlebens-Psalm 259
Ovid, Es nehme dieselbe Stunde uns fort! 260
Dierk Schäfer, Lebenssatt 262
Werner Knubben, Wie wird es mit ihm weitergehen? 264
Ralph Höfelein, Sterbebegleitung,
   Im Namen der Menschlichkeit 265
Zehn Ratschläge eines Sterbenden für seinen Begleiter 268
Karin E. Leiter, Daniel: Setzt mir keinen Grabstein! 270
Dierk Schäfer, Abschied 272
... und Gott wird abwischen alle Tränen von ihren Augen 273
Johannes B. Brantschen, Jeder braucht Trost 274
Dierk Schäfer, Auf dünnem Eis 275
Dierk Schäfer, Es ist nicht gut, daß der Mensch allein sei 278
Ulrike Pfeil, Nachruf für E. 279
Peter Köhler, "Lachen möcht' ich, wenn drüben
   auch nix wär!" 281

Nachwort 285

Quellenverzeichnis 289

Anhang (zum Ausschneiden)
   Erste Hilfe – Letzte Hilfe 293
   Sie haben eine Todesnachricht zu überbringen 301

Christoph Breuer

1. Kapitel

Der Tod als berufliche Aufgabe
Periletalexperten unter sich

UNTER DER LUPE:
Gesellschaft und Todeserleben im Wandel

1. Kapitel

Periletalexperten, Fachleute in Sachen Tod, gibt es schon lange. Der Medizinmann und Priester (in einer Person) ist sicher der älteste unter ihnen. Er hatte die Angst vor Sterben und Tod zu bannen und den rituellen, den richtigen Übergang vom Reich der Lebenden in das der Toten zu gewährleisten. Aber alle anderen Tätigkeiten im Umkreis des Todes wurden zunächst noch völlig unspezialisiert und abwechselnd von den Mitgliedern der Lebensgemeinschaft wahrgenommen. Dabei wollen wir von solchen Sonderentwicklungen wie im Alten Ägypten einmal absehen, wo es für die Spitzen der Gesellschaft eine hochspezialisierte Todeskultur gab, sondern den Blick auf die abendländische Entwicklung richten. Bis weit in unser Jahrhundert hinein handelte es sich in den kleinen überschaubaren Lebensgemeinschaften immer nur um 'Nebenerwerbstätigkeiten', die zudem, je nach Lage, auch von anderen erbracht werden konnten: Das Waschen des Toten, seine Bekleidung, Aufbahrung und Totenwache, die Bekanntmachung des Todesfalles und das Tragen des Sarges, das Ausschachten des Grabes, die musikalische Begleitung und die Verköstigung der Trauergäste, all das übernahmen je nach örtlicher Tradition Nachbarn, Zunftgenossen und Vereinskameraden oder die Hinterbliebenen selbst. Die spezialisierteren Aufgaben waren die des Arztes und Priesters; und das Anmessen und Anfertigen des Sarges war zwar Aufgabe des Schreiners, eines Spezialisten also, jedoch für diesen eine Ausnahme von seiner täglichen Arbeit.

Erst im Zuge der zunehmenden Arbeitsteilung in der Neuzeit haben sich Spezialdienste herausgebildet, auf deren Professionalität jeder in unserer hoch komplex gewordenen Gesellschaft angewiesen ist, weil die ursprüngliche Aufgabe, einen Toten mit Hilfe der Dorfgemeinschaft gemäß den überschaubaren Regeln zu begraben, in dieser einfachen Regelhaftigkeit nicht mehr geleistet werden kann. Diese Professionalisierung hat sich ebenso in anderen Lebensbereichen abgespielt, wirft aber im Falle der Periletalexperten größere Begleitprobleme auf. Bei aller Professionalität geht es hier doch immer um einen elementarexistentiellen Vorgang, der professionelles, also routinehaftes Handeln eigentlich verbietet. Die geheimnisvolle Aura, die diese Berufe und Tätigkeiten umgibt, ist der Beweis dafür. Auch in Gesprächen mit

Einführung

Periletalexperten wird deutlich, daß die routinierte Handhabung des Umgangs mit dem Tod zwar angestrebt, doch häufig emotional nicht durchgehalten wird, weil es immer wieder Anlässe zur Identifizierung mit dem Schicksal des Toten oder seinen trauernden Hinterbliebenen gibt und weil im Umgang mit den Hinterbliebenen erkennbare Routine, um es paradox auszudrücken, unprofessionell wäre.

Im Jahre 1989 ereigneten sich in der Bundesrepublik (Alt-BRD) laut *Statistischem Jahrbuch* 697.73o Sterbefälle. Diese hohe Zahl gewinnt ihren Schrecken, wenn man sie aufteilt, so daß Einzelschicksale erahnbar werden: Es starben 5.o74 Säuglinge bevor sie das erste Lebensjahr erreicht hatten und insgesamt 12.7o4 junge Menschen bis zum 25. Lebensjahr. Zu den abgebrochenen und darum besonders widersinnig erscheinenden Lebensläufen sind auch die Toten durch Unfälle und andere Gewalteinwirkungen zu rechnen: Durch Unfall kamen 2o.o7o Menschen ums Leben, davon 7.615 durch Verkehrsunfälle mit Kraftfahrzeugen. 1o.252 Menschen starben durch eigene Hand und es wurden 2.385 Fälle von Mord und Totschlag bekannt.

Diese Zahlen machen das Ausmaß des Arbeitsanfalles der Periletalexperten deutlich. Darüber hinaus werden aber auch die besonderen Schwierigkeiten erkennbar, die sich aus dem Umgang mit den Hinterbliebenen ergeben. Bei extrem vorzeitigem oder gar gewaltsamem Tod haben sie meist keinen Ansatzpunkt, diesen Tod in irgendeiner Weise als 'normal' oder gar sinnvoll hinzunehmen und auf diese Weise zu verarbeiten.

1. Kapitel

Suizid und Selbstbeschädigung 1989
(nach: Statistisches Jahrbuch 1991)

Alter	Bevölkerung männlich 1.000	Suizide	SBZ*	Bevölkerung weiblich 1.000	Suizide	SBZ*
- 05	1698,2	0	0,0	1.612,0	0	0,0
05 - 15	3144,8	17	0,5	2.981,5	3	0,1
15 - 25	4576,9	679	14,8	4.352,2	185	4,3
25 - 45	9445,2	2050	21,7	9.004,6	651	7,2
45 - 65	8098,5	2498	30,8	8.151,1	1085	13,3
65 - 75	1853,4	729	39,3	3.110,2	567	18,2
über 75	1419,7	1064	74,9	3.231,0	723	22,4

* SBZ = Suizidbelastungsziffer = Anzahl der Suizide auf 1oo.ooo Personen

---

Aus dem Tagebuch eines 16jährigen Schülers, acht Jahre vor dessen Selbsttötung:

Ich will an einen Punkt kommen, wo es mir nichts mehr ausmacht zu sterben, wann, wo, wie immer es sein soll.

Erst dort beginnt für mich ein freies Leben.

Einführung

Die Periletalexperten schwanken oft genug zwischen Hilflosigkeit und Routine. Ein Aufruf in der GdP-Zeitschrift, uns Fälle für dieses Buch zu berichten, hat eine Fülle von Antworten erbracht, aus denen ganz deutlich wurde, wie Polizeibeamte oft noch nach Jahren, auch im Ruhestand, ganz plastisch die Bilder grauenhafter Erlebnisse vor Augen haben und geradezu darauf warten, ihre Geschichte erzählen zu können. Nur auf den ersten Blick scheint die Skurrilität mancher Fälle im Vordergrund zu stehen, denn es ist für jemandem mit dem Tod als Alltagsgeschäft ja immer der "besondere Fall", der ihn aus der Routine herausreißt und ihm vor Augen führt, womit er sich letztlich beschäftigt. Und auch die Alltäglichkeit der Beschäftigung mit Leichen wird nicht immer als normal (*da braucht man eben eine Hornhaut*) beiseite geschoben. Beim Blick aus dem Fenster seines Dienstzimmers, draußen pflügte ein Bauer sein Feld, sagte ein Kriminalbeamter: *"Der da kann wachsen lassen, er hat mit Lebendigem zu tun. Wenn ich dagegen an meine Arbeit denke..."*

Das gilt für alle Periletalexperten und davon handelt dieses Kapitel. Polizeibeamte mit ihren Erinnerungen und Erfahrungen melden sich zu Wort. Es geht um die alltägliche Arbeit von Sektionsgehilfen und Ärzten, Bestattern und Totengräbern. Die Dramatik tödlichen Geschehens ist diesen Berichten noch anzuspüren und hat zum Teil Eingang in die Überschriften gefunden: *Es hätte auch mich treffen können!* oder *Er wird doch nicht in meinen Armen sterben!* Auch die Sicht des Opfers wird nicht ausgelassen: *Warum habt ihr mich verlassen?*

Das Geschehen am Unfallort, Fragen des Umgangs mit Schwerverletzten und Sterbenden und die Behandlung von Gaffern haben wir als Praxisteil für Sie in dieses Kapitel aufgenommen.

Und es erschien uns sinnvoll und notwendig, die Entwicklung des Umgangs mit dem Tod unter die Lupe zu nehmen: *Gesellschaft und Todeserleben im Wandel*. Es ist wichtig, diese Entwicklung zu kennen, damit wir unsere eigene Haltung zum Tod, sei es als Angehöriger oder als Periletalexperte, besser und als Endergebnis eines geschichtlichen, also von Menschen gemachten Vorgangs verstehen können. Das

1. Kapitel

Ergebnis dieses Vorgangs ist die Hinausdrängung des Todes aus dem alltäglichen und den einzelnen betreffenden Erleben in Fachdienste hinein. Damit ist der Gedanke an unsere eigene Sterblichkeit für die meisten von uns ungewohnt und fremd geworden und auch die Periletalexperten betreiben mit all ihrer Fachlichkeit weithin nichts anderes, als sich privat vor dem Tod, dem sie beruflich ständig begegnen, gefühlsmäßig zu verpanzern, damit die Angst vor ihrem eigenen, privaten Tod möglichst erfolgreich verdrängt wird.

Von einem ruhigen Sonntagsdienst

Er hatte nur einen Auftrag bekommen
Doch der ging ihm wochenlang nach
Das Kind war nicht mehr ins Leben zurückgekommen.
Ihm reichte sein Auftrag, den er bekommen
Mit der bitteren Wahrheit zur Mutter zu kommen
Die schreiend,
weinend in seine Arme brach.
Bloß jenen Auftrag hatte er damals bekommen:
Doch der ging ihm wochenlang nach.

Tommy Welsch (Polizeibeamter beim MEK)

Zitiert aus: Ziemlich bewölkt, Erlenverlag Gelsenkirchen

In 15 Jahren Schutzpolizeidienst...

In 15 Jahren Schutzpolizeidienst, vom Polizeiwachtmeister bis heute zum Dienstgruppenleiter, bin ich häufig, für meinen Geschmack zu oft, mit dem Tod konfrontiert worden.

Neben vielen privaten Erlebnissen, auch im engsten Familienkreis, waren meine dienstlichen Berührungen mit dem oft unfaßbaren Tod zahlreich. Sie spiegeln nahezu alle Varianten von Todesursachen wider.

Da waren die Freitode. Durch Erhängen, Erschießen oder auch durch Autoabgase, durch absichtliche Autounfälle. Ich sehe heute noch den 5o m langen Leichenfundort vor mir, als sich ein Mann vor einen Zug geworfen hatte.

Da waren die vielen Unglücksfälle: Das Ersticken und Verbrennen im Bett wegen einer Zigarette; verbrannte Kinder, die in einer "Betthöhle" Feuer gemacht hatten; Kinder, die beim Baden und Väter, die während einer Floßfahrt ertranken; Spaziergänger, deren Herz aussetzte und viele, viele Verkehrsunfalltote.

Und da waren die krankheits- oder altersbedingten "natürlichen" Toten.

Viele Tote – und allen ist gemein: Sie hinterlassen eine Lücke, eine Leere, die nicht füllbar ist, es ist etwas Endgültiges, Unwiderrufliches. Das verunsichert mich bis heute, deprimiert mich und läßt mich den Tod hassen. Da sind Menschen, die vor Minuten noch lachten, weinten, Pläne schmiedeten. Plötzlich ist es aus, Ende, Tod. Da sind Bekannte, Freunde, Eltern, Kinder, Partner. Und dann: Verzweiflung, Trauer, Leere und ein Stück eigener Tod, denn ein Stück vom Lebenden stirbt, stirbt mit, da ein Teil vom Lebenden dem Toten gehörte.

Diese Situation erlebte ich zuhauf und stets aufs Neue hieß es: "Du mußt die Wirklichkeit akzeptieren, du mußt die Realität begreifen.

1. Kapitel

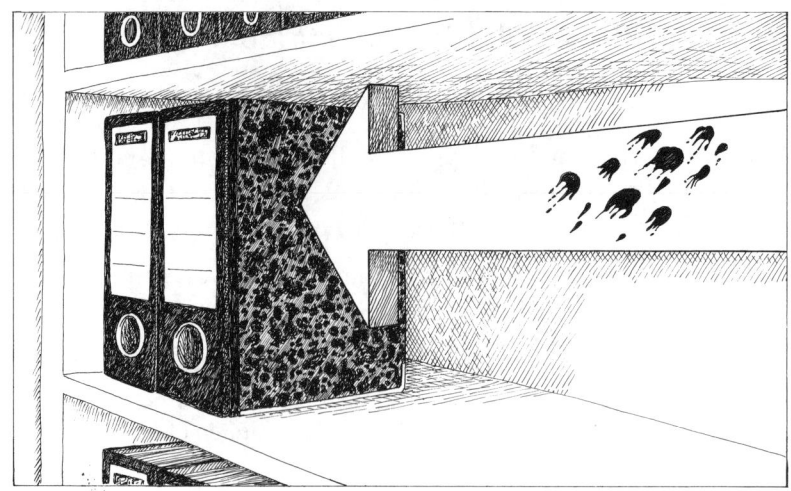

Christoph Breuer

Kann man das in einem solchen Moment? Als Angehöriger wohl kaum, als Zuschauer vielleicht. Als Polizist scheint es mir möglich, ja fast notwendig. Ich bin jeweils tagelang betroffen, betrübt, ja depressiv, weil ich der Konfrontation mit dem Tod nicht ausweiche, sondern sie möglichst bewußt erlebe. Vielen Kollegen geht das anders. Für sie ist der Tod Alltäglichkeit, gehört der Tod zum Geschäft. Teils ist dies sicherlich Resignation vor der Hilflosigkeit, teils sicherlich Abschottung vor der Auseinandersetzung. Manchmal vielleicht auch Gleichgültigkeit. Letztlich auch ein gutes Stück Gewöhnung und Routine. Leben meine Kollegen damit leichter? Vielleicht aber ich sehe auch eine große Gefahr in einer solchen Denk- und Handlungsweise. Wer sich mit so etwas Gravierendem, mit so etwas Endgültigem, Unwiderruflichem nicht oder nur oberflächlich auseinandersetzt, wer danach zur Tagesordnung übergeht, wer das entstandene menschliche Leid der Hinterbliebenen nicht, wenigstens ansatzweise, in sein Bewußtsein aufnimmt, der läuft Gefahr, abzustumpfen und die weniger tragischen Unglücke, die weniger großen menschlichen Probleme gar nicht mehr zu erkennen.

Der Tod als berufliche Aufgabe

Der Tod gehört zum Menschsein. Wer über den Tod, auch den eigenen Tod, nicht nachdenkt, der tut sich schwer, den Hinterbliebenen das zu geben, was sie so dringend brauchen: Das Gefühl des Verstehens und menschliche Nähe. Allzu oft habe ich während meiner Dienstzeit diese Zusammenhänge beobachten können. Kollegen, die den Tod verdrängten, sogar Witze machten, zeigten auch in alltäglichen, eher harmlosen zwischenmenschlichen Konfliktsituationen Mängel im Verständnis, im Mitgefühl und in ihrer Offenheit. Kollegen hingegen, die den Tod zumindest nicht bagatellisierten, konnten auch im allgemeinen Umgang eher Menschlichkeit vermitteln.

Horst-Peter Jung
Troisdorf
(35jähriger Polizeikommissar)

1. Kapitel

Einen schönen Tag noch

Köln, den 6. März 1991

Sehr geehrte Autoren,

das folgende Gedicht ist der "Ausfluß" von einem Einsatz Exitus im Herbst 199o. Vielleicht können Sie etwas im Rahmen Ihres Buches damit anfangen. Einen schönen Tag noch.

Stefan Beuschel

>
> Der Tod
>
> läßt
>
> als einziges Lebendiges
>
> den Gestank
>
> zurück
>
> weißes Fleisch
>
> Kot
>
> und eine
>
> Grimasse
>
> die keiner versteht
>
> Die Kälte
>
> vom geöffneten Fenster
>
> läßt
>
> Wünsche offen

Der Tod als berufliche Aufgabe

Christoph Breuer

1. Kapitel

Tode, lauter Tode

Meinen ersten Toten habe ich als junger Polizist 1957 auf dem Bahnhof Friedrichstraße gesehen. Das Erschreckende war nicht der Tote selbst, sondern wie ich von dessen Tod erfuhr. Was trug sich zu? Während der Streife erhielt ich die Mitteilung, daß ein Bürger auf dem Bahnsteig zusammengebrochen sei. Zusammen mit einem Kollegen eilte ich dorthin, um Hilfe zu leisten. Mit einer Trage von der Bahnhofsaufsicht brachten wir die unserer Meinung nach bewußtlose Person zum Bahnhofsdienst des Roten Kreuzes. Bis dahin verlief alles normal. Als dann aber der Pfleger des Roten Kreuzes uns sagte, daß wir uns nicht hätten so beeilen brauchen, da der Mann ja ohnehin schon tot sei, wurde mir schon etwas mulmig zumute. Als ich daraufhin zu der Person auf der Bahre genauer hinsah, sah ich, daß ihr eine braune Flüssigkeit aus dem Mund floß. Nachdem ich den Pfleger des Roten Kreuzes darauf aufmerksam gemacht hatte, berührte er den Mundwinkel des Toten mit dem Finger und roch daran. Seine Bemerkung: *"Das war ein Kakaotrunk, aber er ist trotzdem tot"*, befremdete mich stark. Heute weiß ich, daß der Pfleger seine Freude daran hatte, einen jungen Polizisten zu schockieren.

Grausam und belastend waren für mich auch die damals bei der Polizei üblichen Benachrichtigungen von Angehörigen, die im Revierbereich wohnten, über den Tod von nahen Verwandten. Meist war es so, daß ein Krankenhaus oder ein anderes Polizeirevier uns die Todesnachricht mitteilte. Wir, denen niemand beigebracht hatte, wie eine solch furchtbare Nachricht einem Menschen mitgeteilt werden muß, wir bekamen dann den Auftrag erteilt.

An einen Fall erinnere ich mich noch ganz genau:

Es muß im Jahre 1962 gewesen sein, als ich auf einem anderen Revier als Gehilfe eines Abschnittsbevollmächtigten Dienst leistete. Damals sollte ich einem Ehepaar, welches zwei Kinder hatte, den Tod des dreijährigen Jungen, der im Krankenhaus verstorben war, mitteilen. Mit beklemmendem Gefühl ging ich los, dabei immer überlegend, wie

Der Tod als berufliche Aufgabe

ich es den Eltern sagen könne. Vor der Wohnungstür angekommen, stand ich fast ratlos davor. Ich mußte aber die Nachricht überbringen. Also klingelte ich, eine junge Frau öffnete die Tür. Nach meiner Frage, ob sie Frau Müller sei und ob ihr Junge im Krankenhaus sei, antwortete sie kaltschnäuzig und brutal: *"Ist das Balg endlich tot?"* Mir wurde fast schlecht und ich konnte kein Wort herausbringen. Ich nickte nur. Dann war auch schon die Türe zu. Zuerst stand ich wie angewurzelt da, ging dann aber langsam die Treppe hinunter. Plötzlich hörte ich hinter mir hastige Schritte und lautes Rufen eines Mannes. Noch ehe ich mich umdrehen konnte, sprang mich ein junger Mann an. Er fragte mich fast drohend: *"Was ist mit meinem Jungen?"* Als ich ihm sagte, daß sein Junge im Krankenhaus verstorben sei, faßte er mich am Kragen, schüttelte mich und schrie immer wieder: *"Das kann nicht wahr sein!?"* Ich beruhigte ihn und erfuhr, daß es sein Kind aus erster Ehe war. Seine jetzige Frau mochte dieses Kind nicht. Ich war danach fix und fertig.

Das grausigste Ereignis in meinem Polizeidienst war ein Mord mit anschließendem Selbstmord. Von einem Polizisten auf Streife bekam ich auf der Dienststelle einen Anruf, der so verwirrend war, daß ich sofort mit einem Kriminalisten zum Tatort eilte. Der anrufende Polizist war derart erregt, daß er mir nur mitteilen konnte: *"Viel Blut, Tote und alles in der Wohnung sehr warm!"* Wir betraten eine Wohnung, aus der eine backofenartige Hitze strömte. Unter Beachtung kriminalpolizeilicher Spurensicherung schauten wir nur in den Flur und in ein Zimmer. Der Fußboden im Flur und im Zimmer zeigte blutige Fußspuren. Im Zimmer, es war das Schlafzimmer, lag vor einem großen Spiegel ein lebloser Mann. Alles weitere war dann Sache des Arztes und der Kriminalpolizei. Arzt, Feuerwehr und weitere Vorgesetzte trafen ein. Man fand im Bett eine mit einem Beil erschlagene Frau. Der Mann war auch tot. Die Frau hatte im Todesschmerz das Kopfkissen zerrissen, so daß überall Federn herumlagen. Der Mann war über und über mit Messerstichen, vom Oberschenkel bis zum Hals bedeckt, die stark bluteten. Alles zu beschreiben wäre furchtbar. Was war geschehen? Ein Ehepaar, so um die 55 Jahre alt, beide alkoholkrank, bekamen Streit. Er wollte Geld

1. Kapitel

von seiner Frau zum Trinken. Weil er es nicht bekam, holte er eine Axt. Mit dieser erschlug er seine Frau. Nachdem er in der Küche den Elektroherd auf volle Leistungsstufe angeschaltet hatte, nahm er ein scharfes Fleischermesser und erstach sich wie geschildert. Ich brauchte Wochen, um dieses grausige Ereignis zu verarbeiten. Vergessen kann ich es bis heute nicht.

Zwei Todesfälle ganz unterschiedlicher Art kann ich auch nicht vergessen. Es muß im Jahre 1966 gewesen sein. Ein Abschnittsbevollmächtigter (Kontaktbeamter) teilte mir mit, daß in seinem Bereich vermutlich eine ältere Frau ermordet worden sei. Es ergab sich folgendes:

Die ältere Frau war einige Zeit im Hause nicht gesehen worden. Mieter des Hauses machten sich Sorgen und baten die Polizei, mit einem Schlosser und weiteren Zeugen die Wohnungstür zu öffnen. In der Küche lag die Frau leblos auf dem Boden, um den Kopf herum eine große Blutlache. Der Arzt und die Kriminalpolizei waren schnell am Ereignisort. Der Arzt stellte den Tod fest und bescheinigte Herzversagen, also natürlichen Tod. An der Härte des Brotes im Küchenschrank konnte auch fürs erste der ungefähre Todestag ermittelt werden. Die Kriminalpolizei brauchte nicht einzugreifen. Die Blutlache am Kopf war durch die eingetretene Verwesung entstanden. Im Wohnzimmer bemerkte ich eine große Fotografie mit einer bildhübschen jungen Tänzerin. Mieter des Hauses berichteten mir, daß die alte verstorbene Dame einst diese Tänzerin war. Mir wurde bewußt, wie schnell die Zeit vergehen kann und wie leicht eine ehemals attraktive, von allen Seiten bewunderte Tänzerin einsam werden kann, so daß sie selbst in ihrer schwersten Stunde mutterseelenallein war.

Der zweite Fall war ein Verkehrsunfall. Eine ältere Frau war von einer Straßenbahn überfahren worden. Die Feuerwehr, die die Frau zu bergen hatte, kam durch die Neugier der Leute kaum an den Unfallort. Die Polizei mußte weiträumig absperren. Ich war ganz vorne an der Straßenbahn und stellte am Triebwagen eine rote Masse fest. Die gleiche rote Masse lag auch auf der Straße. Die Leute, die herumstanden meinten: Das ist sicherlich vom Gehirn. Mir wurde fast schlecht. Ich

Der Tod als berufliche Aufgabe

machte einen Feuerwehrmann darauf aufmerksam. Er lachte nur und sagte, dabei diese rote Masse anfassend: *"Das war nur eine Melone, die die Frau unter dem Arm trug."* Jahrelang habe ich keine Melone gegessen.

Noch oftmals bin ich in meinem Beruf dem Tod begegnet. Diese Erfahrungen haben mich geprägt und auch belastet. Diese Belastung ging vom grausigen Erschrecken bis zur panischen Angst.

Karl-Heinz Lüdtke
Berlin

1. Kapitel

Protokoll

Dienststelle	Datum	

Lfd. Nr.	Ereignis/Personalien	Maßnahme(n)	Sachbearbeiter
	Heute, gegen o3.4o Uhr, wurden Polizeibeamte des Polizeirevier 3 von einer Hausbewohnerin des Anwesens Am Graben 42 darüber verständigt, daß sich dort vermutlich ein Einbrecher befinde. Zwei Beamte der C-Schicht haben das Anwesen durchsucht. Auf einem Podest vor der Wohnung im obersten Stockwerk des dreigeschossigen Hauses konnte eine Person auf dem Boden liegend ausgemacht werden. Beim Eintreffen der Beamten fiel ein Schuß. Die kurz zuvor von den Polizeibeamten gestellte Person hatte sich mit einem mitgeführten Revolver, Kal. 38 spezial, s & w, Nr. 58123, offensichtlich in den Mund geschossen. Die Person verstarb an der Örtlichkeit. Inzwischen konnte der Mann identifiziert werden. Es handelte sich bei diesem um den H.S., geb. 14.o5.57 in Z.. S. saß seit dem 13.o4.85 wegen Diebstahls in der JVA S. ein. S. befand sich zur Zeit auf Hafturlaub. S. führte Einbruchswerkzeug mit sich. Bei ihm wurde eine grössere Summe Bargeld vorgefunden, die höchst wahrscheinlich aus dem Einbruch in die im gleichen Anwesen befindliche Gaststätte stammt. Am Montag, 29.o5.89, 1o.oo Uhr, findet beim Institut für Rechtsmedizin in H. die Obduktion der Leiche statt. Der o.g. Sachverhalt gilt absprachegemäß mit dem Polizeirevier 3 als Ereignis-Information. **Zusatz:** Das Projektil durchschlug den Hinterkopf des S., prallte als Querschläger zuerst an die Wand, dann zur Decke und schließlich zwischen die beiden Polizeibeamten in den Boden.		

danse macabre

wir waren fertig
packten zusammen
kameras stative
maßbänder papiere
einmalhandschuhe

da kam er
schwarz und stumm
stellte anmutig fast
seine kiste
mitten hinein

tänzelte dann
von schwelle zu schwelle
hob hier einen arm und da
   eine hand
schulter auch und ober-
   schenkel
nacheinander

kam hüpfend
zurück von mal zu mal
und warf gezielt
aus dem demi-plié
hopp hinein

was der IC
RHEINGOLD mit namen
in rasender fahrt entkleidet
zerstückelt
verteilt

etwa zwanzig jahre
jung männlich
sich selbst
zur strecke
gebracht und gemacht

nur der schädel
fiel vorbei
auf den schotter
neben den rechten daumen
der hatte uns noch gefehlt

Dierk Schäfer

1. Kapitel

Guten Appetit!

Es war die erste Obduktion einer Leiche, an der ich teilgenommen hatte.

Als der Gerichtsmediziner die Leiche aufschnitt, wurde mir übel. Ich glaube sogar, daß meine Knie zitterten. Um diesen Zustand zu unterdrücken, griff ich nach einem handfesten Stück Käse und einer Flasche Bier, die der Ortsvorsteher gestiftet hatte, biß herzhaft in den Käse und nahm hinterher einen Schluck Bier aus der Flasche. Mein Zustand besserte sich.

Der Staatsanwalt ging hinter die Scheune und übergab sich; nicht wegen der Obduktion, sondern wegen meines Verhaltens.

Herbert Kosyra
(KOK i.R., Rheinbach)

Auf Probe

Die Mordkommission sitzt beim Kaffee zusammen. Es wird von früher erzählt. "Wißt Ihr noch, wie wir damals dem Müller, als er noch ganz neu da war, einen riesigen Schrecken eingejagt haben?" Fast alle kennen die Geschichte. Oft genug wurde sie schon aufgefrischt. Für einen jungen Kollegen scheint sie neu zu sein. Ihm ist sie heute in der fröhlichen Kaffeerunde auch zugedacht.

"Ja, das war so: Wir wurden zu einer Selbsttötung gerufen. Ein alter Mann hatte sich auf dem Heuboden eines Bauernhofes erhängt. Der Tatbefund war eindeutig. Typischer Erhängungstod. Ich forderte den jungen Kollegen auf: "Ich schneide ab, Du fängst auf!" Gesagt, getan. Die Leiche fiel in die Arme des Müller. *Pf..ft!!.* machte es und die restliche Luft, die noch in der Leiche verblieben war, entwich mit einem Schlag. Damit hatte Müller nicht gerechnet. Vor lauter Schrecken ließ er die Leiche fallen und lief weg!"

Alle lachen. Dem Neuen ist ein wenig bange. Seine Mutprobe steht noch bevor.

Werner Knubben

Über unsere Arbeit spricht man nicht

Morgens um sieben holen sie die Leiche aus dem Kühlraum und legen sie im Sektionssaal auf die Marmortische. "Auflegen bedeutet: Schädel öffnen, Hirn entnehmen und wiegen, Instrumente vorbereiten." So beginnt ein normaler Arbeitstag des Sektionsgehilfen Gerhard Dänecke am Allgemeinen Krankenhaus in Hamburg-Altona. Sein Chef, Dr. Rimpau, sieht in ihm eine besondere Sorte Mensch: "Nie kann man voraussagen, ob ein Mitarbeiter diesen außerordentlichen Beruf je erlernen wird." Die Pathologie sei die "Visitenkarte eines Krankenhauses von hinten", und alle ihre Angestellten seien "Anwälte der Verstorbenen".

Zur Obduktion, die dem Arzt letzten Aufschluß geben soll über Krankheitsverlauf und Todesursache, gehört der klassische Schnitt nach Virchow, die Eröffnung der Brust- und Bauchhöhle, das Aufschneiden des Dünn- und Dickdarms, das Abschlagen eines Längsstreifens der Wirbelsäule sowie weitere "Arbeiten mit dem üblichen Sektionsbesteck".

Für Gerhard Dänecke gibt es nur notwendige, wenn auch manchmal unangenehme Handgriffe; notwendig sind sie alle. "Wir betreiben Krankheitslehre und nichts anderes. Wenn wir von Sektion reden, meinen die meisten, das große Zerschneiden beginnt. Aber wir legen nach der Sektion jedes Organ wieder ein. Nichts geht verloren. Wir richten unsere Leiche so her, daß sie jeder Abschiedsstunde standhält."

Manchmal wollen Angehörige ein Gebet mit Gerhard Dänecke sprechen, manchmal hat er das Gefühl, "daß sie uns für den Tod eines Menschen verantwortlich machen; dann müssen wir uns beschimpfen lassen". Daß er "nur noch mit Leichen" zu tun habe (1400 pro Jahr), diesen Ausdruck lehnt er ab: "Wir haben eine menschliche Beziehung zu den Toten. Ich mache das jetzt schon dreizehn Jahre, und trotzdem geht's mir unter die Haut. Dann muß man auch weinen."

Wenn Gerhard Dänecke, gelernter Ofensetzer, die Instrumente gereinigt, den Leichenkeller geschrubbt, die Amtsscheine ausgefüllt

1. Kapitel

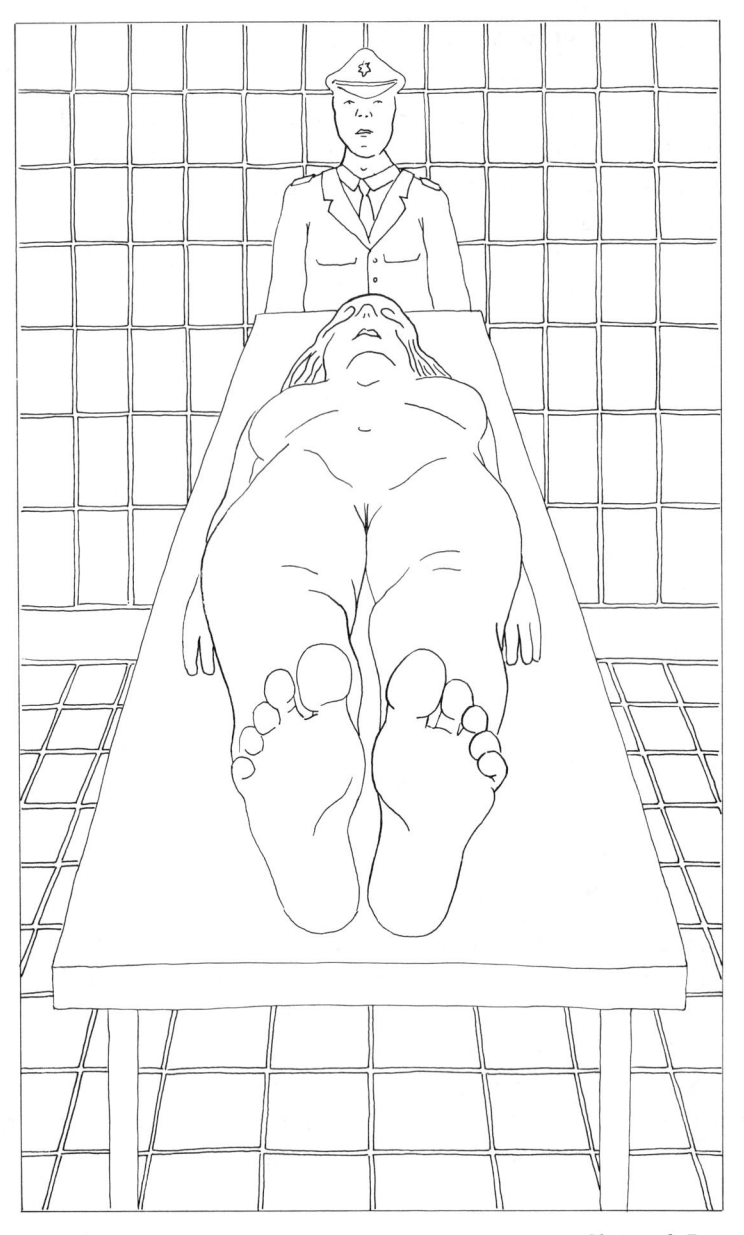

Christoph Breuer

Der Tod als berufliche Aufgabe

hat, schaltet er zu Haus ab, so gut es geht. "Anfangs tat ich mich schwer, Fleisch zu essen. Nach jeder Arbeit, zu Hause oder im Garten, wasch ich mir automatisch die Hände, sogar nach dem Abwaschen."

Der Sektionssaal zählt zu den infektionsgefährdetsten Räumen des Krankenhauses. Die elektrische Autopsiesäge etwa entwickelt aufgrund der hohen Schnittgeschwindigkeit einen sehr feinen Knochenstaub: "Ich muß dauernd pusten, damit ich's nicht einatme."

Wird die seelische Knochenarbeit dieses Berufsstandes angemessen honoriert? Das Endgehalt der Sektionsgehilfen beträgt 1o3,— DM brutto, plus 3o Mark "Gefahrenzulage". Sie verdienen weniger als ungelernte Krankenpfleger, weniger sogar als ihre Kollegen in Zoologischen Instituten. Sie haben keine Lobby, ihre Arbeit ist tabu.

Wem kann Gerhard Dänecke von seiner Arbeit erzählen? Seinen drei Kindern? Seinen Freunden im Kleingärtnerverein? Wo ist sein berufliches Erfolgserlebnis?

Peter Sager

1. Kapitel

Kreislauf

Der einsame Backzahn einer Dirne,
die unbekannt verstorben war,
trug eine Goldplombe.
Die übrigen waren wie auf stille Verabredung
ausgegangen.
Den schlug der Leichendiener sich heraus,
versetzte ihn und ging für tanzen.
Denn, sagte er,
nur Erde solle zur Erde werden.

Gottfried Benn

KLEINE ASTER

Ein ersoffener Bierfahrer
wurde auf den Tisch gestemmt.
Irgendeiner hatte ihm eine dunkelhellila Aster
zwischen die Zähne geklemmt.
Als ich von der Brust aus
unter der Haut
mit einem langen Messer
Zunge und Gaumen herausschnitt,
muß ich sie angestoßen haben, denn sie glitt
in das nebenliegende Gehirn.
Ich packte sie ihm in die Brusthöhle
zwischen die Holzwolle,
als man zunähte.
Trinke dich satt in deiner Vase!
Ruhe sanft,
kleine Aster!

Gottfried Benn

1. Kapitel

Totengräber

Kein blühendes Geschäft

Jemand ging über einen Gottesacker,
sah den Todtengräber beschäftigt
wie dieser ein Grab grub,
und fragte denselben, da er ihn kannte,
wie es denn gehe mit dem Geschäfte.
"Sehr todt!" war die Antwort.

nach einer alten Anekdote

Das Sterbesoll

Ich hatte in einer Dorfgemeinde die Vertretung des Pfarrers übernommen. Eines Tages, es war Anfang November, kam der Totengräber zu mir und bat mich, ihn auf den Dachboden des Pfarrhauses zu lassen, er müsse dort etwas suchen.
Ich begleitete ihn und wir suchten zusammen den verstaubten, unbeleuchteten Dachboden ab.
Dabei entspann sich folgendes Gespräch:
"Ist Ihnen schon etwas aufgefallen, Herr Pfarrer?"
"Was denn?"
"Na, die Leute sterben nicht!"

Der Tod als berufliche Aufgabe

Recht hatte er. Die letzte Beerdigung lag schon ziemlich lange zurück und ich hegte die stille Hoffnung, daß dieser Zustand bis zum Ende meiner Vertretungszeit andauern möge.
"Die sind alle überfällig, Herr Pfarrer," unterbrach er meinen Gedankengang.
"Aber passen Sie auf, vor Weihnachten, dann kommen sie alle, und wir zwei haben die ganze Arbeit am Hals!"
Gleich nach Weihnachten kamen sie.

Dierk Schäfer

1. Kapitel

Unser Traumberuf: Bestatter

Interview (Werner Knubben) mit Frau und Herrn Herrmann, Inhaber eines Bestattungsinstitutes

Herr Herrmann, wie sind Sie zu Ihrem jetzigen Beruf gekommen?
Ich bin im wahrsten Sinne von Haus aus Bestatter. Mein Vater war schon Bestatter und so wurde ich seit frühester Kindheit mit der Problematik der Trauerleute, wie wir zu Hause immer sagten, vertraut. Ich mußte den Trauerleuten die Tür öffnen und ich mußte meinem Vater helfen, die Särge zu fertigen, sie auszustatten und Verzierungen anzubringen. Das habe ich zusammen mit meiner Mutter sehr oft getan. Dabei haben mir auch immer wieder meine Schulkameraden geholfen. Sie wollten mit mir spielen, weil ich aber zum Spielen nur Zeit hatte, wenn die Arbeit getan war, haben sie mich beim Särgeherrichten unterstützt.

Heute üben über 5o% unseren Beruf als Bestatter hauptberuflich aus. Früher hatten die meisten Bestatter noch ein zweites Standbein in ihrem Geschäft. Oft war es ein Taxibetrieb oder eine Schreinerei. Es ist ja allgemein bekannt, daß früher die Schreiner die Särge geliefert haben. Sie kamen ins Haus, nahmen Maß und zimmerten dann in ihrer Werkstatt den Sarg. Die Totenwäsche vollzogen andere Menschen. In den Dörfern waren es vor allem Frauen.

Wir zu Hause hatten auch ein Taxigeschäft. So hatte mein Vater sehr viel zu tun. Wo immer es möglich war, mußte ich helfen. Ich bin also in einem regelrechten Geschäftshaushalt aufgewachsen, in welchem die Eltern sehr wenig Zeit für uns Kinder hatten.

Welche Erfahrungen haben Sie als Kind gemacht, in einem Haus, in dem der Tod zum täglichen Geschäft gehört hat? Haben Sie dadurch eine andere Kindheit erlebt als Ihre Schulkameraden?

Der Tod als berufliche Aufgabe

Den ersten Leichnam habe ich gesehen, als ich etwa 1o Jahre alt war. Wir waren mit Personal immer sehr knapp ausgestattet und so mußte ich eines Tages einfach meinem Vater helfen. Erst als ich etwa 16 Jahre alt war, kam so etwas regelmäßiger vor bzw. mußte ich beim Herrichten der Särge mithelfen. Wir haben aber auch zwischen den Särgen Verstecken gespielt. Immer wieder ist es vorgekommen, daß ein Ball in die Werkstatt gekickt wurde. Ich denke, daß sich meine Schulkameraden bei uns wohlgefühlt haben, obwohl wir eigentlich nur zwischen den Särgen Platz hatten zum Spielen. Als ich so etwa 14 oder 15 Jahre alt war, kam es einmal zu Händeleien mit Nachbarskindern, während derer ich ihnen gedroht habe, sie in einen Sarg zu sperren. Dazu ist es aber nicht gekommen, weil sie mein Vorhaben rechtzeitig bemerkt haben.

Der wesentliche Unterschied, den ich heute feststellen kann, der lag wohl darin, daß ich von frühester Kindheit an einen ganz natürlichen Umgang mit Sterben und Tod hatte.

Natürlich kam es vor, daß meine Eltern traurig in die Wohnung kamen, aber unser Alltag lief im Großen und Ganzen so normal ab wie wohl in den meisten Familien.

1. Kapitel

Frau Herrmann, Sie sind ja nicht in einem Bestattungsgeschäft aufgewachsen. Wie hat sich Ihr Leben verändert, seitdem Sie geheiratet haben und im Geschäft mitarbeiten?
Ich kam ohne irgend eine Vorkenntnis hier in dieses Haus. Als ich noch mit meinem jetzigen Mann verlobt war, wurde ich immer wieder von meinen Freundinnen gefragt, wie denn das so sei, da stünden doch Särge herum? Meine Standardantwort war dann immer: "Wieso denn, das ist doch etwas ganz Natürliches, da sehe ich gar kein Problem drin!" Ein ernstes Problem ist dann allerdings doch entstanden. Als wir nämlich dann verheiratet waren, tat ich mich doch anfangs schwer, bei Gesellschaften beispielsweise zu erzählen, was mein Mann und ich beruflich leisten. Wenn wir in dieser Richtung gefragt wurden, dann haben wir uns fragend angeschaut: "Was sagen wir jetzt?" Damals machten die Menschen nämlich einen noch größeren Bogen um unseren Beruf als heute. Irgendwie habe ich immer bemerkt, daß die Menschen leicht schockiert waren, nachdem sie gehört hatten, was mein Mann und ich beruflich tun. Aber immer mehr habe ich mich damit abgefunden. Immer deutlicher spüre ich, daß wir einen ganz normalen Beruf haben, daß wir einen wichtigen Dienst für die Lebenden verrichten und daß wir mit unserem Dienst den Toten Ehre erweisen.

Meine Hauptaufgabe in unserem Institut ist die Beratung der Hinterbliebenen. Immer öfter, ich schätze etwa in 1o% der Fälle, ist es auch eine Beratung der noch Lebenden. Immer mehr Menschen möchten bereits zu Lebzeiten regeln, wie sie einmal bestattet werden wollen, wo sie ihr Grab haben möchten oder wie die Grabpflege auszusehen hat. Das Thema Tod ist also nicht mehr so tabu, wie es früher war und so kommt es, daß wir oft schon frühzeitig mit den Menschen Kontakt haben. Und wenn dann zum Beispiel der Tod eines Ehepartners eintritt, dann hat der Zurückbleibende schon Vertrauen zu uns gewonnen und kommt zu allererst zu uns. Das bedeutet eine ganz wesentliche Entlastung für die Hinterbliebenen, die dann sagen können: "So hat es der Papa gewollt und so wird es jetzt auch gemacht!

Wie wachsen nun Ihre Kinder auf? Haben Ihre Kinder auch soviel Kontakt zu dem, was Sie beruflich tun, oder gibt es eine deutliche Trennung zwischen dem privaten und geschäftlichen Bereich?

Der Tod als berufliche Aufgabe

Herr Herrmann: Trennen kann man das alles nicht. Wer in einer Kleinstadt ein Bestattungsunternehmen führen will, der muß im Geschäft leben und wohnen. Viele Kollegen von mir haben im Büro eine Küche, weil eben keine Zeit bleibt zum Mittagessen oder überhaupt zum geregelten Essen. Und bei uns ist es genau so. Unsere Kinder sind aufgewachsen wie ich. Ich entsinne mich daran, daß meine Frau oft die Beratung mit Hinterbliebenen aufgenommen hat mit dem zweijährigen Sohn auf dem Schoß und dem vierjährigen zu ihren Füßen. Damals war das ein ganz natürlicher Vorgang. Heute, nachdem immerhin 18 Jahre seither vergangen sind, frage ich mich, wie das überhaupt möglich war und ob das für die Leute so tragbar war. Nun, uns blieb überhaupt gar keine andere Wahl. Meine Frau wollte für die Kinder da sein und andererseits aber auch den Hinterbliebenen gute Dienste leisten.

Frau Herrmann: Also das ist ganz genau so, wie mein Mann es sagt. Ich habe die Kinder mit ins Geschäft genommen so oft es ging und sie sind dadurch mit der Problematik aufgewachsen. Heute können unsere Kinder die Hinterbliebenen selbständig empfangen. Sie benehmen sich so, wie man sich Trauernden gegenüber zu benehmen hat und sie helfen auch schon beide im Geschäft mit. Ich wollte den ersten Kontakt mit einem Leichnam für meine Kinder so weit wie möglich hinausschieben. Aber eines Tages war es einfach soweit. Es war vom Personal niemand mehr zur Stelle und die Kinder mußten mithelfen. Der Älteste war gerade 16 Jahre alt. Ich hatte wohl Bedenken, wie er dies wohl verkrafte, als ich ihn aber danach gefragt habe, hat er seine Mithilfe als ganz normal und natürlich angesehen. Der Tod gehört bei uns im Haus zum Leben. Wir sprechen ganz offen darüber.

Vielleicht können wir noch weiter darüber sprechen. Haben Sie eine andere Einstellung zu Sterben und Tod als die Durchschnittsbevölkerung?

Herr Herrmann: Alles, was wir Menschen ohne Erfahrung machen, d.h. zum erstenmal machen, ist fremd. Wer in seiner Verwandtschaft mehrmals einen Todesfall miterlebt hat, wird in aller Regel auch zunehmend eine andere Auffassung vom Sterben bekommen. Oft frage ich mich – meinen Kollegen geht es ähnlich – ob ich in meinem

1. Kapitel

Beruf immer mehr abstumpfe. Ich denke, es ist ganz natürlich: Wer so oft mit dem Tod konfrontiert wird wie ich, der kann sich nicht in jeden einzelnen Fall gefühlsmäßig 'reinhängen'. Aber kaltblütig bin ich beileibe nicht. Ich sehe den Tod als Wahrheit des Lebens an. Ich empfinde ihn als natürlich und darüber hinaus erfahre ich mich oft stellvertretend für die vielen anderen Menschen, die den Tod aus ihrem Leben verdrängen und nichts mit ihm zu tun haben wollen.

Frau Herrmann: Ich habe auch keine Furcht vor dem Tod, also vor dem großen Unbekannten. Es ist mehr eine Ehrfurcht. Viele Menschen sagen: "Ich gehe abends nicht mehr auf den Friedhof oder in die Leichenhalle!" Ja, warum denn nicht? Ich halte es für sehr viel wichtiger, daß ich sensibel bin für die Erwartungen und Befürchtungen der Hinterbliebenen. Im Zentrum meines Bemühens liegt nämlich die Beratung der Hinterbliebenen. Selbstverständlich führe ich diese nicht sofort in unsere Ausstellung. Selbstverständlich bin ich sehr aufmerksam und höre zwischen den Zeilen die Erwartungen und Ängste der Betroffenen heraus. Genau so selbstverständlich verkaufe ich den Hinterbliebenen keinen teuren Sarg und keine teure Ausstattung, die sie nachher kaum bezahlen können. Eigentlich gelingt es mir fast immer, mit den Hinterbliebenen ein Gespräch zu führen und sie in dieser schwierigen Situation auf den richtigen Weg zu bringen, damit sie wieder eine gewisse Ruhe finden können.

Wie oft kommt es vor, daß Sie außerhalb Ihrer normalen Geschäftsstunden ans Telefon gerufen werden und zu einem Sterbefall müssen?

Herr Herrmann: In unserem Bestattungsunternehmen gibt es eigentlich keine Geschäftszeit. Da ist der Samstag und der Sonntag genau so ein Arbeitstag, außer daß man an diesen Tagen keine Behördengänge erledigen kann und die Arbeitszeit im Büro auf ein Minimum beschränkt bleibt. Ein Erstkontakt am Telefon findet zu jeder Tages- und Nachtzeit statt. Die Abholung eines Leichnam zur Nachtzeit ist allerdings eine Ausnahme. Aber immer wieder werden wir natürlich auf die nahegelegene Autobahn gebeten, um Tote zu bergen und die Polizei zu unterstützen. Der Tod kennt keine Geschäftszeiten. Mord, Totschlag, tödlicher Unfall passieren immer wieder. Wir versuchen in solchen

Situationen möglichst schnell am Tatort zu sein und unseren Dienst zu leisten.

Mit wem sprechen Sie über Ihre berufliche Problematik, über Ihre Belastung? Sprechen Sie viel miteinander darüber oder haben Sie jemanden, mit dem Sie sich austauschen können?

Herr Herrmann: Wir haben fast keine Zeit, miteinander noch große berufskundliche Fragen zu erörtern. Es spielt sich eben alles im normalen täglichen Arbeitsablauf ab. Da sind wir ja fast immer zusammen. Während der Arbeit werden neben den betrieblichen Problemen auch die privaten miteinander durchgesprochen. Im Betrieb selbst kann uns groß niemand helfen, deshalb haben wir uns anderweitig umgeschaut. Ich bin in unserem Fachverband tätig und da treffe ich immer wieder Kollegen, mit denen ich Gespräche führen kann, in denen wir Probleme aufgreifen und wo ich mich auch immer neu motivieren kann. Außerdem haben wir uns einer Gruppe von fast 4o Bestattern aus der ganzen Bundesrepublik angeschlossen, um berufliche Probleme besser bewältigen zu können und um den Hinterbliebenen noch mehr Stütze und Partner zu sein.

Da gibt es zum Beispiel das Problem Trauerbegleitung. In dieser Organisation versuchen wir nun schon seit fünf Jahren, neue Schritte in diese Richtung zu gehen. Wer Trauernde begleiten will, braucht dazu eine fundierte Ausbildung. Wir bieten Seminare an, an denen allerdings berufsfremde Personen nicht teilnehmen können. Diese Seminare sind spezifisch für Menschen ausgerichtet, die im Bestattungsgewerbe arbeiten. Der bekannte Trauerforscher Georgos Kanakakis, der auch die sogenannten Essener Trauerseminare leitet, führt für unsere Organisation diese Trauerseminare durch. Sowohl meine Frau als auch ich haben an einem solchen Seminar teilgenommen, das sich über vier Tage erstreckt. Mir persönlich, muß ich sagen, hat dieses Seminar sehr geholfen. Obwohl ich es schon hundertmal in der Praxis erlebt habe, habe ich in diesem Seminar tiefer verstanden, wie schwer es für Menschen sein kann, niemanden zu haben und die Trauer alleine mit sich herumtragen zu müssen. Ursprünglich hatten wir geplant, eine regelrechte Ausbildung als Trauerbegleiter zu absolvieren. Aber so-

1. Kapitel

wohl meine Frau als auch ich haben erkannt, daß das eine sehr spezifische Ausbildung ist, die ein gutes psychologisches Fundament benötigt. Da fehlen bei uns einfach die Voraussetzungen und wir haben auch viel zu wenig Zeit, um uns in diese Materie im notwendigen Maße hineinknien zu können. Das müßten wir wirklich nachts tun und irgendwann müssen wir ja auch schlafen.

Ein Kollege aus Norddeutschland hat dieses Problem so gelöst, daß er in seinem Betrieb einen Pastor eingestellt hat, der nun diese Trauerbegleitung leistet. Er macht regelmäßig Begleitabende für solche Menschen, die auch noch lange Zeit nach dem Tod den Trauerprozeß alleine nicht bewältigen können. Er versucht auch, diesen Menschen in Einzeltherapie zu helfen."

Übernimmt damit Ihr Berufsstand nicht eine Aufgabe, die eigentlich traditionell die Kirchen erfüllt haben?

Herr Herrmann: Ich persönlich würde mir wünschen, daß die Kirchen wieder intensiver, so wie es früher der Fall war, diese seelsorgerliche Arbeit erfüllen. Heute haben die Menschen schon eine Erwartung an die Seelsorger der Kirchen. Mit der Beerdigung alleine ist es nicht getan. Heute wissen die Menschen, daß es einen Trauerprozeß gibt und daß man in diesem Trauerprozeß auch Hilfe finden kann. Wenn die Kirchen diese Hilfe nicht leisten, dann werden wir Bestattungsunternehmen über kurz oder lang diese Lücke ausfüllen müssen. Das führt aber zwangsläufig dazu, daß die Bestattungsunternehmen immer größer werden müssen, weil nur ein großes Institut hierfür Personal einstellen kann, gutes Personal, das psychologisch geschult und für diese schwere Aufgabe auch entsprechend vorbereitet ist.

Glauben Sie nach all den Todesfällen, denen Sie schon in Ihrem Leben begegnet sind, an ein Weiterleben nach dem Tod?

Frau Herrmann: Glauben ja, es ist ja noch niemand gekommen und hat gesagt, was nach dem Sterben ist. Aber irgend etwas muß noch sein. Das Leben hier auf dieser Erde kann nicht alles sein. Wie es weitergeht und in welcher Umgebung sich das alles bewegt, das weiß ich nicht. Aber ich glaube, daß irgend etwas nachher noch ist und zwar etwas Schöneres, etwas Besseres.

Der Tod als berufliche Aufgabe

Herr Herrmann: Ja, ich bin ähnlicher Meinung wie meine Frau. Vielleicht mit dem Unterschied, daß ich da noch eine spezifisch christliche Haltung habe. Die Kirche vermittelt mir immer noch Hoffnung, an das zu glauben, was sie verkündet. Ob dies eintreffen wird, wird niemand von uns je erfahren solange er lebt. Aber es ist eine Hoffnung, die mir hilft, die Strapazen des Lebens überhaupt zu meistern. Daran halte ich mich.

Herr Herrmann, was haben Sie für einen Traumberuf?

Ich möchte für andere da sein. Das spüre ich schon seit meiner Jugendzeit. Ich bin in der Kommunalpolitik engagiert, ich bin im Sportverein für andere da schon seit vielen Jahren. Für andere da zu sein, anderen zu helfen, das ist meine Motivation. Wenn ich heute nicht mehr Bestatter sein dürfte, würde ich das sehr bedauern. Ich weiß nicht, ob ich ein anderes Betätigungsfeld finden würde, in welchem ich den Menschen so helfen könnte, wie gerade in meinem jetzigen Beruf. Mein Traumberuf wäre und ist Bestatter.

Frau Herrmann: Einen eigentlichen Traumberuf habe ich nicht. Aber ich habe mir schon immer vorgestellt, daß es für mich wichtig ist, mit Menschen umzugehen. Ich wollte nicht irgendwo in einem Büro an einem Schreibtisch sitzen und nur so vor mich hinarbeiten. Ich muß mit Menschen zusammen sein, egal in welcher Situation die Menschen sind. Wenn ich es mir jetzt so überlege, dann kommt mir der Gedanke, daß ich mir eigentlich einen anderen Beruf für mich gar nicht vorstellen will. Ich bin Bestatterin. Gott sei Dank ist es so und es ist gut so.

Haben Sie selbst Angst vor dem Tod?

Frau Herrmann: Wenn Sie mich so direkt fragen, weiß ich nicht, ob man dies Angst nennen kann. Vor dem Tod selbst habe ich keine Angst, aber vor dem, was davor kommt, vor schwerer Krankheit, vor dem Leiden. Ja, ich glaube, das ist die Angst, die ich spüre. Wenn es dann wirklich soweit ist, daß der Tod kommt, ich glaube, da habe ich keine Angst mehr.

Herr Herrmann: Bei mir ist es auch so. Vielleicht kommt bei mir hinzu, daß ich noch Angst habe, etwas nicht erledigt zu haben. Ich hoffe,

1. Kapitel

daß sich das noch ändert. In ein paar Jahren, wenn ich noch mehr Unterstützung in unserem Betrieb habe, dann wünsche ich mir mehr Zeit, dann erhoffe ich mir, daß ich noch manches erledigt habe, was jetzt noch unerledigt ist.

Gibt es ganz besondere Erfahrungen in Ihrer Berufslaufbahn, die Ihnen jetzt wieder einfallen und die vielleicht auch für andere wichtig sind? Besonders schöne, positive Erfahrungen, besonders schwierige vielleicht auch?

Herr Herrmann: Ich erinnere mich an eine Situation, in der eine noch junge Mutter von fünf Kindern ganz plötzlich verstorben ist. Als ich miterleben konnte, wie der zurückgebliebene Vater mit seinen fünf Kindern diese schwierige Aufgabe gemeistert hat, das älteste Kind war gerade neun Jahre alt, wie er den Tod seiner Frau und der Mutter seiner Kinder annehmen konnte, verarbeiten konnte, das war eine ganz positive Erfahrung.

Aber wir machen auch ganz negative Erfahrungen. Wenn wir z.B. miterleben müssen, wie die Hinterbliebenen schon vor der Bestattung um den Nachlaß streiten. Ich glaube, diese Menschen machen sich überhaupt keine Gedanken, wie es später mal bei ihnen aussehen wird und nur deswegen können sie so handeln. Immer wieder kommt es vor, daß bei einer Abholung des Verstorbenen Verwandte, die von auswärts gekommen sind, im Schrank nachsehen, ob da noch was vom Nachlaß mitzunehmen ist. Wir spüren auch immer wieder Mißtrauen, nicht nur gegen eigene Familienangehörige, sondern in besonderem Maße gegen uns. Wir als Bestatter befinden uns ja als Vertrauenspersonen in einem fremden Haus und da trifft es uns manchmal sehr, wenn wir spüren, daß im Trauerhaus die Angst besteht, daß wir uns irgendein Erbstück aneignen würden. So erinnere ich mich an die massiven Vorwürfe von Eltern, die die goldene Uhr ihres tödlich verunglückten Sohnes vermißten. Unverhohlen haben sie mir den Vorwurf gemacht, ich hätte sie an mich genommen. Die Polizei hat die gute Uhr später an der Unfallstelle gefunden, so daß dieser Vorwurf Gott sei Dank entkräftigt werden konnte.

Der Tod als berufliche Aufgabe

Christoph Breuer

Viele Menschen leben einsam, viele Menschen sterben einsam und zum Schluß ist niemand mehr da, der das Grab pflegen will. Machen Sie auch vermehrt die Erfahrung, daß Verstorbene anonym bestattet werden?

Herr Herrmann: Offensichtlich ist es ganz unterschiedlich. In den nördlichen Regionen der Bundesrepublik vermehren sich diese anonymen Bestattungen. In Norddeutschland gibt es heute schon 7o% Feuerbestattungen, vielfach ohne Trauerfeier. Viele Urnen werden unter der grünen Wiese beigesetzt, in einem anonymen Gräberfeld. Das passiert aus der Angst heraus, daß niemand mehr da ist, der die Grabstätte pflegen kann. Ich meine, nicht einmal so sehr aus finanziellen Gründen, sondern einfach um zu gewährleisten, daß sie wenigstens unter einem gepflegten Rasen ihre letzte Ruhestätte finden, wählen

1. Kapitel

viele noch zu Lebzeiten diese Möglichkeit. Hier im süddeutschen Raum sieht das Bestattungsritual noch anders aus. Ich halte es auch für sehr wünschenswert, wenn die Hinterbliebenen einen Ort haben, an dem sie auch nach dem Tod noch eine Begegnung mit ihren Verstorbenen haben können, einen Ort, an dem sie ihren Kummer festmachen, wo sie ein Gespräch mit den Verstorbenen führen können.

Ein Volk wird so beurteilt, wie es seine Toten bestattet. Diesen Satz betrachte ich nicht in erster Linie als Werbung für unseren Berufsstand, sondern als Verpflichtung für mich.

✚ **Bestattungsinstitut Casselmann** ✚

Der Würde verpflichtet

"Ihnen zur Seite stehen, wenn qualifizierte Hilfe besonders wichtig ist – den letzten Weg des Verstorbenen würdig und angemessen zu gestalten – das ist das Ziel unserer Bemühungen.
Von je her fühlt sich unser Haus verpflichtet, rat- und hilfesuchenden Menschen mehr zu bieten, als die reine Durchführung einer Bestattung. Unsere fachkundigen Mitarbeiter beraten Sie in der ruhigen Atmosphäre unseres Hauses in allen Fragen, die eine Bestattung mit sich bringt. Auch über den Tag hinaus. Auf Wunsch besuchen wir Sie selbstverständlich auch zu Hause."

Wir sind immer für Sie da.

Klug

"Unser Revier lag in derselben Straße
wie die Rettungsleitstelle.
Wir verfuhren immer nach der Regel
des Schichtführers:

*Wenn uns ein Unfall
mit Verletzten gemeldet wird,
dann starten wir immer erst,
wenn der Rettungswagen
bei uns vorbei ist.*

So fuhren wir immer im Schlepptau
des Sanka, hatten an der Unfallstelle
nichts mit den Verletzten zu tun und
konnten uns auf
die rein polizeilichen Aufgaben
konzentrieren."

Dierk Schäfer

1. Kapitel

Christoph Breuer

Warum habt ihr mich verlassen?

Ein Verkehrsunfallopfer berichtet, wie er schwerverletzt auf der Trage lag: Das Erschütterndste seien die unerträgliche Verlassenheit, die Angst des Alleinseins und der Einsamkeit im Schock. "Ich bleibe bei vollem Bewußtsein; man legt mir eine Decke über – und dann sind alle bei den Fahrzeugen beschäftigt. Und da, in diesem Augenblick des Alleinseins, überkommt mich die Angst des Verlassenseins. Das klingt merkwürdig, wenn man es hinterher schreibt und andere es dann lesen, aber glauben Sie mir: Nie dürstet es Sie so nach Zuspruch und Beistand, nach einem Menschen, wie im Zustand des Unfallschocks."

Quelle unbekannt

Der Tod als berufliche Aufgabe

"Er wird doch nicht in meinen Armen sterben!"

"Die haben dem Werner in den Bauch geschossen! Die schießen hier mit Maschinenpistolen!"

Wir treffen im WESTKAUF ein. Die Tür ist offen. Ich schleiche durch die Regale. Angst! Wo ist wer?

Ein Lagerraum: Eine Palette mit zerschossenen H-Milch-Tüten. In der Milch liegt Werner. "Da sind sie raus! Sie haben meine Pistole mitgenommen!" Ich setze mich neben Werner in die Milch. "Ich kann meine Beine nicht bewegen, hilf mir Peter!" "Bleib ruhig liegen! Der Krankenwagen kommt gleich!" Ich nehme seinen Kopf in meinen Arm. Minuten vergehen. "Peter, muß ich sterben? Ich habe doch Frau und Kinder! Hilf mir, mir ist kalt!"

Was kann meine Uniformjacke schon an Wärme und Leben geben? Die Ringe um seine Augen werden dunkler. Er wird doch nicht hier sterben? Stirb nicht!, möchte ich schreien. "Ruhig Werner! Der Krankenwagen kommt gleich!" Will ich ihn oder mich damit beruhigen?

Fred, Werners Streifenkollege, kommt hereingehastet. Sein Blick zeigt die Anspannung.

"Ist der Krankenwagen noch nicht da?" Er verschwindet wieder. Wir sind wieder allein. Minuten verrinnen, sehr viele Minuten. Was klappt da nicht? Wo ist der Krankenwagen? Wo sind die anderen? Sie können uns doch nicht alleine lassen!

Soll ich laut mit ihm beten oder nur leise für mich? Fast 25 Minuten, selbst am Rande der Kraft, allein einem tödlich Verletzten Kraft geben? Kann man das? Ich hoffe heute noch, daß ich es konnte. Im Krankenwagen mit zum Krankenhaus. "Wollen Sie mit in den OP?" Ich weiß nicht, was ich sage, aber ich habe plötzlich eine OP-Montur an und bin bei ihm, bin dabei.

Die Bauchdecke wird von der einen Seite bis zur anderen aufgeschnitten und durch metallene Greifer weit geöffnet. Die Milz und andere

1. Kapitel

Organe sind zerschossen. Beginn der Operation kurz nach Beginn eines neuen Tages. Ab o3.oo Uhr organisiere ich vom OP aus Blutkonserven, weil die Vorräte aufgebraucht sind. Elf Menschen versuchen durch ihre Kunst und ihr Können Leben zu erhalten, das doch immer mehr entfließt. Als zwölfter bin ich stiller, hoffender, verzweifelter, manchmal etwas helfender Beobachter eines Kampfes mit dem Tod. Gegen o5.oo Uhr zieht ein assistierender Arzt die Handschuhe aus. Er kommt mit erschöpftem Gesichtsausdruck auf mich zu und sagt mir: "Er überlebt das nicht!" Ein innerer Schrei: "Nein!" Dann wieder das Hoffen: "Was hat ein Assistenzarzt schon für eine Ahnung." Meine Geringschätzung kann keine Hoffnung ersetzen. Der Professor bestätigt eine halbe Stunde später das Urteil. Er erzählt mir etwas von Übersauerung des Körpers und vielleicht noch zwei Tagen.

Werner lebte noch drei Tage, dann siegte der Tod.

Peter Dinninghoff
Herzogenrath

Über den Umgang mit Schwerverletzten am Unfallort

Wenn Sie als Polizist zu einem Unfallort fahren, wissen Sie manchmal noch nicht, was Sie vorfinden werden. Soweit Ihnen Informationen über Verletzte vorliegen, hat Ihre Einsatzzentrale bereits über Funk Rettungsdienste und Feuerwehr alarmiert. Am Unfallort angelangt überblicken Sie in der Regel sehr schnell die Notlage und tun das, was notwendig ist:

> **Sie treffen lebensrettende Sofortmaßnahmen,**
>
> **Sie sichern die Unfallstelle ab, damit Folgeunfälle verhütet werden, und**
>
> **benachrichtigen die Rettungsdienste, soweit dies noch nicht passiert ist.**

Alle anderen Maßnahmen am Unfallort, die ja meist dokumentierenden Charakter haben, müssen aufgeschoben werden. Es ist nur zu verständlich, wenn Sie sich lieber mit etwas anderem beschäftigen würden. Aber das Unfallopfer braucht Ihren Beistand. Durch Ihre volle Zuwendung wird der Verletzte seelisch stabilisiert. Sie müssen auch bei ihm sein, damit Sie bei einer Verschlechterung des Zustandes nach Ihren Möglichkeiten helfen können.

Nicht nur die Verletzten sind Opfer, sondern auch andere Unfallbeteiligte, desorientierte und verzweifelte Hinterbliebene, insbesondere Kinder. Bei mehreren Opfern müssen Sie die Auswahl treffen, wer in besonderem Maß Ihren Beistand braucht. Wenn Ihre eigenen Kräfte nicht ausreichen, verteilen Sie Aufgaben an Umstehende.

1. Kapitel

Bei Schwerverletzten und Geschockten

Ein Schwerverletzter und/oder Geschockter befindet sich in einer extremen Ausnahmesituation, die nicht nur rein medizinisch angegangen werden muß. Natürlich hat die medizinische Hilfe, wenn sie schon da ist, Vorrang. Solange sie aber noch nicht am Unfallort eingetroffen ist, können Sie durch Ihren seelischen Beistand wesentlich dazu beitragen, daß sich die Beruhigung des Opfers positiv auch auf die weiteren körperlichen Abläufe auswirkt.

Darum ist es wichtig, daß Sie durch Ihre körperliche Nähe dem Verletzten Sicherheit vermitteln. Setzen Sie sich zu ihm auf den Boden. Fassen Sie ihn behutsam bei der Hand (Berührungen am Kopf werden, soweit sie nicht nötig sind, als unangenehm empfunden). Er sollte sich nicht alleingelassen fühlen. Fragen Sie nach seinem Namen und sprechen Sie ihn damit an. Ihre ruhige und beruhigende Stimme, so wie eine Mutter zu ihrem Kind spricht, das sich wehgetan hat, wird ihn erreichen und ihm helfen.

Sagen Sie ihm, daß die Sanitäter schon unterwegs sind und bald hier sein werden. Fragen Sie: *Haben Sie einen Wunsch? Kann ich etwas für Sie tun?* Versichern Sie ihm: *Ich bleibe bei Ihnen, bis Hilfe kommt. Sie können sich auf mich verlassen. Ich lasse Sie nicht im Stich.*

Auf entsprechende Fragen nach Schuld und Kosten: *Das können wir alles hinterher und in Ruhe klären, jetzt ist nur wichtig, daß Ihnen möglichst schnell geholfen wird.*

Oder auf Fragen zu den Verletzungen: *Das kann ich nicht beurteilen/ Davon verstehe ich nichts, aber bald wird der Arzt da sein.*

Bei entsprechenden Fragen und Äußerungen: *Ich verstehe, daß Sie sich ängstigen. – Ich sehe, daß Sie fürchterliche Schmerzen haben.*

Der Verletzte wird sich in seiner Notlage verstanden fühlen. Das ist ungeheuer wichtig.

Sprechen Sie nicht über die Schuldfrage. Stellen Sie keine Diagnosen, die Angst machen können. Bagatellisieren Sie aber auch nicht die

Der Tod als berufliche Aufgabe

Leiden und Sorgen des Verletzten, etwa so, wie jemand aus Verlegenheit sagte: Es ist ja nur ein Bein, Sie haben doch noch eins. Es gibt heute so gute Prothesen. Aber dramatisieren Sie den Unfall und seine Folgen auch nicht, sondern lenken Sie den Blick des Verletzten auf die Hilfe, die bereits unterwegs ist.

Bei einem Sterbenden überwinden Sie bitte ihre Scheu und Angst. Lassen Sie ihn in seinen letzten Minuten nicht allein.

Sagen Sie ihm: *Ich bleibe bei Ihnen. Ich lasse Sie nicht allein. Nein, Sie brauchen sich keine Vorwürfe zu machen. Kann ich etwas für Sie tun? Was möchten Sie sagen?*

Bei entsprechenden Hinweisen: *Soll ich mit Ihnen beten?* Auch wenn Sie sich nicht als Christ verstehen, sollte es Ihnen möglich sein, mit einem Sterbenden ein Vaterunser oder ein frei formuliertes Gebet zu sprechen. Haben Sie keine Angst, daß Sie stecken bleiben oder Ihre Stimme versagt – das ist völlig nebensächlich. Sagen Sie ihm: *Gott verläßt Sie nicht, Sie können sich auf ihn verlassen.*

**Nach dem Sterben oder
wenn Sie den Eindruck haben, daß der Verletzte gestorben ist**

Sie sollten sich nicht gleich ab- und anderen Aufgaben zuwenden. Zum einen wissen Sie nicht genau, ob der Tod wirklich eingetreten ist, zum andern kann es sein, daß Geschrei und Hektik eventuell doch noch eine kurze Zeit wahrgenommen werden können.

Darum der vielleicht merkwürdig erscheinende Rat: Auch wenn Ihre Aufgabe beendet erscheint, nehmen Sie sich die Zeit und bleiben Sie noch etwa 15 Minuten beim Toten sitzen und hüten Sie das friedliche Verlöschen des Lebens. Halten Sie ihm die Totenwache. Sorgen Sie durch Zeichen für Ruhe in der Umgebung. Lassen Sie nur Arzt/ Sanitäter/Angehörige an den (mutmaßlich) Verstorbenen; (und auch diese sollten die Ruhe nicht stören, es sei denn der Arzt sieht noch

1. Kapitel

Chancen für eine Wiederbelebung). Sprechen Sie mit gedämpfter Stimme, nicht nur aus Pietät. Wäre es *Ihr* Verstorbener, würden Sie, soweit Sie nicht von der Situation völlig überwältigt sind, Abschied nehmen mit Worten und mit einer behutsamen Berührung. Hier an der Unfallstelle sollten *Sie* ihm *der Nächste* sein und die Stelle der nicht anwesenden Angehörigen vertreten. Machen Sie sich keine Sorgen, daß diese Gesten von den Umstehenden mißverstanden werden könnten. Es ist die Sprache der Menschlichkeit und Menschen werden sie verstehen.

Beten?

In einem Tagesseminar mit jungen Polizeibeamten besprachen wir folgende Situation: "Sie kommen zu einem Verkehrsunfall, bei dem es Verletzte gegeben hat. Rettungswagen sind noch nicht da. Sie leisten erste Hilfe. Da bittet einer der Schwerverletzten: "Beten Sie mit mir!"

Das gab eine ernste Diskussion. "Wenn man wirklich auf den Wunsch des Verletzten eingeht", meinte einer, "dann merkt er doch, wie schlecht es um ihn steht. Man sollte ihn lieber ablenken, von etwas ganz anderem sprechen, ihm Mut zureden. *Es wird schon nicht so schlimm sein, im Krankenhaus werden Sie Hilfe bekommen. Sie müssen ruhig sein. Alles andere ist jetzt nicht wichtig. Hauptsache, Sie werden wieder gesund.*"

Andere erwogen ernsthaft, ob das Gebet, selbst in einem solchen Fall, für sie nicht einer Anmaßung gleichkäme. "Ich bete auch sonst nicht. Wenn ich hier plötzlich anfange, komme ich mir selber komisch vor." Und: "Ich kann doch nicht jemand etwas erzählen oder etwas mit ihm machen, woran ich selbst nicht glaube."

Da widersprach unser Fahrer, der uns hergebracht hatte, ein älterer erfahrener Polizeibeamter: Er sei nicht religiös erzogen worden und habe auch gemeint, Beten käme für ihn nie in Frage, bis er eines Tages zu einem Unfall gerufen wurde, bei dem ein kleines Mädchen vom

Der Tod als berufliche Aufgabe

Auto überfahren war. Und er beschrieb: "Als ich so neben dem Kind kniete und mit den Eltern richtig um sein Leben bangte, ich muß einfach sagen, da habe ich doch nach oben geschielt." Eine solche Erfahrung machte nachdenklich.

Eine gute Möglichkeit wäre das Vaterunser. Dieses Gebet haben alle Christen gemeinsam. Ein Verletzter, der beten möchte, wird es bestimmt kennen. Oder man spricht es ihm langsam vor, vorausgesetzt, man kann es selber.

Wenn nun der Helfende wirklich nicht beten kann oder nicht beten möchte, könnte er doch die Hand des Verletzten nehmen, sie liebevoll festhalten und ihm sagen: "Ich bleibe bei Ihnen. Jetzt können Sie selbst beten." Vielleicht bekommt auf diese Weise ein altes Sprichwort seinen reichsten und tiefsten Sinn: "Keine Straße ist zu lang mit einem Freund an der Seite."

Polizeipfarrer
Hellmut Tourneau
Hamburg

1. Kapitel

Erste Hilfe

Lebensrettende Sofortmaßnahmen!
Rettungsdienste alarmieren!
Unfallstelle absichern!
Mit dem Verletzten sprechen!

Bei Ohnmacht und Bewußtlosigkeit

Wenn der Verletzte oder ein anderer am Unfall Beteiligter plötzlich zusammensinkt, blasse Hautfarbe und kaum wahrnehmbaren Puls hat und nicht ansprechbar ist,
dann Atmung überprüfen (Kopf zurückneigen, Atemwege frei machen)!
Wenn noch nicht geschehen: Rettungsdienst rufen!

Wenn die Atmung nicht wieder einsetzt,
dann Mund-zu-Nase-Beatmung!

Wenn der Verletzte bei tiefer Bewußtlosigkeit und fehlendem Puls blaßblau wird,
dann soweit Sie es gelernt haben, Herz-Lungen-Wiederbelebung einleiten!

Wenn spontane Atmung einsetzt,
dann in stabile Seitenlage bringen
(Kopf zurück usw.)!

Bei Schock

Wenn der Verletzte fahl und blaß wird und ihm kalter Schweiß im Gesicht steht
(mangelhafte Durchblutung der Haut "Nagelbettprobe!"),
er bei schnellem und schwachem Puls unruhig ist
(Achtung: Es kann eine plötzliche Ohnmacht eintreten!),

dann 1. sofort hinlegen (keine Medikamente geben, nicht trinken und nicht rauchen lassen)!
2. ständig Atmung und Puls kontrollieren!
3. Beine hochlegen!
4. warm zudecken!
5. beruhigend mit ihm reden (fast wie mit einem Kind, das man beruhigen will)!
6. nie allein lassen!
7. wenn noch nicht geschehen: Rettungsdienst rufen!

Letzte Hilfe

Wenn Sie den Eindruck haben, daß es mit dem Verletzten zu Ende geht,
dann bleiben Sie unbedingt beim ihm!
Haben Sie keine Scheu. Sprechen Sie mit ihm. Er braucht Ihren Beistand. Fragen Sie nach seinem Namen und reden Sie ihn mit Namen an. Das weckt sein Zutrauen, weil er sich persönlich angesprochen fühlt.
Sagen Sie ihm, daß Sie bei ihm bleiben.
Fragen Sie ihn, was Sie für ihn tun können.

Wenn der Verletzte die Ernsthaftigkeit seines Zustandes nicht erkennt,
dann sollten Sie ihn in aller Regel nicht darüber aufklären.

Wenn der Verletzte selber davon spricht, daß er sterben wird, und auch Sie die Verletzungen so beurteilen,
dann widersprechen Sie ihm nicht. Gehen Sie auf seine Wünsche und Ängste ein.
Fragen Sie ihn, ob er jemandem etwas ausrichten lassen möchte.

1. Kapitel

Wenn er zu erkennen gibt, daß er in irgendeiner Form religiösen Beistand möchte,
dann fragen Sie ihn, ob Sie mit ihm beten sollen.
Beten Sie mit ihm ein Vaterunser oder ein frei formuliertes Gebet.
Sagen Sie ihm, daß Gott ihn nicht verlassen wird.

Wenn Sie den Eindruck haben, daß der Verletzte Moslem ist, (der Islam ist nach dem Christentum die größte Religion in Deutschland),
dann fragen Sie nach und denken Sie daran, daß Gott auf arabisch Allah heißt und, wie der Gott der Christen, ein barmherziger Gott ist. Alle anderen Unterschiede sind in diesem Moment unwichtig. Er wird es vielleicht nicht für angemessen halten, wenn Sie als Nicht-Moslem mit ihm beten. Aber sprechen Sie ihm den Trost seines Glaubens zu.
Benutzen Sie dafür die unten abgedruckten Gebete.

Wenn Sie den Eindruck haben, daß der Tod eingetreten ist,
dann bleiben Sie noch etwa fünfzehn Minuten bei ihm sitzen.
Sorgen Sie durch Zeichen für Ruhe in der Umgebung und lassen Sie außer dem Arzt oder Sanitäter niemanden an ihn heran, Angehörige ausgenommen.
Sprechen Sie mit gedämpfter Stimme, denn Geschrei und Hektik könnten eventuell doch noch wahrgenommen werden.

Wenn alles vorüber ist,
dann versuchen Sie nicht krampfhaft auf andere Gedanken zu kommen.
Es ist völlig normal, daß Sie nach einem solchen Erlebnis berührt sind und sich Fragen nach Ihrem eigenen Leben und Sterben aufdrängen.

Wenn Sie jemanden haben, mit dem Sie darüber sprechen können,
dann wird Ihnen das Gespräch sicherlich helfen.

Der Tod als berufliche Aufgabe

Vaterunser

Vater unser im Himmel,
geheiligt werde Dein Name.
Dein Reich komme!
Dein Wille geschehe
wie im Himmel, so auf Erden.
Unser tägliches Brot gib uns heute,
und vergib uns unsere Schuld
wie auch wir vergeben unseren Schuldigern.
Und führe uns nicht in Versuchung,
sondern erlöse uns von dem Bösen.
Denn Dein ist das Reich und die Kraft
und die Herrlichkeit in Ewigkeit. Amen!

Segensgebet

Der Herr segne Dich
und behüte Dich.
Er lasse sein Angesicht
leuchten über Dir
und sei Dir gnädig.
Der Herr erhebe sein Angesicht
auf Dich
und gebe Dir Frieden. Amen!

1. Kapitel

Psalm 23

Der Herr ist mein Hirte, mir wird nichts mangeln.
Er weidet mich auf grüner Aue und führet mich zum frischen Wasser.
Er erquicket meine Seele. Er führet mich auf rechter Straße um seines Namens willen.
Und ob ich schon wanderte im finstern Tal, fürchte ich kein Unglück;
denn Du bist bei mir, Dein Stecken und Stab trösten mich.
Du bereitest vor mir einen Tisch im Angesicht meiner Feinde.
Du salbest mein Haupt mit Öl und schenkest mir voll ein.
Gutes und Barmherzigkeit werden mir folgen mein Leben lang,
und ich werde bleiben im Hause des Herrn immerdar.

1. Bekenntnisformel

(sollte möglichst von einem anwesenden Muslim oder einer Muslima gesprochen werden)

Esch-chedu en lâ ilâhe illallâh;
Esch-chedu enne Muhammeden ressûlullâh.

das heißt:

Ich bezeuge, daß es nur einen Gott gibt;
Ich bekenne mich zu Muhammed
als Seinem Boten.

2. aus dem Koran:

Alle gehören wir Gott;
unsere Reise geht zu ihm. (2,156)
Oh du zur Ruhe zurückgefundene Seele!
Du warst anderen ein Wohltäter, kehre
nun in Frieden zu deinem Herrn zurück!
Schließe dich dem Kreis meiner Diener an:
Gehe also in mein Paradies ein! (89,28-30)

1. Kapitel

3. Gebet

(dem Propheten Mohammed zugeschrieben)

O Allah, Dir ergebe ich mich,
ich wende mein Gesicht zu Dir,
Dir vertraue ich mein Anliegen an,
ich stütze meinen Rücken auf Dich
mit Ehrfurcht und Begehren vor Dir.
Ich habe keine Zuflucht und Rettung
vor Dir – außer zu Dir.
Ich glaube an Dein Buch,
das Du herabgesandt hast,
und an Deinen Propheten,
den Du gesandt hast.

Was tun mit den Gaffern?
Der by-stander-Effekt

Sie sind nicht nur lästig, sondern behindern oft genug die Rettungsarbeiten. Und wenn sie dann noch ihre Kinder hochheben, damit auch die das Blut richtig sehen, dann kommen Aggressionen hoch. Denn schließlich gehören Unfälle mit Schwerverletzten und Sterbenden nicht gerade zu den angenehmen Aufgaben im Beruf des Polizeibeamten oder des Rettungssanitäters. Die Gaffer wirken widerlich und pietätlos – und sie stehen im Weg. Was also tun?

1. Bei allem verständlichen Unwillen: Denken Sie nicht negativ über die Gaffer! Das Zuschauen ist zunächst einmal eine Form der Anteilnahme, auch wenn es eine hilflose und unkonstruktive, ja, störende Anteilnahme ist. Sicherlich spielen auch Sensationseffekte eine große Rolle. Doch nur, wenn Sie diese Leute nicht moralisch verurteilen, werden Sie die Störung beseitigen und vernünftig mit ihnen arbeiten können.

2. Sie selbst erleben sich in einer schwierigen und unangenehmen Situation, der Sie nicht ausweichen können, weil Sie Verantwortung tragen. Reagieren Sie nicht manchmal auch nur darum verärgert, weil Sie vielleicht insgeheim die Gaffer beneiden, weil sie keine Verantwortung tragen?

3. Um Gaffer sinnvoll einzusetzen, muß man den by-stander-Effekt kennen. Der Grundgedanke ist uns aus eigener Erfahrung vertraut: *Warum soll gerade ich helfen? Da sind doch noch viele andere. Die können das ganz bestimmt besser als ich. Ich würde mich doch nur blamieren, wenn alle auf mich schauen. Ich habe noch nie gern im Blickfeld gestanden.*

Dieser Denkmechanismus ist vielfach wissenschaftlich untersucht worden und kann auf eine relativ kurze Formel gebracht werden. Je größer die Zahl von unbeteiligten Zuschauern bei einem Notfall ist, desto weniger wird vom einzelnen eine eigene Verantwortlichkeit erkannt, so daß letztlich niemand Hilfe leistet, weil jeder

1. Kapitel

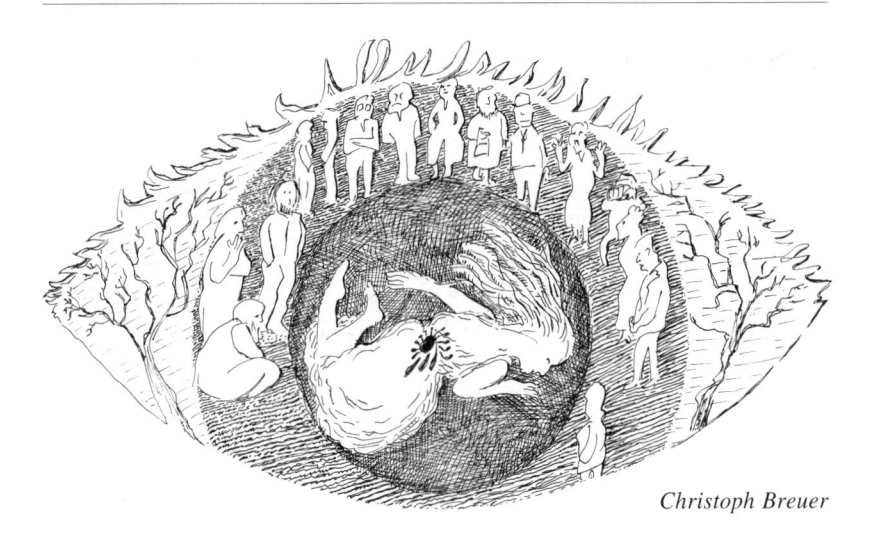

Christoph Breuer

meint, ein anderer aus der Menge könne das besser. Das ist nicht nur bei Unfällen so, sondern kann sogar dazu führen, daß inmitten einer bewohnten Gegend jemand ermordet wird, obwohl seine Schreie gehört werden und Hilfeleistung per Telefon ganz risikolos wäre. *Warum soll ich noch anrufen? Es wird sicher schon jemand die Polizei benachrichtigt haben.*
Dies ist kein böser Wille, sondern eine psychologische Gesetzmäßigkeit.

Daß der einzelne nicht böswillig ist, kann man aus der Umkehrung des by-stander-Effektes ersehen: Ein einzelner Zuschauer hilft in aller Regel, weil er sieht, daß Hilfe nötig ist, die zur Zeit aber nur er leisten kann.

4. Diese Verantwortungsblockade können Sie durchbrechen, indem Sie einzelne in der Menge der Gaffer ansprechen und mit Verantwortung betrauen. Fragen Sie also, wer dies oder jenes tun könne, wer zum Beispiel eine Decke hat, um den Verletzten zuzudecken. Sprechen Sie einzelne direkt an und weisen Sie ihnen Aufgaben zu! Nicht im Befehlston, nicht aggressiv, sondern in Form einer nüchternen, wie selbstverständlich klingenden Aufforderung, eine notwendige Aufgabe zu übernehmen. Geben Sie

dabei klare Anweisungen, die jeder verstehen kann. *(Halten Sie doch mal bitte den Arm. Helfen Sie mir bitte, den Verletzten auf die Seite zu drehen).*
5. Wenn es zu eng wird, können Sie auch einzelne mit Absperrungsaufgaben beauftragen, die dafür sorgen, daß ein gewisser Umkreis um den Verletzten freigehalten wird. Setzen Sie eine (ruhig erscheinende) Zuschauerin zur Betreuung von unverletzten oder leichtverletzten Unfallbeteiligten ein. Nach kurzer Einweisung wird das in den meisten Fällen bestens klappen. Sie werden überzeugte Helfer gewinnen, haben damit eine Unterstützung für Ihre eigenen Aufgaben und zugleich die Behinderungen durch hilflose Zuschauer beseitigt. Auch die so beschäftigten Zuschauer werden meist dankbar sein, daß sie nun eine Aufgabe haben und sinnvoll helfen können.
6. Auch wenn einzelne Gaffer sehr zudringlich werden, sollten Sie nur im Notfall scharf durchgreifen. Direkt, freundlich und bestimmt angesprochen stellen sich die meisten dann doch wieder zurück ins zweite Glied.

Überfällig

Im Frühdienst kommt eine alte Frau zur Wache. Ihre Freundin hat sich seit drei Tagen nicht mehr gemeldet. Wir sollen helfen. Also fahren wir zur Wohnung, erfahren dabei von der Freundin, daß eine Verabredung am Montagabend nicht eingehalten wurde. Die Freundin besitzt einen Schlüssel, den man sicherheitshalber gegenseitig ausgetauscht hatte. Der Schlüssel paßt nicht ins Schloß. Die zwischenzeitlich alarmierte Tochter versucht mit ihrem Schlüssel, die Tür zu öffnen. Da aber auch ihr Schlüssel nicht paßt, geht sie uninteressiert und ohne großen Kommentar wieder weg. Nun ist Mittwochmorgen und wir stehen vor der Tür. Offensichtlich steckt ein Schlüssel von innen. Wir hören Geräusche; da röchelt jemand. Wir brechen die Wohnungstür auf. Hinter der Tür liegt eine Frau bewußtlos, mit Erbrochenem bedeckt im Flur. Der Schlüssel steckt von innen. Schnell ist der Notarzt da. Die

1. Kapitel

Frau kommt durch. Wie wird die eigene Tochter wohl ihr Verhalten erklären? *M. F.*

Achtung! Lebensgefahr!

Wir fahren Streife auf der Bundesautobahn. Es ist Zeit für eine kurze Pause. Wir halten auf einem BAB-Parkplatz, unmittelbar vor einer Ausfahrt. Ein offensichtlich stark angetrunkener Mann kommt uns zu Fuß aus der Ausfahrt entgegen und steuert direkt auf die Fahrbahn. Ich steige schnell aus, renne ihm entgegen und begleite ihn zum Parkplatz zurück. Zunächst weicht er meinen Fragen aus, allmählich öffnet er sich aber mehr und mehr und sagt mir, daß er sich vor einen Lastwagen hätte werfen wollen. Der Mann lebt mit seiner Mutter alleine, ist 36 Jahre alt, Junggeselle, nervlich am Ende. Wir sprechen miteinander. Nach einer Stunde lächelt er wieder, möchte meine Privatadresse haben und mir schreiben.

Einen Brief habe ich nie erhalten. *M. F.*

Christoph Breuer

Hilfe, ich sterbe!
oder: Es hätte auch mich treffen können

Als ich aus dem Wagen ausstieg, bot sich mir ein Bild des Schreckens. So etwas hatte ich selbst in den schlimmsten Filmen nicht gesehen. Da schrie jemand ständig "Hilfe, ich sterbe", ein Hund rannte auf und ab, Menschen kamen die Straße entlang gelaufen, eine junge Frau weinte und mein Kollege saß an einer kleinen Mauer eines Vorgartens.

Ich ging zu ihm, um ihn zu fragen, was denn passiert sei und ob ich etwas machen könnte. Doch wie ich vor ihm stehe, sehe ich, wie tröpfchenweise Blut auf den Gehweg tropft. Erst jetzt sah ich, daß es aus seinem Kopf tropfte und er völlig zusammengesunken dasaß.

Ich drehte mich um und dachte immer wieder, daß das doch nicht sein kann. Der Kollege, den ich vor gut 2o Minuten noch lachend vor mir sah, saß jetzt leblos hier.

Ich ging zu dem älteren Kollegen, welcher neben der Eingangstür saß und kam dabei an dem schreienden Etwas von Täter vorbei.

Christoph Breuer

1. Kapitel

Wie in Trance hörte ich, was er erzählte, immer das Bild des Kollegen vor mir. Nach wenigen Minuten traf dann endlich der Notarztwagen ein und brachte erst einmal den Schreienden (Täter) weg. Ich hatte das Gefühl, daß es Stunden dauerte, bis der nächste Notarztwagen endlich kam. Inzwischen hatten sich die Straße sowie die Balkone schon gut gefüllt. Überall standen Menschen, die schnell einen gierigen Blick erhaschen wollten. Mir war schlecht und ich versuchte vergeblich, meine Tränen vor den vielen Neugierigen zu verbergen.

Währenddessen war der Notarzt eingetroffen und versuchte, meinen Kollegen wiederzubeleben.

Ich betete damals dafür, daß er es doch schaffen sollte; aber nach einer guten Stunde erfuhren wir, daß er tot war.

Ich trat vom Dienst ab und fuhr weinend nach Hause mit dem Gedanken, daß es auch mich hätte treffen können.

Christina Rosenauer, Berlin

Keine Zeit

Die Nachtschicht hat begonnen. Ein Mann, Anfang 4o, gepflegte Erscheinung, wird zur Blutprobe auf die Wache gebracht. Danach ist er sehr "aufgerieben" und will mit uns Beamten reden. Er scheint Probleme zu haben. Die Kollegen haben kein Interesse an einem Gespräch und lassen die ersten Versuche des Mannes, sich mitzuteilen, unbeantwortet. Ich bin neu hier, meine zaghaften Antwortversuche werden abgeblockt. Der Mann wird weggeschickt. Minuten später steht er schon wieder am Wachtresen und versucht einen neuen Anlauf, mit einem Beamten ins Gespräch zu kommen. Keiner hat Zeit, keiner hat Lust, keiner hat Interesse. Schließlich wird der Störenfried recht unsanft nach draußen befördert, nachdem er der Aufforderung, endlich die Wache zu verlassen, nicht nachgekommen ist. Der Nachtdienst nimmt seinen Lauf. Eine Stunde vor Schichtende, gegen o6.oo Uhr, werden wir zu einem Einsatz gerufen: "Leichenfund durch Putzfrau in einem Zugabteil!" Der Bahnhof der Deutschen Bundesbahn ist auf der anderen Straßenseite der Wache, nur 2o m entfernt. Schnell sind wir dort und müssen feststellen, daß es sich bei dem Toten um dieselbe Person handelte.

Der Mann hatte sich in einem Personenabteil eines abgestellten Zuges offensichtlich unmittelbar nach unserem Rauswurf erhängt.

M. F.

3o Minuten Zeit

Wir werden in den Stadtpark gerufen. Beim Eintreffen finden wir einen "Penner", der sich beide Handgelenke aufgeschnitten hat. Neben ihm liegt eine geleerte Schnapsflasche. Der Mann, vielleicht 5o Jahre alt, ist noch gut ansprechbar und nicht allzu schwer verletzt. Neben den frischen Wunden zeigt er uns frisch vernähte vom Tag zuvor. Bis der Krankenwagen kommt, bleibt Zeit zu einem Gespräch. Der Mann will mir sein halbes Leben erzählen. Ich begleite ihn deshalb im Krankenwagen und warte neben ihm, bis der Patient im Krankenhaus verarztet werden kann. Der Verletzte kramt aus seiner Hosentasche ein paar zusammengeklebte billige Bonbons, die ich freundschaftlich mit ihm verzehre. Er bittet mich: "Besuch mich doch mal, du hast Verständnis für mich!" Dazu kommt es leider nicht. Nach der Behandlung seiner Wunde wird er aus dem Krankenhaus entlassen - auf die Straße.

M. F.

Ordnung vor Menschlichkeit

Funkspruch: Unglücksfall, ein Kind ist eingeklemmt. Wir stehen mit unserem Funkwagen in der Nähe und fahren mit Blaulicht und Martinshorn zum Einsatzort, zu einem leerstehenden Wohnhaus, das gerade renoviert wird. Wir sehen kein Kind. Drei Bauarbeiter weisen uns den Weg zur Unglücksstelle. Dort, auf einem elektrisch betriebenen Stahlschiebetor sitzt rittlings ein etwa fünfjähriger Koreanerjunge auf

1. Kapitel

der Führungsschiene, mit dem Rücken fest an eine Wand gedrückt. Er ist eingeklemmt, Verletzungen sehen wir keine. Mein Kollege schafft es, mit aller Kraft den Druck des Antriebsrades auf das Tor zu lösen. Der Junge ist frei. Eine Notärztin, mittlerweile auch eingetroffen, nimmt das Kind auf ihren Arm und läuft zum Rettungswagen.

Wir ermitteln, daß in der Nähe von einem koreanischen Ehepaar ein Feinkostgeschäft betrieben wird. Gehört das Kind dort hin? Meine Kollegen gehen und bringen nach wenigen Minuten eine koreanische Frau zum Unfallort. Obwohl sie noch nicht weiß, ob es tatsächlich ihr Kind ist, ist sie bereits in Tränen aufgelöst. Unentwegt will sie in den Rettungswagen. Sie schreit: *Mein Kind sehen, mein Kind!*

Mein Kollege bittet die Frau in den Streifenwagen und versucht sie zu beruhigen. Natürlich geht das nicht. Da taucht ein Pressefotograf auf. Mit Teleobjektiv macht er Aufnahmen von der weinenden Mutter. Ich werde sauer. Ich weise die Kollegen an, dies zu unterbinden und den Film sicherzustellen (Recht am eigenen Bild?). Der Fotograf geht weg, kommt aber kurze Zeit später zurück und mischt sich unter die Zuschauermenge.

Die Notärztin und die Sanitäter sind immer noch um das Leben des Kindes bemüht. Ich denke an meine eigenen Söhne, die jetzt etwa im gleichen Alter sind. So etwas könnte auch meinen Kindern passieren.

Nachdem das leerstehende Haus erfolglos durchsucht ist, ermitteln wir, daß auf diesem Grundstück auch noch andere Kinder regelmäßig spielen. Möglicherweise hat eines dieser Kinder den elektrischen Schaltknopf bedient und damit das Tor in Bewegung gesetzt. Das Kind verhedderte sich mit den Füßen, konnte nicht früh genug herunterspringen und wurde von dem auf es zurollenden Eisentor gegen die Mauer gedrückt. Der eingeschaltete Motor preßte das Tor immer weiter gegen den Körper des Kindes, solange bis es nicht mehr atmen konnte und erstickte.

Nun kommt auch noch ein Rechtsanwalt und gibt mir seine Karte. "Ich vertrete die Interessen der Hauseigentümerin." Ich erkläre ihm, daß die Örtlichkeit dennoch auch für ihn gesperrt sei, da der genaue Sachverhalt

Der Tod als berufliche Aufgabe

durch die Kollegen der Kripo erst aufgeklärt werden müsse. Seine barsche Antwort: "Ich verlasse das Grundstück nicht, im Interesse der Hauseigentümerin bleibe ich hier". Im Interesse einer geordneten Tatortarbeit drohe ich ihm zweimal körperlichen Zwang an, falls er nicht hinter die Absperrung zurückgeht. Ich muß ihm sogar noch mit Ingewahrsamnahme drohen, bis er meine Anordnungen befolgt.

Nun ist der Fotoreporter schon wieder dabei, Teleaufnahmen von der Mutter zu machen. Es gibt eine Auseinandersetzung. Ich nehme ihm auch den zweiten Film ab und schließlich auch noch die Kamera.

Die Ärztin kommt aus dem Rettungswagen. Sie braucht nichts zu sagen. Wir sehen ihr an, daß alles umsonst war. Das Kind ist tot. Jemand muß das Kind identifizieren. Der Vater ist bereit. Die Mutter schreit. Er geht schweren Schrittes in den Rettungswagen; wenig später ist klar, daß es tatsächlich sein Sohn ist.

Der Vater macht der Mutter schwere Vorwürfe in einer Sprache, die wir nicht verstehen. Es ist das einzige Kind gewesen.

Ich gebe dem Fotograf die Kamera wieder zurück.

Am gleichen Abend muß ich auf "Anregung" der Leitung Schutzpolizei beide Filme dem Fotoreporter zurückgeben. Wir fahren zur Redaktion. Wir unterhalten uns mit dem Chefredakteur und dem Fotografen über den Unglücksfall. Der macht auch nur seinen Job – er macht Polizeireportagen. Aber diese Sache ist auch ihm sehr nahegegangen. Wir verstehen unsere gegensätzlichen Positionen und gehen in Freundschaft auseinander.

Am nächsten Tag ist nur das Bild des Wohnhauses in der Zeitung, kein Foto der Mutter.

Einige Wochen später entschuldigte sich der Polizeipräsident schriftlich beim Herausgeber der Zeitung für mein Verhalten. Der Grund: Ich hätte die Mutter fragen müssen, ob sie damit einverstanden sei, daß sie fotografiert werde. Erst dann hätte ich gegebenenfalls Maßnahmen treffen dürfen.

Stefan Kautzky, Unkel

1. Kapitel

Heute schäme ich mich

Jahre später erst, als ich im berufsethischen Unterricht über das Thema "Begegnung mit dem Tod" sprach, wurde mir bei der Vorbereitung des Unterrichts bewußt, wie gedankenlos und scheinbar selbstverständlich ich selbst dem Tod begegnet bin. Da kam mir wieder die Geschichte von dem Kind in den Sinn, das von seiner Mutter mit in den Tod gerissen worden war. Ins Wasser waren sie gesprungen. Während die Mutter noch am gleichen Tag tot geborgen werden konnte, hatte der Fluß das elfjährige Mädchen fortgerissen.

Tagelang hatten wir schon mit vielen Polizeibeamten den Fluß abgesucht. Endlich, am 4. Tag, morgens gegen 1o.oo Uhr, finden wir das tote Kind. Es hängt an einem Ast, vom reißenden Wasser umspült. Zuerst einmal sind wir erleichtert. Unsere Suche hat Erfolg gehabt.

Spurensuche – Spurensicherung – Tatortbefund – Bergung der Leiche – Verständigung des Vaters – Benachrichtung der Staatsanwaltschaft und der Gerichtsmedizin. Alles Routine. Auch als unser Kollege just in dem Augenblick, in dem wir das tote Kind finden, mit unserem zweiten Frühstück ankommt. Wir machen erst einmal Pause; der Fleischkäse könnte ja kalt werden.

Keiner von uns Kriminalbeamten hat auch nur ansatzweise Bedenken geäußert. Keiner hat wohl daran gedacht, daß der Vater, der mit Verwandten und Bekannten ebenfalls auf der Suche nach seinem Kind war, im nächsten Augenblick um die Flußbiegung hätte kommen können. Mit vollem Mund hätten wir ihm das tote Kind zeigen müssen.

Heute schäme ich mich; vor allem über mich. Als Einsatzleiter hätte ich sensibler und aufmerksamer sein müssen, menschlicher, dem toten Kind gegenüber, seinem Vater, auch den Kollegen, vor allem der jungen Kriminalbeamtin gegenüber, die uns damals zur Ausbildung anvertraut war.

Werner Knubben

Heute schäme ich mich nicht mehr

Frühmorgens ist es, kurz nach Dienstbeginn. Wir sind gerade zur täglichen Frühbesprechung versammelt, als der Hausmeister des nahegelegenen Landratsamtes sehr aufgeregt anruft: "Unser Abteilungsleiter Meinrad ist soeben in seinem Büro verstorben, bitte kommen Sie sofort!" Zusammen mit dem Kollegen vom Dezernat I und der Kriminaltechnik eile ich ins Landratsamt. Wir halten die Auffindesituation fotografisch fest, erkennen sehr schnell den erlittenen Herzinfarkt als Todesursache, verständigen einen Arzt, damit der "natürliche Tod" amtlich festgestellt werden kann. Nun stehen wir ratlos da. Der umsichtige Hausmeister schafft eine Tragbahre heran, auf die wir den Verstorbenen legen. Unsere kriminaltaktischen und -technischen Maßnahmen sind eingeleitet, die Ehefrau des Verstorbenen wird von einem Beamten des Landratsamtes verständigt. Nun geht es um das andere, fast Unaussprechbare. Zu zweit stehen wir noch in diesem Büro, der Vertreter des Verstorbenen und ich. Nach langem Zögern und in großer Unsicherheit stammle ich: "Du, wir sind doch zusammen im Kirchengemeinderat; sollten wir nicht vielleicht ..., meinst Du auch, daß wir vielleicht ..., Du, komm wir beten miteinander ein Vaterunser!"

Wir tun es. Zuvor aber schließen wir vorsichtshalber die Bürotüre, damit uns ja niemand beim Beten überraschen kann.

In meinem Dienst als Seelsorger bin ich ein wenig sicherer geworden zu entscheiden, wann es gut und richtig ist, zu einem Gebet einzuladen. Heute bitten mich Schwerkranke und Sterbende: "Beten Sie mit mir!"

Werner Knubben

1. Kapitel

schicksalspunkte
unfalltypen-steckkarte

bunte nadeln
auf der karte
säumen die straßen
dichtgedrängt oft
manchmal reicht
der platz nicht aus
und die nadeln
stehen schlange

jede nadel ein stich
in die karte
ins leben
unfall und unglück
verletzung und tod
schicksalspunkt
in der landschaft
im leben

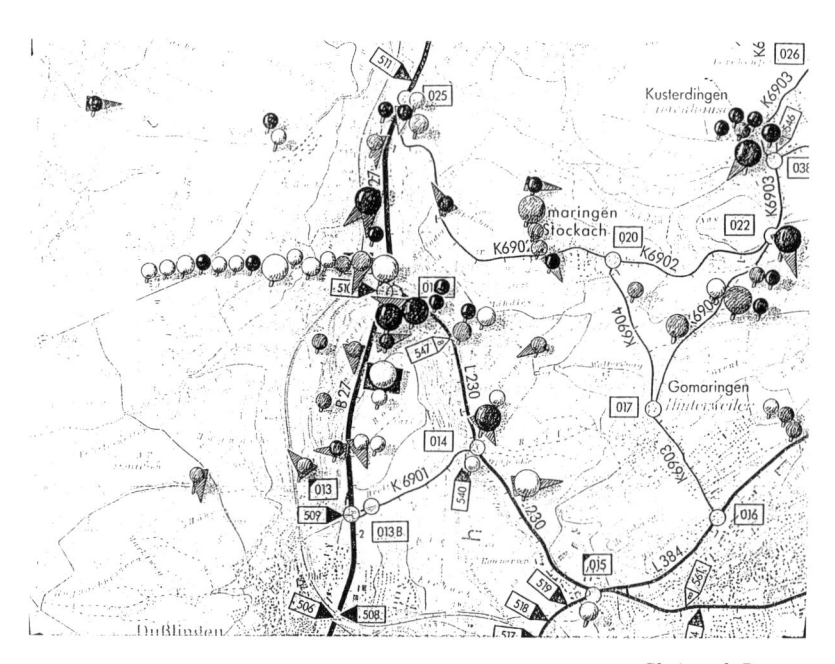

Christoph Breuer

Der Tod als berufliche Aufgabe

bunte nadeln
verschiedener größe
zusammen mit dreieck
oder quadrat
geben sie kunde von
ursach und wirkung

hellrot -
heißt glatteis
bei grau
war die ampel nicht an
und blau
steht für 'blau'

je dicker die nadel
umso schwerer der schaden
die dickste nadel, die mit
dem schwarzen quadrat
steht für
tot

schicksalspunkte
sie geben auskunft
und melden gefahren
ihre erfahrung kann
schicksale wenden
nicht derer, die's traf

doch kann ein schwerpunkt
erkannt und entschärft
schlimmes verhüten
peinlich genaue verkartung
von unfall und tod gewinnt
einen sinn für das leben

Dierk Schäfer

1. Kapitel

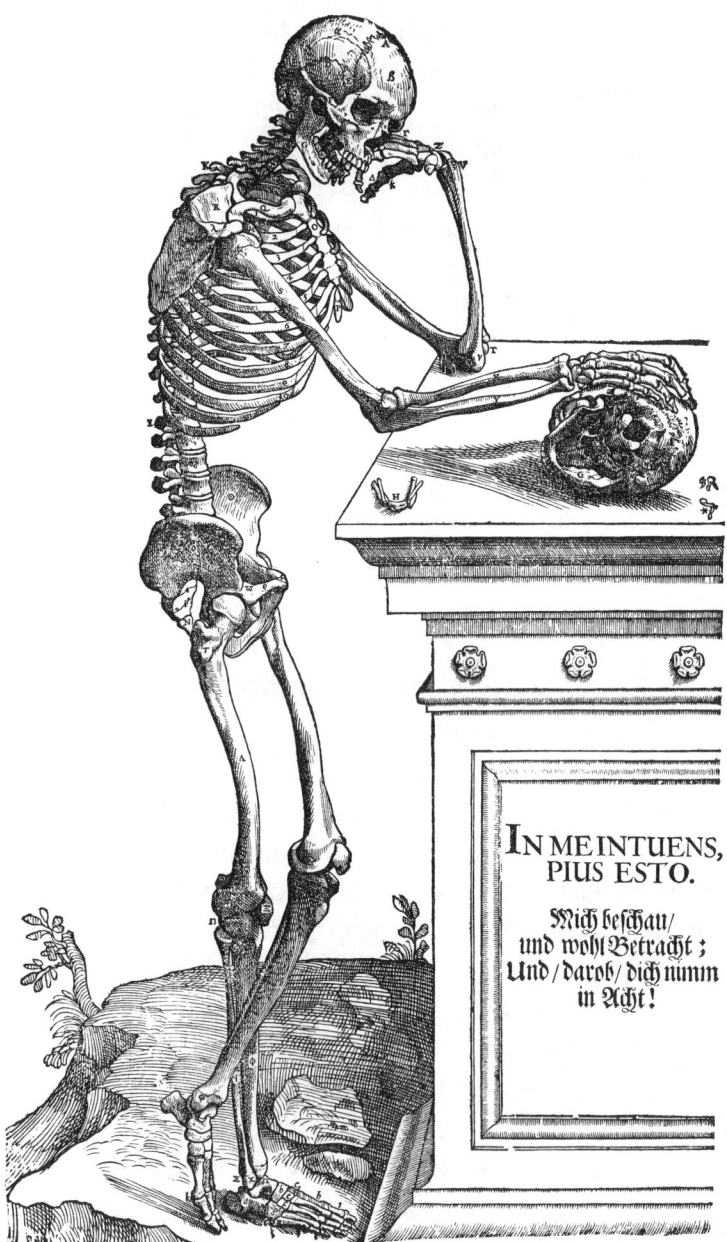

IN ME INTUENS, PIUS ESTO.

Mich beschau/
und wohl Betracht;
Und/darob/dich nimm
in Acht!

Tizian

UNTER DER LUPE:
Das Todesbewußtsein im kulturgeschichtlichen Wandel
Du wollest auch behüten mich ... vor bösem, schnellem Tod.

Nicht zu allen Zeiten wurde der Gedanke an Sterben und Tod aus der Öffentlichkeit verdrängt. Kunst, Literatur, Predigten und Briefe belegen, daß die Menschen früher ein anderes Verhältnis dazu hatten. *Lebe, wie du, wenn du stirbst, wünschen wirst, gelebt zu haben!* (Daniel Stoppe 1735) Das memento mori ist der philosophische Grundton, der Spruchbücher und sonstige Weisheitslehren seit dem Altertum durchdringt und in der Auseinandersetzung mit freigeistigem Denken im 17. und 18. Jahrhundert eine Blütezeit erlebte. Diese Auseinandersetzung stellt eine wichtige Wende dar: Vorher wurde das ganze Leben auf den Tod hin ausgerichtet. Zu den schlimmsten Vorstellungen der damaligen Menschen gehörte es, unverhofft und damit unvorbereitet zu sterben, zum Beispiel im Schlaf. (Vgl.: Evangelisches Kirchengesangbuch 341, 3: Du wollest auch behüten mich ... vor bösem, schnellem Tod.) Man hatte Angst vor dem, was man heute für einen schönen Tod hält: *Er hat gar nichts davon gemerkt!* Allerdings dachten manche auch anders. Wie läßt sich sonst Pascals Bemerkung verstehen, daß die Vergnügungen uns über unsere Misere hinweghelfen. *Sie belustigen uns und lassen uns unmerklich beim Tode ankommen.* Die Angst vor dem Tod (und den Höllenstrafen) ist mit dem Aussterben der Höllenvorstellungen der Angst vor dem Sterben gewichen. Dazu scheint es auch gute Gründe zu geben. Während der Mensch früher im Kreis seiner Angehörigen und nachdem er 'sein Haus bestellt' hatte regelrecht Abschied nahm, soweit er nicht im Krieg oder unterwegs umkam, stirbt er heute im Kreis medizinischer Geräte und angepaßt an den Schichttakt des Krankenhauses oder Pflegeheimes.

1. Kapitel

Die Angehörigen schauen, wenn überhaupt, nur sporadisch herein, und ein Gespräch über das bevorstehende Ableben ist hoch angstbesetzt, so daß viele sich erleichtert fühlen, die ihren Pflichtbesuch so lange hinausgeschoben haben, bis er nicht mehr nötig ist.

Der Mensch der Moderne hat in seinen wechselnden Bezugsgruppen in Berufswelt, Familie und Freizeitbereich die festen, ihm Halt gebenden Beziehungen weitgehend verloren. Er lebt einsamer als früher und stirbt einsamer. Während er früher in seiner Lebensgemeinschaft eine Lücke hinterließ, die nur selten ohne Verlusterlebnisse geschlossen werden konnte, so ist er heutzutage in (fast) allen Lebensbeziehungen austauschbar geworden, weil die auf Effizienz und individuelles Glücksgefühl ausgelegten Systeme der Berufs- und Freizeitwelt kaum noch Gemeinsamkeiten zu stiften vermögen, die über den Tod hinausreichen.

Die Öffentlichkeit des Todes ist abgelöst worden durch die Verlagerung des Sterbens und der Sterbenden aus dem öffentlichen Bewußtsein (von spannungsgeladenem Grauen und spektakulären Todesfällen in unterhaltenden wie auch informierenden Medien einmal abgesehen).

In me intuens pius esto – Mich beschau und wohl betracht, und darob nimm dich in acht! Diese Aufforderung des von Tizian gezeichneten Knochenmannes (S. 84) gilt heute selbst für die Trauer um einen geliebten Menschen nur noch eingeschränkt: In unserer Gesellschaft, in der wir durch Leistung und Aktivfreizeit, durch Medien und Konsumglückseligfröhlichkeit vollbeschäftigt sind, haben wir keinen Raum für Trauernde und Trübsalbläser. Wer nur frischwärts zu immer neuen Vergnügungen strebt, kann keine Rücksicht nehmen. Ein aufmunterndes *Wird schon wieder!* verbunden mit kameradschaftlichem Schulterklopfen, und damit hat es sich! Wenn der Trauernde sich nicht zusammenreißt und binnen zwei Monaten wieder an Deck ist, dann legt das Traumschiff eben ohne ihn ab und läßt ihn zurück auf seiner einsamen Insel der Traurigkeit. Viele Trauernde richten sich danach und beherzigen die einfühlende Kondolenzformel: *Ohren steif halten!*

Todesbewußtsein im Wandel

F.K. Waechter

"Ohne Worte"

1. Kapitel

Ganz ohne Nostalgie: Hatten die alten Trauersitten, deren Zwangs- und Kontrollcharakter wir nicht leugnen wollen, nicht doch auch eine Schutz- und Stützfunktion? Die Trauerkleidung war ein Signal. Sie machte deutlich, daß dieser Mensch zur Zeit nicht voll belastbar ist, daß man unziemliche – auch das Wort ist ein Anachronismus – Heiterkeit von ihm fernhalten sollte. Der Verfasser wurde als Kind in einem 15-Familienhaus noch dazu angehalten, nach einem Trauerfall einige Wochen lang das Radio noch leiser als sonst einzustellen, weil Unterhaltungsmusik die Trauernden belasten könnte. Doch was will man von einer Zeit erwarten, in der Schreckensmeldungen lediglich Unterhaltungswert haben und folgerichtig von U-Musik eingerahmt werden? Die damals gesellschaftlich vorgeschriebene Trauerzeit reichte meist aus für die Trauerarbeit der Hinterbliebenen und nach einem Jahr war die Ambivalenz des Sozialdrucks von: *Während der Trauerzeit darfst du nicht fröhlich sein!* einerseits und andererseits: *Nun mußt du wieder leben und solltest auch wieder fröhlich sein!* für den einzelnen leichter zu ertragen. Gesellschaftlich wird heute der Trauernde als ein solcher allenfalls noch in der Kirche über den Tag der Beerdigung hinaus akzeptiert. Es geht hier nicht um die Wiederbelebung alter Trauerbräuche, die ja auch weniger hilfreiche und zwanghafte Aspekte als die hier aufgezeigten hatten. Aber wir müssen erkennen, daß heute vielfach der Trauerprozeß so blockiert wird, daß die seelische Belastung des Trauernden oft nicht be- und verarbeitet werden kann.

Die Sprache des Todes
verschleiert

so oder *so*

ist entschlafen	abnippeln
versterben	krepieren
ist heimgegangen	verrecken
wurde von uns gerissen	den Löffel abgeben
wurde abgerufen	die schwarze Essensmarke empfangen
Gott rief zu sich	aus den Felgen hoppen
hat uns für immer verlassen	in die Kiste springen
ist in die Ewigkeit eingegangen	sich abmelden
wurde erlöst	hat den Arsch zugekniffen

1. Kapitel

Die Abbildungen auf den Seiten 93 und 98 verdeutlichen, aus welchen Gründen wir an diesen Punkt der Entwicklung gelangt sind. Es ist jedoch eine Illusion, wenn wir meinen, wir könnten die alten Zustände, die zudem keine glücklicheren waren, wiederherstellen. In der ersten Abbildung sehen wir, wie in den mittelalterlichen, sehr eng gefügten Überlebensgemeinschaften die Menschen von Angesicht zu Angesicht schicksalsmäßig aufeinander angewiesen waren. Es gab so gut wie keine Ausweichmöglichkeiten. Wichtiger als alle Gemeinheiten war die Gemeinsamkeit, die das Überleben des einzelnen garantierte und ihn zugleich zu einem unaustauschbaren Glied in der Kette des Überlebensverbandes machte. Auch wer nur noch eingeschränkt leistungsfähig war, wurde gebraucht und hinterließ bei seinem Tod eine Lücke. Dadurch wurden die Überlebenschancen der Gemeinschaft oft nachhaltig beeinträchtigt. Hilfe von außen war selten schnell zu haben, sondern bedurfte vorsorglicher oder langwieriger Bemühung zur Erweiterung des Familienverbandes, z. B. wenn Kinder im Überfluß gezeugt wurden, weil durchschnittlich nur jedes zweite erwachsen wurde (vergl. *Johannes Hooss*, S. 91) oder wenn die im Kindbett verstorbene Hausfrau zu "ersetzen" war.

Mit der Auffächerung der Berufspalette, mit den Erkenntnis- und Kenntnisfortschritten kamen Spezialisierung und Verstädterung, Industrialisierung und Anonymität, kam die Auflösung des weitgehend autarken Familienverbandes in die von fremden Abhängigkeiten geprägten Lebensverhältnisse der Eltern-Kind-Gemeinschaften. Dort geschah zwar nichts anderes als früher, nämlich die Reproduktion der überlebensfähigen Arbeitskraft. Doch die hatte sich mit den gewandelten Produktionsverhältnissen verändert. Wenn auch zunächst kaum bezahlbar, traten flankierend und entlastend zunehmend stärker Institutionen hinzu, die den Rumpffamilien Kranken- und Altersfürsorge und Kindererziehung und -ausbildung abnahmen, wobei letztere eher ein Zugeständnis an die zunehmend anspruchsvoller gewordenen Arbeits–platzerfordernisse und den desolaten körperlichen Zustand der jugendlichen Wehrpflichtigen waren. Rechtzeitig hatte die Romantik für das Bürgertum an die Stelle der wirtschaftlichen Vernunft die emotionale Beziehung, die Liebe als Fundament von Ehe und Familie gesetzt.

Todesbewußtsein im Wandel

Hooss Johannes überlebte Generationen

Menschen früherer Zeiten hatten ein anderes Verhältnis zum Tod als ihre modernen Nachfahren

Von unserem Redaktionsmitglied Martin Gehlen

Der eine starb als Säugling, der andere als Greis, der dritte irgendwann dazwischen. Die eine Mutter starb im ersten Kindbett, die andere, nachdem sie alle ihre Kinder längst zu Grabe getragen hatte. Noch vor wenigen Generationen ereilte der Tod die Menschen mit breiter Streuung in allen Altersstufen. Erst der Fortschritt der Medizin in der Moderne hat zu einem „standardisierten" Sterben in vorgerücktem Alter geführt. Heute ist es selbstverständlich, in Jahrgängen zu denken. Viele Menschen durchleben synchron verschiedene Altersstufen und Lebensabschnitte.

Ganz anders zu Lebzeiten früherer Generationen: Ihr Dasein stand unter der ständigen Bedrohung durch die drei „Geißeln der Menschheit", Pest, Hunger und Krieg. Ganz zu schweigen von den vielen „kleineren" Unannehmlichkeiten, die zu ertragen waren, wie die Kälte in den Häusern, Schmerzen, gegen die es kein Mittel gab, Zahnausfall, nicht behandelte Krankheiten oder schlecht ausgeheilte Wunden, Knochenbrüche und Kriegsverletzungen.

Dennoch haben die Menschen vergangener Jahrhunderte zu einer seelischen Stabilität gefunden, die trotz aller Widrigkeiten ihres Alltags nicht so leicht aus dem Gleichgewicht zu bringen war.

Mit ihrer Fähigkeit, das ungewisse und unsichere Schicksal zu verkraften, hat sich der Berliner Alltagshistoriker Arthur E. Imhof auseinandergesetzt. Den entscheidenden Unterschied zur modernen Alltags- und Schicksalsbewältigung sieht der Forscher darin, daß frühere Generationen nicht auf eine sogenannte „personenzentrierte" innere Stabilität gebaut haben. „Wo jedes irdische Leben immer wieder gefährdet und in seiner Dauer unsicher war, hätten sich hieraus sehr unstabile Verhältnisse ergeben", urteilt Imhof. „Da im Leben eines Menschen damals, und zwar selbst in friedlichen Zeiten, so wenig Verlaß auf das Erdendasein nahestehender Personen war, hätte es wenig Sinn gehabt, Stabilitätsstrategien ausgerechnet auf diese oder jene Person hin auszurichten." Die Leute dachten und fühlten vielmehr in generationsüberdauernden Zusammenhängen.

Imhof illustriert seine These an der Geschichte eines Bauernhofes während der letzten vierhundert Jahre. Von 1552 bis 1977 hatte der Vältehof in Dorf Leimbach in Nordhessen insgesamt sechzehn Inhaber. In elf Fällen handelte es sich um den Sohn des Vorbesitzers, dreimal führte die Witwe den Hof weiter, weil der älteste Sohn noch nicht alt genug war. Abgesehen von den drei Witwen hießen alle Besitzer der letzten vierhundert Jahre mit einer Ausnahme Johannes Hooss.

„Nicht der individuelle Inhaber des Vor- und Nachnamens war wichtig, sondern die permanente Besetzung dieser Rolle durch einen immer neuen Träger desselben Namens", urteilt Imhof. Trotz hoher Säuglingssterblichkeit überlebte in der Regel einer mit dem Namen Johannes und konnte während seiner Lebenszeit in die Rolle des Hoferben schlüpfen. „Der Name war das stabile Element und überdauerte, die Rolleninhaber wechselten."

Nicht selten wurde auf den untersuchten Hof der Name Johannes in einer Geschwisterreihe mehrfach vergeben, zweimal, dreimal, im Extremfall sogar zumindest ein Jochannes überlebte. Die Kontinuität des Namens war es, mit der die damaligen Menschen ihre generationsübergreifende Stabilität erzielten.

Dagegen hüteten sich frühere Generationen wegen der allgegenwärtigen Unsicherheit, ausgerechnet die eigene verletzliche Person ins Zentrum irgendwelcher Lebenspläne zu stellen. Das individuelle Ego diente lediglich als vorübergehender Träger einer Rolle und leistete während seiner kürzeren oder längeren Lebensspanne einen Beitrag zu dem gemeinsamen Werk der Generationen, der Verwaltung und Bewirtschaftung des Vätes-Hofes.

Die Mentalität moderner Menschen sei völlig anders, gibt Imhof zu Bedenken. Heute stehe jeder für sich, errichte sein eigenes Lebenswerk, wofür er eben auch nur die eine Zeitspanne seines Lebens zur Verfügung habe und entsprechend hetze und haste.

„Jeder Tod ist in unseren Tagen ein tragisches Ereignis, setzt er doch Punkt und Schluß hinter ein Lebenswerk." Der Tod bedeutet das absolute Ende. Heute gebe es möglichst aus dem eigenen Blickfeld verbannt. „Sterben und Tod scheinen sich heute im luftleeren Raum abzuspielen", meint der Wissenschaftler.

Fazit des Berliner Alltagshistorikers: Die Menschen früherer Generationen taten sich vor allem mit der Sicherung ihrer leiblichen Existenz wesentlich schwerer als die Nachfahren heute. Doch schade es nichts, „wenn wir neidlos eingestehen, daß sich andererseits mit den ganz schweren Dingen, mit Sterben und Tod, leichter taten als wir."

1. Kapitel

gesetzt. Damit wurde die bürgerliche Familie zur **Erlebnis**gemeinschaft. Dieser Entwicklung folgten in unserem Jahrhundert auch die proletarischen Familien, denen mit zunehmender Existenzsicherung und aufkeimendem Wohlstand die Imitation des idolhaft vorangegangenen Bürgertums gelang.

Entwicklung der MODERNE am Beispiel der Lebensgemeinschaften

Organisationsformen   Modernisationsprozeß
des Zusammenlebens   der Produktion

stabile, überschaubare und relativ gering differenzierte/
spezialisierte dörfliche und städtische Wirtschafts- und
Lebensgemeinschaften

Familienverbände (Großfamilien)
(auch Kloster- und sonstige
Wirtschaftsgemeinschaften)

                      immer stärkere berufliche
                      Differenzierung/
                      Spezialisierung ——>
                      Technisierung und
                      Industrialisierung —>
                      Verstädterung —> Anonymisierung

            Funktionsverlust der Familien

Kleinfamilien   spezialisierte, aber meist noch stabile
als freizeitbetonte <———> Erwerbstätigkeit, geringe Mobilität
Erlebnisgemeinschaften beginnender Wohlstand

immer stärkere   hochspezialisierte, oft wechselnde
Differenzierung/<————> Erwerbstätigkeit,
Spezialisierung der   hohe Mobilität
Freizeitinteressen   immer frühere "Veralterung" des
hohe Mobilität   erworbenen Wissens

       lockere Paarbindungen

       alleinerziehende Erwachsene

           Singles

Abb. 1: Entwicklung der MODERNE am Beispiel der Lebensgemeinschaften

1. Kapitel

Spätestens nach der Wiederaufbauphase nach dem Zweiten Weltkrieg mit zunehmender beruflicher Spezialisierung und Differenzierung, verbunden mit immer stärker freizeit-orientierter Lebensgestaltung griff die Differenzierung auch auf die Freizeitaktivitäten der Familien über. Damit wurde der Familienzusammenhalt, ohnehin recht instabil auf Emotionalität gegründet, noch labiler. Während man der Überlebensgemeinschaft kaum entfliehen konnte und der traditionsverhafteten und wenig mobilen Kleinfamilie nur selten zu entfliehen gedachte, erfordert nun zuweilen die berufliche Mobilität gerade der auf individuelle Karriere bedachten und individuell freizeitaktiven Familienmitglieder die Lockerung der Lebensgemeinschaft bis zu ihrer Auflösung zu neuen Konstellationen oder dem Single-Dasein. In ständig sich neu arrangierenden Verhältnissen bei immer kürzer werdender Halbwertzeit erworbenen Wissens wird und erlebt sich der einzelne als austauschbar bis schließlich überflüssig. Der Tod der (zumeist alten) anderen wird immer mehr als Entlastung für die Verstorbenen selbst, aber auch für die Hinterbliebenen empfunden. Die eigene Untauglichkeit, der Zustand, für diese Welt in keiner Weise mehr funktionstüchtig, nützlich und wertvoll zu sein, wird vorausgeahnt, -gewußt, -gefürchtet. Krankheit und Tod hatten früher einen Platz in der Erlebenswelt und waren von Bedeutung. Nun haben sie für niemanden mehr Bedeutung, außer für den betreffenden und die, für die er ein "signifikanter anderer", also biographisch/emotional bedeutend ist. So gesehen sind viele schon sozial tot, bevor sie gestorben sind. Die hohe Suizidbelastung (S. 22) lebensälterer Menschen liefert ein beredtes Zeugnis dafür. Sie vollziehen nur, was längst überfällig ist; und die Zahl läge um ein Vielfaches höher, wenn noch mehr Alte psychisch in der Lage wären, ihren Zustand zu erkennen und physisch fähig, ihm Rechnung zu tragen.

Als Oberton zu diesem Entwicklungsverlauf ist die zweite Abbildung (S. 98) zu sehen. Der Mensch im christlichen Abendland begriff sich als Krone der Schöpfung und die Erde als Mittelpunkt eines von Gott wohlgeordneten Kosmos. Der Sündenfall Adams und Evas (Adam heißt: Mensch) diente zur Erklärung der Mängel dieser Welt, und das Erlösungswerk Gottes in Christus Jesus begründete schließlich die

Todesbewußtsein im Wandel

Hoffnung auf eine bessere Welt, auf das verlorene Paradies (Evangelisches Kirchengesangbuch 21, 6: *Heut schließt er wieder auf die Tür zum schönen Paradeis*), auf das der Mensch hinlebte und sich darauf vorbereitete. Der Tod, ursprünglich als gerechte Strafe für die Sündhaftigkeit des Menschen verstanden, wurde nun als Eingangstor in das eigentliche Leben erkannt.

Johann Crüger 1647

Auf, auf, mein Herz, mit Freuden nimm wahr, was
Wie kommt nach großem Lei-den nun ein so

heut ge - schicht!
gro - ßes Licht!   } Mein Hei-land war ge-

legt da, wo man uns hin - trägt, wenn von uns

un - ser Geist gen Him - mel ist ge - reist.

8 Er bringt mich an die Pforten, die in den Himmel führt, daran mit güldnen Worten / der Reim gelesen wird: Wer dort wird mit verhöhnt, wird hier auch mit gekrönt; wer dort mit sterben geht, wird hier auch mit erhöht.

2 Tim 2,11.12
Paul Gerhardt 1607–1676

1. Kapitel

Doch an der Schwelle zur Neuzeit löste sich die Harmonie auf:
* Die Erde verlor ihre zentrale Stellung.
* Die Reformation löste die Einheit der als Leib Christi verstandenen Christenheit auf und
* die Aufklärung ließ Gott als großen Uhrmacher, dessen Wunderwerk nun automatisch weiterläuft, in den Hintergrund abtreten.
* Auch die Vernunft erlebte mit den Guillotine-Exzessen der französischen Revolution ihre frühe Götterdämmerung.
* Noch tiefer traf die Entthronung des Menschen durch Darwin das menschliche Selbstbewußtsein: Ein Affe sein Vorfahr!

Und nun ging es Schlag auf Schlag:
* Die Bibel, einst Fundament, wurde als Glaubenszeugnis der jeweiligen Schriftsteller mit all deren zeitbedingten Begrenztheiten und Irrtümern erkannt.
* Die Ersatzreligion Marxismus konnte nur kurze Zeit über die Defizite des praktizierten Christentums Glaubwürdigkeit beanspruchen.
* Der Mensch degenerierte zum wirtschaftlichen Kostenfaktor einerseits und zum Ersatzteillager andererseits; seine Verbesserungsbedürftigkeit liegt auf der Hand und dürfte bald auch gentechnisch angegangen werden.
* Die Raumfahrt beseitigte die Kindervorstellung vom Himmel und vom Gott über den Wolken.
* Des Menschen Seele, nach der Haeckel triumphierend vergeblich gesucht hatte, erweist sich seit Freud als erklärbar und, schlimmer noch, manipulierbar durch Pillen und anderer Menschen Willen.

Definition

Ein Hund
der stirbt
und der weiß
daß er stirbt
wie ein Hund

und der sagen kann
daß er weiß
daß er stirbt
wie ein Hund
ist ein Mensch

Erich Fried

Wozu der Mensch fähig ist? Spätestens seit Auschwitz wissen wir es. Von Göttlichkeit keine Spur. Die Welt, die wohlgeordnete Schöpfung Gottes, ist entzaubert. Der Mensch, Krone der Schöpfung, ist, die Umwelt belegt es, zu ihrer Dornenkrone geworden. Unterschiedliche Interessengemeinschaften versuchen in unterschiedlicher Weise jeweils unterschiedliche Antworten zu finden, die eine Orientierung im Labyrinth neuzeitlicher Entwicklung ermöglichen soll. Doch als Fazit bleibt zunächst die Definition des Menschen durch Erich Fried: *Ein Hund, der stirbt und der weiß, daß er stirbt wie ein Hund und der sagen kann, daß er stirbt wie ein Hund, ist ein Mensch!*

1. Kapitel

Entzauberung und Sinnverlust – die Entwicklung der MODERNE

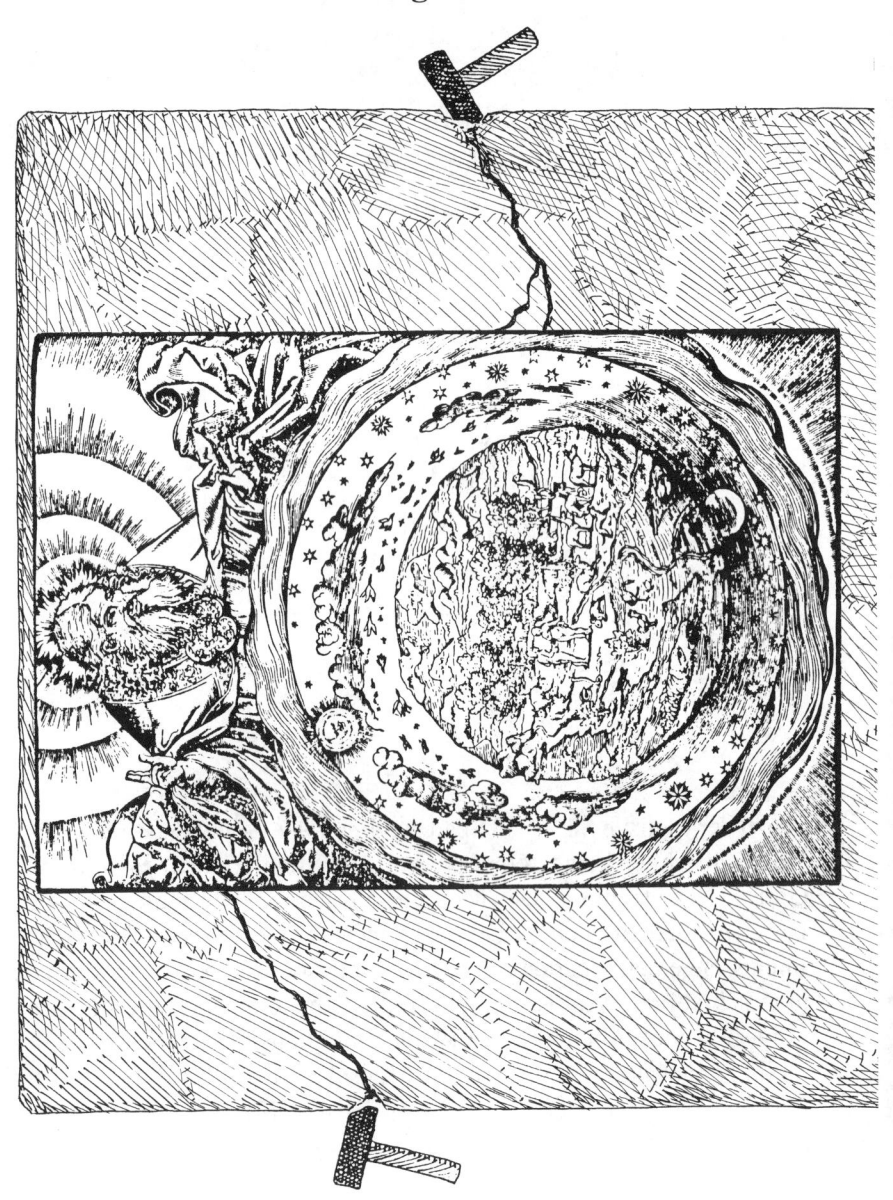

Todesbewußtsein im Wandel

Abb. 2: Die neuzeitliche Entwicklung hat die kollektive Vorstellung einer von Gott auf den Menschen hin geordneten = sinnvollen Welt zerschlagen. Es gibt keinen allgemein anerkannten Sinn unseres Daseins mehr. Der Tod ist zum fälligen, doch sinnentleerten Zerfallsendpunkt zufälligen Lebens geworden.

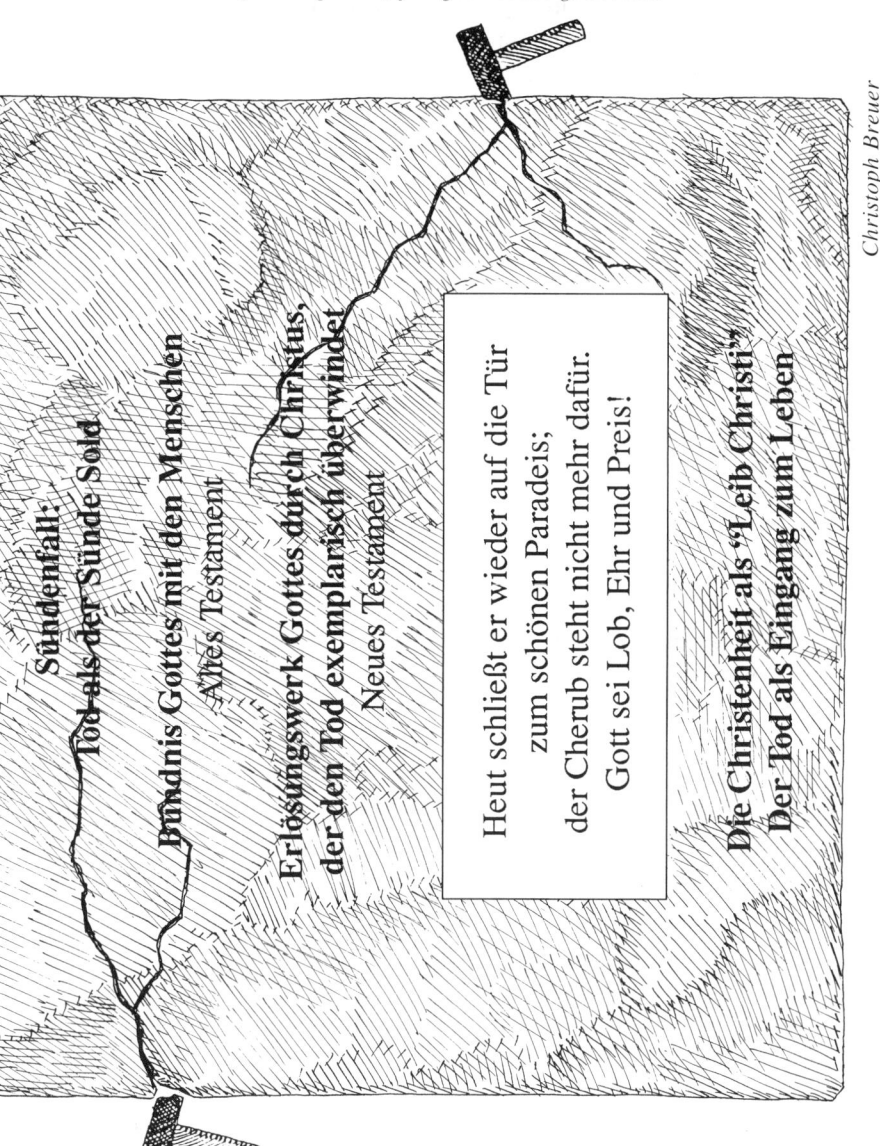

Christoph Breuer

Sündenfall:
Tod als der Sünde Sold

Bündnis Gottes mit den Menschen
Altes Testament

Erlösungswerk Gottes durch Christus,
der den Tod exemplarisch überwindet
Neues Testament

Heut schließt er wieder auf die Tür
zum schönen Paradeis;
der Cherub steht nicht mehr dafür.
Gott sei Lob, Ehr und Preis!

Die Christenheit als "Leib Christi"
Der Tod als Eingang zum Leben

1. Kapitel

Der Tod von Eberhard Stilling

Indessen stieg Vater Stilling das Dach hinauf. Henrich schnitzelte an einem Hölzchen; indem er darauf sah, hörte er ein Gepolter; er sah hin, vor seinen Augen war's schwarz, wie die Nacht – lang hingestreckt lag da der teure, liebe Mann unter der Last von Leitern, seine Hände vor der Brust gefaltet; die Augen starrten; die Zähne klapperten und alle Glieder bebten, wie ein Mensch im starken Frost. Henrich warf eiligst die Leitern von ihm, streckte die Arme aus und lief wie ein Rasender das Dorf hinab und erfüllte das ganze Tal mit Zeter und Jammer. Margrete und Mariechen hörten im Garten kaum halb die seelzagende kenntliche Stimme ihres geliebten Knaben; Mariechen tat einen hellen Schrei, rang die Hände über dem Kopf und flog das Dorf hinauf. Margrete strebte hinter ihr her, die Hände vorwärts ausgestreckt, die Augen starrten umher; dann und wann machte ein heiserer Schrei der beklemmten Brust ein wenig Luft. Mariechen und Henrich waren zuerst bei dem lieben Manne. Er lag da, lang ausgestreckt, die Augen und der Mund waren geschlossen, die Hände noch vor der Brust gefaltet, und sein Odem ging langsam und stark, wie bei einem gesunden Menschen, der ordentlich schläft; auch bemerkte man nirgends, daß er blutrüstig war. Mariechen weinte häufige Tränen auf sein Angesicht und jammerte beständig: "Ach! mein Vater! mein Vater!" Henrich saß zu seinen Füßen im Staub, weinte und heulte. Indessen kam Margrete auch hinzu; sie fiel neben ihm nieder auf die Knie, faßte ihren Mann um den Hals, rief ihm mit ihrer gewohnten Stimme ins Ohr, aber er gab kein Zeichen von sich. Die heldenmütige Frau stand auf, faßte Mut; auch war keine Träne aus ihren Augen gekommen. Einige Nachbarn waren indessen hinzugekommen, vergossen alle Tränen, denn er war allgemein beliebt gewesen. Margrete machte geschwind in der Stube ein niedriges Bett zurecht; sie hatte ihre besten Bettücher, die sie vor etlich und vierzig Jahren als Braut gebraucht hatte, übergespreitet. Nun kam sie ganz gelassen heraus und rief: "Bringt nur meinen Eberhard herein aufs Bett!" Die Männer faßten ihn an, Mariechen trug am Kopf, und Henrich hatte beide Füße in seinen Armen; sie legten ihn aufs Bett, und Margret zog ihn aus und deckte ihn zu. Er lag da, ordentlich wie in gesunder Mensch, der schläft. Nun wurde Hinrich beordert, nach Florenburg zu laufen, um einen Wundarzt zu holen. Der kam auch denselben Abend, untersuchte ihn, ließ ihm zur Ader und erklärte sich, daß zwar nichts zerbrochen sei, aber doch sein Tod binnen drei Tagen gewiß sein würde, indem sein Gehirn ganz zerrüttet wäre.

Nun wurden Stillings Kinder alle sechs zusammenberufen, die sich auch des andern Morgens donnerstags zeitig einfanden. Sie setzten sich alle rings ums Bette, waren stille, klagten und weinten. Die Fenster wurden mit Tüchern zugehangen, und Margret wartete ganz gelassen ihrer Hausgeschäfte. Freitagnachmittags fing der Kopf des Kranken an zu beben, die oberste Lippe erhob sich ein wenig und wurde blaulicht, und ein kalter Schweiß duftete überall hervor. Seine Kinder rückten näher ums Bette zusammen. Margrete sah es auch; sie nahm einen Stuhl und setzte sich zurück an die Wand ins Dunkele; alle sahen vor sich nieder und schwiegen. Henrich saß zu den Füßen seines Großvaters, sah ihn zuweilen mit nassen Augen an und war auch stille. So saßen sie alle bis abends neun Uhr. Da bemerkte Kathrine zuerst, daß ihres Vaters Odem stillstand, Sie rief ängstlich: "Mein Vater stirbt!" – Alle fielen mit ihrem Angesicht auf das Bette, schluchzten und weinten. Henrich stund da, ergriff seinem Großvater beide Füße und weinte bitterlich. Vater Stilling holte alle Minuten tief Odem, wie einer, der tief seufzet, und von einem Seufzer zum andern war der Odem ganz stille; an seinem ganzen Leibe regte und bewegte sich nichts als der Unterkiefer, der sich bei jedem Seufzer ein wenig vorwärts schob.

Margrete Stilling hatte bis dahin bei all ihrer Traurigkeit noch nicht geweint; sobald sie aber Kathrinen rufen hörte, stand sie auf, ging ans Bett und sah ihrem sterbenden Manne ins Gesicht; nun fielen einige Tränen die Wangen herunter; sie dehnte sich aus, denn sie war von Alter ein wenig gebückt, richtete ihre Augen auf und reckte die Hände gen Himmel und betete mit dem feurigsten Herzen; sie holte jedesmal aus tiefster Brust Odem, und den verzehrte sie in einem brünstigen Seufzer. Sie sprach die Worte plattdeutsch nach ihrer Gewohnheit aus, aber sie waren alle voll Geist und Leben. Der Inhalt ihrer Worte war,

1. Kapitel

daß ihr Gott und Erlöser ihres lieben Mannes Seele gnädig aufnehmen und zu sich in die ewige Freude nehmen möge. Wie sie anfing zu beten, sahen alle ihre Kinder auf, erstaunten, sunken im Bett auf die Knie und beteten in der Stille mit. Nun kam der letzte Herzensstoß; der ganze Körper zog sich; er stieß einen Schrei aus; nun war er verschieden. Margret hörte auf zu beten, faßte dem entseelten Manne seine rechte Hand an, schüttelte sie und sagte: "Leb wohl, Eberhard! in dem schönen Himmel! bald sehen wir uns wieder!" Sowie sie das sagte, sank sie nieder auf ihre Knie; alle ihre Kinder fielen um sie herum. Nun weinte auch Margrete die bitterlichsten Tränen und klagte sehr.

Die Nachbarn kamen indessen, um den Entseelten anzukleiden. Die Kinder standen auf, die Mutter holte das Totenkleid. Bis den folgenden Montag lag er auf der Bahre; da führte man ihn nach Florenburg, um ihn zu begraben.

Johann-Heinrich Jung-Stilling

Vor unseren Ohren ...
Öffentlich sterben

"Die Kämpfe um die Stadt dauern in unverminderter Stärke an. Ein Journalist kam dabei durch einen Granattreffer ums Leben."

Die Stimme des Ansagers verstummt. Auf dem Bildschirm sieht man hastende Soldaten, ein Maschinengewehr rattert seine Salve herunter. Ein Einschlag! Das Bild wankt wie ein Betrunkener, fängt sich wieder in der Horizontalen, stürzt, nun steht die Landschaft senkrecht, man sieht weiterhin Soldaten laufen. *"Äöh! Äöhh!"* Zweimal ein langgezogenes Stöhnen ganz nah. Danach wieder nur Hintergrundlärm - der Film wird abgebrochen.

Todesbewußtsein im Wandel

Was hatte der Ansager gemeldet? *Ein Journalist kam dabei durch einen Granattreffer ums Leben.* Und da ist er auch wieder, der Ansager, inzwischen mit der nächsten Meldung.

Ein Journalist kam ums Leben. Millionen Menschen wurden Ohrenzeuge seines letzten Röchelns und sahen die stürzende Welt mit dem technischen Auge des Sterbenden. Und bevor wir nachdenken können, steht die gestürzte Welt wieder auf den Beinen: neue Nachrichten, neue Probleme, das Leben geht weiter.

Ein Journalist kam ums Leben.

Wenn im Film einer stirbt, wird er besser in Szene gesetzt. Wir sehen ihn in der theatralischen Pose eines letzten Aufbäumens oder wie er im Zusammensinken die Hand an die getroffene Stelle preßt. Und mit einem zweifachen *Äöh!* gibt sich nur selten ein Drehbuchautor oder Regisseur zufrieden. Die Zuschauer haben andere Erwartungen an die Realität des Sterbens.

Ein Journalist kam ums Leben. Ganz unspektakulär.

Aber das Straucheln seiner Welt läßt auch meine ins Wanken geraten. Nach der Sendung habe ich dieses Todesröcheln noch im Ohr. Was unterscheidet diesen Tod von vielen Fernseh- oder Kinotoden? Natürlich – die Echtheit. Das Medium Fernsehen ist in der Nachfolge von Photographie und Film angetreten mit dem Nimbus der Echtheit: Bilder lügen nicht. Doch nach all den Ketchup-Inszenierungen wissen wir es besser: Alles nur Show – wir sind abgebrüht. Und nun versichert man uns: Diesmal ist es kein Kriegsfilm, sondern Krieg. Ein Journalist kam um sein Leben. Die Nicht-Inszeniertheit seines Todes berührt.

Da soll es einen Videofilm geben: 'Die Gesichter des Todes.' Die letzten Augenblicke zum Tode Verurteilter aus aller Welt. Man sehe, versichern mir die, die den Film gesehen haben, wie die Menschen auf dem elektrischen Stuhl, am Galgen, durch Erschießung u.s.w. sterben, schaue ihnen ins Gesicht, das letzte Zucken ... Offensichtlich ein Film für Liebhaber, bei denen die Tricks der Horrorbranche ausgereizt sind und die den Kitzel des Authentischen brauchen. (Es reicht ihnen, wenn man sagt, es sei echt.)

1. Kapitel

Aber warum, um alles in der Welt, zeigt man uns so etwas im Fernsehen, zur besten Einschaltzeit? Hält man auch uns für solche zweifelhaften Liebhaber des Grauens? Ein Journalist kam um sein Leben – hätte nicht die bloße Nachricht gereicht? Warum die Intimität seines letzten Stöhnens? Hat man seine Frau, so er verheiratet war, vorgewarnt? Eine mir bekannte Frau, die Mann und Sohn im Feuerball von Ramstein verlor, wurde viele Male Augenzeuge dieses Feuerwerks der Nachrichten- und Gedenksendungen.

Ein Journalist kam um sein Leben.

Was ist mit ihm selbst? Würde er wohl billigen, daß sein Sterben ebenso gesendet wird, wie die anderen Filme, die er vom Sterben anderer gedreht hat? Kriegsberichterstattung 'lebt' vom Sterben. Hat so jemand überhaupt das moralische Recht auf eine pietätvolle Behandlung seines Todes?

Oder würde er sogar, engagiert oder cool, sagen: Natürlich sollt ihr es senden – dafür bin ich ja schließlich gestorben! – und vergeßt nicht, meiner Witwe das Honorar zu überweisen!

Was ist Pietät?

Dierk Schäfer

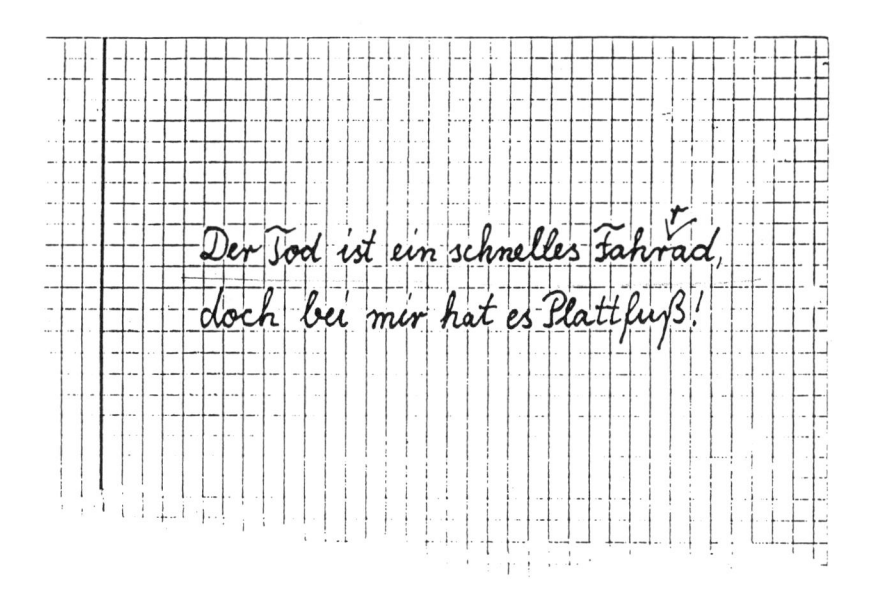

> *Der Tod ist ein schnelles Fahrrad,*
> *doch bei mir hat es Plattfuß!*

Schülergrafitto auf der Schulbank einer zwölfjährigen Schülerin.
Sie war bei einem Zusammenstoß Auto-Fahrrad mit dem Schrecken davongekommen.
Der momentane Triumph über den Tod wächst in typisch menschlicher Weise über den Augenblick hinaus: Sterben, sicher, das muß man, irgendwann – aber ich noch nicht.

2. Kapitel

Wenn der Tod Bedeutung gewinnt
Die Sterblichkeit des Menschen als Bedrohung seiner Identität

UNTER DER LUPE:

"Ich habe getötet!"

Die Begegnung mit den Leidtragenden

2. Kapitel

Als Kind lernen wir schon, daß wir einmal sterben müssen, daß alles Leben vergänglich ist. Unser Hirn hat dieses unabänderliches Faktum als *Wissensvorrat* gespeichert, doch unser *Gefühl* will dieses Fatum, dieses Schicksal nicht so recht wahrhaben, denn es beunruhigt uns zumeist nicht ernstlich. Erst wenn der Tod Bedeutung gewinnt ...

Beim ersten Mal mag es ein Tier gewesen sein, an das wir als Kind unser Herz gehängt hatten. Selbst in Elternhäusern, in denen man nicht viel davon hält, häufig auf den Friedhof zu gehen und die Gräber zu besuchen, selbst dort entwickeln die Kinder für die verstorbenen Spieltiere ausgefeilte Bestattungs- und Trauerrituale, soweit die Erwachsenen die Trauer der Kinder respektieren und sie gewähren lassen. Nur dort, wo Eltern die Bedeutung nicht erkennen und anerkennen, die der Tod des Spieltieres für das Kind hat, wird man den toten Kanarienvogel einfach ins Klo werfen und dem Kind deutlich machen, daß es lediglich um ein unbedeutendes Entsorgungsproblem geht und, wenn der Vogel wirklich fehlen sollte, man ihn schließlich ersetzen könne. Doch ob mit oder ohne Ritual, irgendwann wird so ein Tier in der Regel ersetzt und die erste Begegnung mit Tod und Vergänglichkeit verblaßt ... bis zur nächsten. Und eines Tages ist es nicht mehr möglich, den Verlust durch Ersatz zu verschmerzen. Der Opa oder die Mutter, ihr Ableben verursacht, je nach Alter des Kindes, eine tiefere Nachdenklichkeit, oft auch die existentielle Erfahrung eigener Todesangst, das *Vorauslaufen in den eigenen Tod*, wie es Kierkegaard nannte. Damit ist eine völlig neue Qualität der Begegnung mit dem Tod in bedrohlicher Anschaulichkeit gegeben. Durch das Auslöschen von Menschen, die uns wichtig sind, durch die Bedrohung unserer eigenen Existenz gewinnt er Macht über unser eigenes Leben. Dadurch, daß er unser Leben begrenzt, definiert er uns und bedroht unsere Identität. Die Vorstellung vom Tod als skelettartige Person mit Sense und Stundenglas hat den Feind des Lebens abbildbar gemacht. Ein solches Feindbild eignet sich zur Schreckgestalt, die man entweder ignoriert oder gebannt anstarrt. Fast kann man die Menschen danach einteilen. Wir müssen jedoch feststellen, daß die Neigung, den Tod zu ignorieren, meist mit dem Alter abnimmt. Die Redensart *Wird die Hure alt, wird die Hure fromm!* aber auch der Salzburger *Jedermann* mögen als Beleg dafür dienen. Eine ausgewogene Haltung, die Anerkennung der biologischen Tatsache,

Die Sterblichkeit des Menschen

Christoph Breuer

2. Kapitel

daß Leben, auch mein Leben durch Anfang und Ende begrenzt ist, ich mich also als ein an Zeit und Raum gebundenes Lebewesen definieren muß, sorgt sicherlich besser für ein geglücktes und weithin krisenstabiles menschliches Selbstverständnis. Dabei muß ich nicht ständig und voller Schrecken auf den Tod fixiert sein, ihn aber auch nicht krampfhaft verdrängen.

Wenn der Tod Bedeutung gewinnt, endet zumeist auch das Expertentum von uns Periletalexperten, so wie der Geiz und die Menschenverachtung eines Scrooge ihr Ende fanden, als er sich im Traum auf dem Totenbett den herzlosen Leichenfledderern ausgeliefert sah. Doch so wie Scrooge in den *Weihnachtserzählungen* von Charles Dickens unter dem Vorzeichen seines Endes sein Leben revidiert und neu definiert, so bietet das Vorauslaufen in den Tod jedem die Chance, in der Bedrohung seiner Identität genau diese in einer Weise neu zu erfinden, daß der Tod seinen Schrecken verliert. Die Bedeutung, die der Tod gewinnt, nötigt zu einer neuen Deutung unseres Lebens.

Einen Sonderfall des in seiner Bedeutung hervorgehobenen Todes wollen wir unter dem Titel *"Ich habe getötet!"* unter die Lupe nehmen. Gegen alle Erfahrung blutig verlaufener Geschichte und Geschichten gehört es zum unverzichtbaren Wertevorrat des Menschen, nicht töten zu dürfen. Jede Tötung bedarf besonderer Maßnahmen, die Ängste zu bannen, die der gewaltsame Tod eines Menschen hervorrufen kann. Diese Maßnahmen beinhalten im wesentlichen die Rechtfertigung der Tötung. Während einerseits selbst maßlose Tötungshandlungen makabre Rechtfertigungen finden, die von den Tätern 'geglaubt' werden, so bleibt andererseits sogar für die allgemein anerkannten Rechtfertigungen wie Notwehr und Nothilfe für viele 'Täter' ein beunruhigender Rest des 'Tat'-Zusammenhangs ungeklärt und ungerechtfertigt. Sie erleben sich trotz aller juristischen und sozialen Anerkennung als Akteur in einem Geschehen, in dem sie die Rolle des Täters und des Opfers zugleich einnehmen. Wie ein Opfer, das überlebt hat, leiden sie unter den Folgen und müssen, das ist ohne jeden Zynismus zu verstehen, dieses Erlebnis trauerähnlich verarbeiten, bis sie wieder weitgehend normal leben können. Das Post-Shooting-Trauma, der "Wundschmerz" dessen, der getötet hat, und seine Rehabilitation werden in der

Die Sterblichkeit des Menschen

amerikanischen Fachliteratur und Praxis gebührend berücksichtigt. Im deutschen Sprachraum ist da noch vieles aufzuholen. Das sei hier ansatzweise versucht. Zu diesem Themenbereich gehören folglich auch die Texte: Um ein Haar tödlich (S. 130) und der Überlebenspsalm (S. 259) und Leben als Herausforderung (S. 258) aus dem dritten Kapitel.

Wenn nicht eigene bedeutsame Todeserfahrungen uns Periletalexperten den Gedanken nahelegen, daß auch wir eines Tages jenseits aller Professionalität selbst vom Tode Betroffene sein werden, so können wir spätestens in der Begegnung mit Hinterbliebenen der existenzbedrohenden Bedeutung des Todes nicht immer entfliehen. Die Angehörigen, sofern sie Anzeichen von Trauerreaktion zeigen, treten uns als vom Leid gezeichnete und vom Schicksal geschlagene Menschen entgegen und stellen so einen Appell an unsere Menschlichkeit dar, dem wir oft nicht ausweichen können. *Eine Leiche,* sagen viele Leichensachbearbeiter, *ist für mich nur eine Sache, dazu mache ich das schon zu lange. Aber wenn Angehörige da sind, auf die ich Rücksicht nehmen muß, mit denen ich arbeiten muß, dann wird es oft schwierig.* Die Angehörigen sind oft nicht sachlich genug, eben viel zu emotional, sie sind aus der Bahn geworfen – und das stört den Ablauf unserer Arbeit. Wenn allerdings der Tod von den Angehörigen mit Befriedigung registriert wird, dann sind wir frustriert, denn wir haben uns gedanklich auf trauernde Hinterbliebene eingestellt. Wir erwarten sozusagen ein angemessenes Ausmaß an "normaler" Betroffenheit, das jedoch unsere Arbeit als Periletalexperten nicht behindern darf.

Die Begegnung mit den Leidtragenden betrifft nicht nur die Polizeibeamten mit ihrer Todesnachricht, sondern (mit Ausnahme des Sektionsgehilfen und des Totengräbers) noch weitere Periletalexperten. Während einige dieser Experten mehr oder weniger konkrete Dienstleistungen in Zusammenhang mit der Bestattung anzubieten haben, besteht die Aufgabe der Grabredner (vom Pfarrer bis zu fast professionellen Nach-Rufern aus Betrieb und Verein) darin, die in Floskeln gegossene Sprachlosigkeit der Kondolierenden zu einer sprachlichen Begegnung mit den Hinterbliebenen zu gestalten – eine Aufgabe, die in dieser Trauerphase selten gelingt und von der oft nur

2. Kapitel

"Nein danke – Wir sterben nicht!"

Die Sterblichkeit des Menschen

erwartet wird, daß sie hätte gelingen können, ja, müssen, wenn die Hinterbliebenen in einem Zustand gewesen wären, der es ihnen erlaubt hätte, zuzuhören und dem Gedankengang zu folgen. Der empfehlenswerte Kunstgriff mancher Pfarrer, ihre Ansprache schriftlich mitzugeben, erlaubt zuweilen im Nachhinein eine Begegnung mit dem Leidtragenden, die als hilfreich empfunden wird. Wir haben einige Grabreden wiedergegeben, ohne daß ihnen damit Vorbildfunktion zugesprochen werden soll. Doch der Leser wird sich bei ihrer Lektüre seine Gedanken machen und im Bedarfsfall, handele es sich um eine Ansprache oder um bloße Kondolenz, seinen Weg finden, um einem Hinterbliebenen in seiner Trauer zu begegnen, vielleicht ihn ein Stück weit zu begleiten.

zum frühstück

ich lese die zeitung
auf der vorletzten Seite
überfliege ich die todesanzeigen
und blättere um zum kinoprogramm

man reicht mir die zeitung
aufgeschlagen die vorletzte seite
der dickgedruckte name meines kindes
alles andere verschwimmt

morgen bin ich in der zeitung
auf der vorletzten seite
man überfliegt sie
und blättert um zum kinoprogramm

Dierk Schäfer

2. Kapitel

Die Maske des roten Todes

Lange Zeit hatte der Rote Tod das Land entvölkert. Nie zuvor hatte eine Seuche so furchtbar und unbarmherzig gewütet. Blut war ihr Antlitz und ihr Siegel die schauerliche Röte des Blutes. Es begann mit qualvollen Schmerzen und plötzlichen Schwindelanfällen, dann traten starke Blutungen aus allen Poren ein, und das Ende war der Tod. Scharlachrote Flecken auf dem ganzen Körper, besonders aber im Gesicht, waren die Symptome, die jeden Erkrankten kennzeichneten, und diese Brandmale schlossen ihn augenblicklich von der Hilfsbereitschaft und dem Mitleid der menschlichen Gesellschaft aus. Die ganze Krankheit, vom ersten Anfall bis zum tödlichen Ausgang, währte nicht länger als eine halbe Stunde.

Prinz Prospero aber war glücklich, furchtlos und voll Kühnheit. Als seine Provinzen halb entvölkert waren, entbot er eine Kumpanei von etwa tausend lebenslustigen Leuten aus dem Kreise seiner Höflinge und der Damen des Hofes zu sich und zog sich mit ihnen in die tiefe Abgeschlossenheit eines seiner befestigten Schlösser zurück. Es war das ein weitläufiges und prächtiges Gebäude, eine Schöpfung nach des Prinzen eigenem, ein wenig exzentrischem, aber großartigem Geschmack. Eine starke und hohe Mauer mit schweren, ehernen Toren umgab das Schloß. Als die Gäste des Prinzen eingezogen waren, brachte man Feueressen und Hämmer herbei und schmiedete die Riegel der Tore zu, denn es sollte ebensosehr das Eindringen der Seuche und der Verzweiflung verhindert werden, wie man verhüten wollte, daß die Kunde von der tollen Lustbarkeit im Inneren des Schlosses nach draußen gelangte. Mit Lebensmitteln hatte man sich reichlich eingedeckt. Durch diese Vorsichtsmaßnahme glaubte sich der Hof vor aller Ansteckungsgefahr vollkommen sicher. Mochte die Welt da draußen für sich selber sorgen. Ein Narr, der sich mit Sorgen und trüben Gedanken quälte! Der Prinz bemühte sich, seine Gäste durch Unterhaltungen aller Art zu zerstreuen. Da waren Spaßmacher und Stegreifkomödianten, Tänzer und Musiker, die schönsten Frauen und die besten Weine. Innerhalb dieser Mauern regierten der Frohsinn und die Sicherheit und Sorglosigkeit. Draußen aber triumphierte der Rote Tod.

Gegen Ende des fünften oder sechsten Monats, nachdem die lustige Gesellschaft das Schloß bezogen hatte – die Seuche wütete gerade am fürchterlichsten – lud Prinz Prospero seine Gäste zu einem Maskenfest von ganz ungewöhnlicher Pracht.

Dieses Fest war ein Schauspiel von berauschender Sinnlichkeit. Zuerst aber will ich die Räumlichkeiten beschreiben, in denen es stattfand. Es waren sieben Säle von wahrhaft fürstlicher Pracht. In den meisten Palästen mögen solche Räume eine einzige lange Durchsicht gewähren, da man gewöhnlich die Verbindungstüren fast bis an die Wand zurückschieben kann, so daß das Auge die ganze Zimmerflucht mit einem einzigen Blick übersieht. Hier aber war die Anordnung völlig anders getroffen; vermutlich sprach auch daraus die Vorliebe des Prinzen für das Ungewöhnliche. Die Säle waren so unregelmäßig gebaut, daß man von kaum einem Punkt aus mehr als einen einzigen Raum überblicken konnte. Nach zwanzig oder dreißig Schritten gelangte man zu einer scharfen Biegung, an der sich jedesmal dem Auge ein völlig neuer Anblick darbot. In jedem Zimmer befand sich zur Rechten und Linken in der Mitte jeder Wand ein hohes, schmales, gotisches Fenster, das sich auf einen geschlossenen Säulengang öffnete, der den Windungen der Zimmerflucht folgte. Die Scheiben dieser Fenster waren aus buntem Glas, dessen Farbe mit der Grundfarbe des betreffenden Zimmers harmonierte. Das Zimmer am östlichen Ende des Schlosses war in Blau gehalten, und so waren auch dessen Fensterscheiben tiefblau gefärbt. Der zweite Saal war mit purpurroten Wandbespannungen und Zieraten ausgeschmückt, infolgedessen waren auch die Scheiben purpurrot. Der dritte Saal war, wie die Fenstergläser, ganz in Grün gehalten, der vierte war orangegelb, der fünfte weiß und der sechste violett. Der siebente Saal war mit schwarzem Samt ausgeschlagen, der die Decke umdüsterte und in schweren Falten auf den gleichfalls schwarzen Samtteppich, der den Boden bedeckte, niederfiel. Einzig und allein in diesem Zimmer entsprach die Farbe der Fensterscheiben nicht der der übrigen Ausstattung: sie waren rot, rot wie Blut. In keinem der sieben Säle war unter der Fülle

2. Kapitel

von goldenen Prunkstücken, die überall herumstanden und von der Decke herunterhingen, eine Lampe oder ein Kandelaber zu entdecken. Keine einzige Lichtquelle war in den sieben Räumen angebracht, kein Lüster, keine Kerze, keine Ampel. Im Säulengang aber, der die ganze Zimmerflucht begleitete, stand vor jedem Fenster ein massiver Dreifuß, in dem ein Kohlenfeuer loderte, das seine Strahlen durch das bunte Glas in das Zimmer warf, ein blendendes Licht ausstrahlte und eine stets wechselnde, phantastische Beleuchtung hervorbrachte. Im schwarzen Saal, der am westlichen Ende des Gebäudes lag, war die Wirkung, die das feurige Licht der blutroten Scheiben auf der schwarzen Wandbespannung erzeugte, so gespenstisch, sie gab den Gesichtern der Eintretenden ein so gräßliches Aussehen, daß nur wenige kühn genug waren, ihren Fuß über die Schwelle dieses Raumes zu setzen. An der Westwand dieses Zimmers stand eine riesige Uhr aus Ebenholz, deren Perpendikel mit dumpfem, schwerem monotonem Schlag hin und her schwang. Und jedesmal, wenn der Minutenzeiger den Kreis auf dem Zifferblatt vollendet hatte und eine Stunde verronnen war, drang aus der metallenen Brust der Uhr ein lauter, voller, wunderbar melodiöser Ton von so besonderem Klang, von solchem Nachdruck und solcher Eigenart, daß die Musiker, sooft das Uhrwerk eine volle Stunde anzeigte, wie einem inneren Zwang folgend, stets eine Pause machten, um diesem wundersamen Ton zu lauschen. Und so verstummten denn die Walzer für eine Weile, und ein vorübergehendes Unbehagen erfaßte plötzlich die ganze fröhliche Gesellschaft. Die Übermütigsten erbleichten beim Klang der Glockenschläge, während die Älteren und Gesetzteren sich mit der Hand über die Stirn strichen, als wären sie von wirren Träumen und tiefem Nachdenken benommen. Kaum aber war der letzte Glockenschlag verhallt, so ging ein fröhliches, sorgloses Lachen durch die Gesellschaft, die Musiker sahen einander an, und es schien fast, als belächelten sie ihre eigene Torheit und Nervosität; flüsternd gelobten sie sich, beim nächsten Stundenschlag nicht wieder diese Unruhe in sich aufkommen zu lassen. Doch wenn die sechzig Minuten verstrichen waren, jene dreitausendsechshundert flüchtigen Sekunden, und die Uhr von neuem schlug, da erfüllte dasselbe Zittern und Zagen, dasselbe Unbehagen den ganzen Saal.

Die Sterblichkeit des Menschen

Abgesehen davon aber war es ein überaus fröhliches und prächtiges Fest. Der Prinz besaß einen ausgefallenen Geschmack. Er liebte Farbenpracht und Farbwirkungen und war ein Feind davon, mit Hilfe billiger Requisiten Effekte zu erzielen. Er trug sich stets mit kühnen, kraftvollen Plänen, und seine Gedanken sprühten von einem eigenartig exotischen Geist. Es gab Leute, die ihn für verrückt hielten, seine Anhänger aber wußten, daß das durchaus nicht der Fall war. Tatsächlich aber war es nötig, ihn zu sehen, ihn reden zu hören und sich in seiner Gesellschaft zu bewegen, um sich dessen völlig klarzuwerden.

Anläßlich dieses fabelhaften Festes hatte er zum großen Teil selbst angeordnet, wie die sieben Zimmer zu dekorieren seien, und auch die Maskenkostüme verdankten ihren Charakter seinem eigenwilligen, persönlichen Geschmack. Sie waren freilich auch im höchsten Grade wunderlich. Sie bildeten ein Chaos von Farbenpracht und Glitzern, von reichster Phantasie und scharfem Witz, wie man es ganz ähnlich seither oft in dem Drama *Hernani* gesehen hat. Da gab es wunderliche Gestalten mit seltsam verrenkten Gliedern in grotesken Kleidern, und man hätte meinen können, das Ganze sei die Ausgeburt eines wahnwitzigen Gehirns. Da war vieles, das wunderbar, üppig, bizarr wirkte, manches aber auch, das Entsetzen weckte, und einige wenige Dinge mochten wohl auch Ekel hervorrufen. Es war, als ob in den sieben Zimmern eine Versammlung wüster Traumfiguren hin und her wogte. Und diese Traumfiguren kamen und gingen und ergriffen Besitz von den Räumen, und die wilde Musik des Orchesters schien der Widerhall ihrer Schritte zu sein. Und mitten hinein in das Treiben erklingt der Schlag der Ebenholzuhr, und plötzlich ist alles still geworden, alles schweigt, und nichts ist mehr zu vernehmen als der Klang der Uhr. Wie in Erstarrung machen die Traumgestalten halt. Aber sobald der Hall der Glockenschläge verstummt ist, die nur einen Augenblick den Raum beherrscht haben, erklingt ein leises, halb unterdrücktes Gelächter, das ihr Verklingen zu begleiten scheint. Und nun setzt die Musik wieder ein, und die Traumgestalten bewegen sich von neuem und wogen durcheinander, streifen noch fröhlicher als bisher an den buntfarbigen Fenstern entlang, durch die das Licht von den Dreifüßen hereinfällt. Nur den letzten Saal, der am westlichen

2. Kapitel

Ende der Zimmerflucht liegt, wagt keine der Masken mehr zu betreten. Die Stunden verrinnen, und ein rötliches Licht ergießt sich durch die Scheiben, die wie von Blut übergossen erglänzen; das tiefe Schwarz der nachtdunklen Draperien geht in ein fahles Grau über, und wer den Mut findet, den schwarzen Teppich zu betreten, dem scheint die Ebenholzuhr mit feierlicher Strenge etwas zuzuraunen, das die Ohren derer nicht hören, die sich in den anderen Zimmern ungebundener Lust hingeben. In diesen anderen Räumen herrschte dichtes Gewühl, und es war, als schlüge darin das Herz des Lebens wie im Fieber. Der Trubel schwoll mehr und mehr an, bis zuletzt die Uhr anhob, Mitternacht anzusagen. Da aber setzte abermals, wie wir es schon geschildert haben, die Musik aus, die Bewegung der Tänzer erstarrte, und alle Dinge schienen wie in Ketten geschlagen. Alles war wie früher, wenn die Uhr die volle Stunde anzeigte, nur daß diesmal zwölf Schläge erklangen, und vielleicht war diese größere Zeitspanne schuld daran, daß sich in die Mienen mancher Gäste ein seltsam gedankenvoller Ausdruck stahl. Und vielleicht blieb ihnen deshalb, ehe der Klang des letzten Glockenschlages verhallt war, auch mehr Zeit, mitten im Gewühl eine Maske zu bemerken, die keinem von ihnen bisher aufgefallen war. Und als einer den andern wispernd auf die Anwesenheit des Rätselhaften aufmerksam gemacht hatte, schwoll ein Flüstern, ein Murmeln an, das Tadel und Befremden ausdrücken sollte und sich bald in Furcht, Grauen und Ekel wandelte.

In einer Gesellschaft phantastischer Gestalten, wie ich sie geschildert habe, konnte natürlich nur eine Erscheinung von ganz ungewöhnlichem Aussehen diese ungeheure Wirkung hervorbringen. Tatsächlich war ja jedem weitestgehende Freiheit gegeben worden, sich zu maskieren; aber die Gestalt, von der ich spreche, hätte sogar einen Herodes übertroffen und ging weit über das hinaus, was in den Absichten des Prinzen lag. Auch in den Herzen der übermütigsten Menschen gibt es Saiten, an die man nicht rühren soll; selbst für einen völlig Verlorenen, dem Tod und Leben nicht mehr bedeuten als ein Spaß, gibt es manches, das er nicht verspottet sehen möchte. Tatsächlich schien die ganze Gesellschaft nur eins zu empfinden: daß in der Kleidung und dem Gehaben des Fremden weder Witz noch origineller Geist lagen. Er war hochgewachsen und hager und von Kopf bis Fuß in ein Leichengewand gehüllt. Sein Gesicht war durch eine Maske verdeckt, die den Zügen eines Gesichtes in der Todesstarre so genau nachgebildet war, daß auch der schärfste Blick die Täuschung wohl schwerlich durchschaut hätte. Das alles aber wäre vielleicht von den tollen Festgästen hingenommen, wenn auch nicht gebilligt worden, hätte der Vermummte es nicht so weit getrieben, den Roten Tod darstellen zu wollen. Die Leichentücher, in die er gehüllt war, starrten von Blut, und seine mächtige Stirn und sein ganzes Gesicht waren von den entsetzlichen scharlachroten Spuren entstellt.

Als Prinz Prospero diese spukhafte Erscheinung erblickte, die, wie um ihre Rolle noch besser zu spielen, mit langsamen, gravitätischen Bewegungen zwischen den Tanzenden einherstelzte, schauderte er im ersten Moment, sei es aus Entsetzen, sei es aus Ekel. Im nächsten Augenblick aber übergoß sich seine Stirne mit Zornesröte, und er fragte mit rauher Stimme die Höflinge, die ihn umstanden: "Wer wagt es, uns durch diesen lästerlichen Scherz zu beleidigen? Ergreift ihn! Demaskiert ihn, damit wir wissen, wen wir bei Sonnenaufgang auf den Zinnen des Schlosses aufzuknüpfen haben!"

Prinz Prospero stand im östlichen oder blauen Zimmer, als er diese Worte sprach. Man hörte sie in aller Klarheit durch alle sieben Räume dringen, denn der Prinz war ein Mann von imposanter Größe, und auf ein Zeichen seiner Hand war die Musik verstummt.

Im blauen Zimmer war es, wo der Prinz inmitten einer Gruppe bleicher Höflinge stand. Als er das Wort ergriffen hatte, schien es zuerst, als wollte sein Gefolge sich dem Eindringling nähern, der unweit des Prinzen stand und nun mit bedächtigem und stolzem Schritt auf den Sprecher zukam. Das namenlose Entsetzen aber, das die ganze Gesellschaft angesichts der wahnsinnigen Anmaßung des Vermummten gepackt hatte, lähmte die Gäste derart, daß niemand fähig war, Hand an ihn zu legen. So gelang es ihm, ungehindert bis auf eine Entfernung von zwei Ellen an den Prinzen heranzukommen, und während die Gäste, die ein und dasselbe Gefühl beherrschte, sich ausnahmslos an die Wände der Säle drängten, schritt er unaufhaltsam, doch stets in

2. Kapitel

derselben gravitätischen, feierlichen Art, die man vom ersten Augenblick an ihm beobachtet hatte, durch das blaue Zimmer, und von da ins purpurfarbene, in das grüne, in das organgegelbe, in das weiße und zuletzt in das violette, bevor jemand eine Bewegung hätte machen können, ihn zurückzuhalten. Da aber eilte Prinz Prospero in höchster Wut und voll Scham über seine momentane Feigheit durch die sechs Zimmer, ohne daß irgendwer seiner Gäste, die ein tödlicher Schreck ergriffen hatte, gewagt hätte, ihm zu folgen. Er hielt einen gezückten Dolch hoch empor und hatte sich in rasendem Ungestüm dem Dahinschreitenden schon auf wenige Schritte genähert, als dieser, der eben das Ende des samtbespannten Gemaches erreicht hatte, sich plötzlich seinem Verfolger zuwandte und Aug in Auge mit ihm stehenblieb. Man hörte einen gellenden Schrei. Blitzend fiel der Dolch auf den schwarzen Teppich, auf den unmittelbar darauf der Prinz Prospero tot niedersank. Da erst warf sich eine Schar der Gäste mit dem Mut der Verzweiflung in das schwarze Gemach. Sie ergriffen den Vermummten, dessen hohe Gestalt aufrecht und reglos im Schattten der Ebenholzuhr stand, schrien aber in maßlosem Grauen auf, als sie gewahr wurden, daß die Leichengewänder und die Totenmaske, die sie mit roher Gewalt anfaßten, eine körperlose Gestalt umhüllten.

Da wußten sie mit einemmal, daß der ungebetene Gast niemand anders war als der Rote Tod. Er war gekommen wie ein Dieb in der Nacht. Und einer nach dem andern sanken die Gäste in ihren blutüberströmten Festgewändern zu Boden und verschieden in der verzweiflungsvollen Stellung, in der sie niedergesunken waren. Das Ticken der Ebenholzuhr aber verstummte, als der letzte Seufzer der Sterbenden verklungen war. Die Flammen der Dreifüße erloschen, und Dunkelheit und Verwesung breiteten sich über dem ganzen Schloß aus, in dem der Rote Tod nun unumstritten sein Zepter schwang.

Edgar Allan Poe

Die Sterblichkeit des Menschen

Wenn ich noch sechs Monate zu leben hätte, ...

Hans-Georg Rauch

Überparteilich

Junge Polizeibeamtinnen und -beamte in Ausbildung bei der Bereitschaftspolizei in Biberach haben sich im Berufsethischen Unterricht darüber Gedanken gemacht, wie sich ihr Leben verändern würde (oder auch nicht), wenn sie wegen einer Krebserkrankung nur noch etwa sechs Monate zu leben hätten: Hier einige Antworten, teils auszugsweise:

"**Mein Geld würde ich verprassen, meinen Ruf ruinieren, durch mein Verhalten andere kränken ...**"

"Ich wäre nach dieser Nachricht zuerst einmal geschockt und würde mich, so gut es geht, in die Einsamkeit zurückziehen. Vermutlich würde ich mich tagelang betrinken, um die Realität zu verdrängen. Ich würde nicht mehr auf mich achten, d.h., meine Gesundheit ruinieren (nicht mehr Sport treiben, zuviel rauchen ...). Vermutlich würde ich es niemandem sagen, bis die Krankheit nicht mehr zu verbergen wäre.

2. Kapitel

Mein Geld würde ich verprassen, meinen Ruf ruinieren, durch mein Verhalten andere kränken, da das Zusammenleben mit anderen nichts Längeres mehr ist. Insgesamt würde ich alle Hoffnung aufgeben und ziemlich egoistisch weiterleben, bis zum Ende."

"... bis kurz vor knapp würde ich hier weitermachen."

"Wenn ich wüßte, daß es noch sechs Monate sind, die ich leben darf, dann würde ich bis kurz vor knapp hier weitermachen. Nur ganz anders. Würde mich über Kleinigkeiten nicht mehr aufregen wie bisher, würde mir jeden Menschen um mich herum viel genauer betrachten, intensiver versuchen, ihn zu verstehen. Dann einen Monat vorher oder so, würde ich aufhören hier. Würde alle, die ich lieb habe, dies nochmals intensiv merken lassen, besonders die, die ich vernachlässigt habe, es aber am meisten verdienen. Würde versuchen, denen zu verzeihen, die mir Unrecht und wehgetan haben. Würde auf die zugehen, mit denen ich mich nicht mehr verstand und Streit hatte, um dies zu bereinigen. Dann würde ich in das Land meiner Sehnsucht fahren und es auf mich wirken lassen und das letzte Mal genießen. Dann, wenn hoffentlich der Seelenfriede gefunden ist, nach Hause zurückkehren und ...? Der Dinge harren, die da kommen."

"Ich würde mir einen Hund anschaffen."

"Wenn ich wüßte, daß ich nur noch sechs Monate zu leben hätte, würde ich bei verschiedenen Leuten noch vorbeifahren, mit ihnen reden und letzte Gedanken austauschen, ihnen aber vorenthalten, daß ich schwer krebskrank bin und daß dieser Besuch voraussichtlich der letzte Besuch ist. Auch würde ich nochmals Urlaub machen an einem Ort, an dem ich schon oft Urlaub gemacht habe, wo ich dann nochmals über mein Leben eventuell nachdenke, der mich aber auch an Zeiten erinnert, in denen ich glücklich war, an Zeiten, zu denen ich noch unbeschwert gelebt habe. Ich glaube, ich würde sehr lange Spaziergänge machen, vielleicht auch etwas Sport, falls ich das noch könnte.

Sehr wahrscheinlich würde ich mir einen Hund anschaffen, da ich das schon immer wollte, aber auch weil ich dann nicht so einsam wäre. Der Hund würde dann vielleicht meinen Eltern auch nach meinem Tod

Die Sterblichkeit des Menschen

noch Freude bereiten, der diese wahrscheinlich über meinen Tod hinwegtrösten könnte bzw. ein wenig helfen.

Den Polizeidienst würde ich wahrscheinlich quittieren."

"... ich würde mich gleich mit einer Überdosis vollknallen!"

" – Erst mal Wut und Haß auf alle anderen und die Welt bekommen
- *mir die Frage stellen, warum gerade ich?*
- *dagegen ankämpfen/Hoffnung*
- *ich würde mich erst mal betäuben*
- *versuchen, die Krankheit zu akzeptieren*
- *mich in meinem Glauben bestärken*
- *ich würde mich mit anderen Betroffenen treffen, um zu erfahren, wie sie mit dieser Situation umgehen*
- *von den liebsten Menschen langsam Abschied nehmen*
- *in dieser Zeit so viel wie möglich erleben*

ODER

mich gleich mit einer Überdosis vollknallen!"

"Viel besser ist es doch, wenn einer plötzlich stirbt."

"Ich würde zu niemandem etwas sagen, das Leben zunächst ganz normal weiterführen und dann bei der nächsten Gelegenheit mich selbst umbringen. Es wäre für mich untragbar, diese sechs Monate noch abzuwarten, wenn absolut keine Hoffnung mehr besteht. Ich würde es auch niemandem zumuten wollen, diese lange Zeit mit mir zu leiden. Viel besser ist es doch, wenn einer plötzlich stirbt."

"Ich habe keine Ahnung!!!"

"Ich würde versuchen, mich nach außen hin ganz normal zu verhalten, um kein Mitleid bei meinem Freundeskreis zu erwecken.

Ich würde auf keinen Fall meinen Job kündigen.

Ich würde versuchen, mein Fehlverhalten Eltern und Freundin zu erklären ...

alles Scheiße ... ich hab keine Ahnung!!!"

2. Kapitel

"Alles möchte ich noch sehen.!"

"Ich könnte es erst gar nicht glauben, ich hatte nie Probleme, eigentlich ein ganz gutes Leben. Gute Eltern, drei Geschwister. Das alles zu verlieren, könnte ich mir nicht vorstellen. Ich würde es nicht glauben können. Warum muß gerade mir so etwas passieren. Ich bin 18 Jahre alt und habe bis jetzt nur gelernt. In der Schule 1o Jahre und jetzt ging es hier weiter. Für was habe ich gelebt, um zu lernen und dann zu sterben? Ich würde mich in meinen letzten sechs Monaten völlig ausleben. Ich würde sofort aufhören zu lernen, mein ganzes Hab und Gut völlig wegputzen. Jede Minute mit meiner Familie zusammen sein. Alles möchte ich noch sehen. Ich hätte Angst, wenn ich ins Bett gehe, daß ich nicht mehr aufwachen würde. Solange ich die Kraft noch hätte, würde ich alles anstellen, was ich für mein späteres Leben vorhatte. Ich würde natürlich auch nach allen Möglichkeiten forschen, ob ich nicht doch überleben könnte. Aber für mich ist es am wichtigsten, daß ich viel von der Welt sehe und die letzten sechs Monate die glücklichsten meines Lebens werden. Aber das würde ja nicht gehen, weil es doch die letzten sechs sind und ich ständig Angst hätte. Ich würde mich fragen, was danach kommt. Was geschieht mit mir, wenn ich tot bin? Ich würde immer wieder Gott bitten, daß ich doch noch zu retten bin."

"Ich würde sofort kündigen!"

"Ich würde sofort kündigen. Ich würde meiner Freundin nichts davon sagen, da sie schon Sorgen genug hat (ich würde warten, bis sie es selbst merkt). Ich würde versuchen, mich an all das Schöne zu erinnern, was ich bisher erlebt habe und Orte aufsuchen, an denen ich glücklich war. Ich würde meinen Vater besuchen, den ich schon so lange gar nicht mehr gesehen habe. Ob ich mein ganzes Geld nehme und in den Süden fliege, das weiß ich nicht, denn es gibt immer noch einen kleinen Hoffnungsschimmer. Es gehört zwar jetzt nicht dazu, aber ich weiß nicht, was ich vom Tod halten soll. Ich denke mir immer: Was kommt nach dem Tod? Gibt es etwas, worauf man sich freuen kann? Muß man Angst haben vor dem Tod oder soll man sich freuen?"

Die Sterblichkeit des Menschen

"Was zählt noch Geld, oder was andere von mir denken?"

"Mein erster Gedanke "nein". Der Arzt verwechselt mich bestimmt mit einem anderen. Aber irgendwie ist da ein Gefühl, das mir sagt, daß es stimmt. Wie in Trance höre ich dem Arzt zu, der beruhigend auf mich einspricht, aber - wen interessiert das denn noch, was der sagt? - Mich bestimmt nicht mehr. Ich bin nicht traurig, sondern verbittert, denke nur daran, warum es ausgerechnet mich erwischt hat! Bin böse auf den Arzt, der mir diese Nachricht sagte. Ich denke gar nicht daran, daß er ja nichts dafür kann. Während der Arzt weiterspricht, kreisen meine Gedanken umher. Ich denke daran, daß ich noch zum Einkaufen muß, daß ich meine Mutter noch anrufen muß. Da ist es wieder – das Gefühl, daß ich bald sterben muß und diese Gedanken absolut unwichtig sind. Morgen muß ich wieder zur Arbeit, wie bisher auch, aber soll ich überhaupt gehen? Ich kann doch nicht mein letztes halbes Jahr damit verbringen, daß ich arbeite, eigentlich für nichts. Denn was zählt noch Geld oder was andere denken oder von mir halten? Wie bringe ich das nur meiner Familie und meinem Freund bei? Wem sage ich es zuerst? Ich weiß es nicht. Am schwersten wird es bei meinem Freund, denn es ist verdammt schwer, jemanden zurückzulassen, den man liebt und der einen liebt. Was macht er ohne mich? Was machen meine Mutter, mein Vater, mein Bruder? An den eigentlichen Tod denke ich noch gar nicht, sondern nur an die Folgen."

Auszüge:

"Kündigen würde ich nicht, sondern niemandem etwas sagen und einfach sechs Monate Urlaub machen ..."

"... wahrscheinlich würde ich Torschlußpanik bekommen und ein Hinflugticket irgendwohin kaufen ..."

"... in meinen Augen bringt es nicht viel, in diesen sechs Monaten, quasi aus Torschlußpanik heraus, noch groß etwas in meinem Leben zu ändern ..."

"... dann würde ich kündigen, mein ganzes Vermögen ausgeben, umherreisen, nochmals aufleben und dann, wenn alles Geld ausgegeben ist, Selbstmord machen."

2. Kapitel

"... Es versetzt mich in eine depressive Stimmung, wenn ich mir zu solch einem Thema Gedanken mache."

"... Ich würde sechs Monate leben und zwar nur leben!!"

Wenn ich noch 6 Monate zu leben hätte, ... Um einen Hinweis zu erhalten, ob sich Polizeibeamte in ihren Aussagen gegenüber anderen jungen Menschen unterscheiden, **wurde einer Ausbildungsklasse von Krankenpflegeschülerinnen und -schülern die gleiche Frage gestellt.** Die Autoren haben keinen Unterschied bemerken können. Hier einige Antworten, teils auszugsweise:

"Ich würde wahrscheinlich abhauen"

Ich würde wahrscheinlich abhauen, irgendwohin in ein südliches Land und mein Leben dort genießen so gut es geht. Doch bevor ich aus dem Alltag flüchten würde, wollte ich noch versuchen, mit den Menschen zurecht zu kommen, mit denen ich nicht so gut ausgekommen bin. Das würde mein Gewissen beruhigen. Ich denke dabei an Freunde, mit denen ich mich zerstritten habe, an die Eltern, Verwandte ...

Ich würde dann das tun, was mir Spaß macht, Reiten, Segeln, Drachenfliegen und Festen. Ich würde mir auch viele Tiere zulegen, die mit mir meine Einsamkeit und Trauer teilen könnten.

"Solange ich leben darf, lebe ich"

Immer wieder muß ich mir bewußt machen: "Irgendwann stirbt jeder"! Je bälder ich weiß, daß ich gehen muß, umso länger und tiefer kann ich alle Phasen des Sterbens durchleben. Am Anfang werde ich wohl aufbegehren, toben und verleugnen. Doch das ist notwendig, um der drohenden Resignation zu widerstehen. Ich möchte dann sagen können: "Hier bin ich und solange ich noch leben darf, lebe ich". Wie kurz ist bei vielen der Augenblick des Todes? Wie kurz bei denen, die durch einen Unfall von einer Sekunde zur nächsten sterben müssen?

Hoffentlich bekomme ich Zeit. Ich möchte mich länger auseinandersetzen mit dem Sterben. Ich möchte mein Leben abschließen und versuchen, Versäumtes nachzuholen. Mein Großvater kehrte 1949 aus der russischen Gefangenschaft heim. Die Ärztin, die ihn untersuchte,

Die Sterblichkeit des Menschen

sagte: "Soldätle, noch 1o Jahre!" Mein Opa lebte noch 31 Jahre und erzählte gerne, wie ihn das Geschenk von "noch 1o Jahren" gefreut und Lebenswille gegeben habe. Die Ärztin starb übrigens lange vor ihm.

Damit möchte ich nur sagen, wie ein Mensch, der fern der Heimat wohl oft dachte, er kehre nicht mehr Heim oder müsse sterben, diese Lebenserwartung der Ärztin verdreifachen konnte, vielleicht weil er jeden Tag als Geschenk angenommen hat. Es ist natürlich eine Binsenwahrheit, wenn ich sage, daß irgendwann jeder stirbt. Aber warum soll ich dieses halbe Jahr nicht gerne und dankbar leben? Es hätten ja auch nur fünf Sekunden sein können.

"Sterben, niemand kann genau definieren, was dahinter steckt"
Auf eine solche Nachricht hin würde ich lachen und sagen: "Das kann nicht sein." Ich sterbe doch jetzt noch nicht. Ich muß noch soviel erledigen in dieser Welt, ich habe noch soviel Träume und Vorstellungen, die ich verwirklichen will. Ein halbes Jahr wäre mir dafür wirklich zu wenig. Wenn es allerdings nicht irgend jemand, sondern ein Arzt zu mir sagen würde: "Sie haben Krebs und Sie haben nur noch ein halbes Jahr zu leben", dann würde ich wahrscheinlich weinen. Weinen deshalb, weil alle meine Träume, die für mein Leben so wichtig waren, auf einmal zerstört sind.

Dazu kommt noch die große Angst um das Wort Sterben. Niemand kann hier genau definieren, was dahinter steckt. Ich denke, in diesem Moment fühlt man sich furchtbar alleine auf der Welt.

Wenn ich so nachdenke, dann nehme ich mir vor, falls ich jemals in diese Situation kommen sollte, möchte ich dieses kurze Stück Leben in allen Zügen genießen. Ich möchte bewußter atmen, mich an den kleinen Dingen, an einem Lächeln, an netten Worten oder an einem Gruß erfreuen. Einfach bewußt leben und nicht mein ganzes Leben Träumen nachhängen, die sich wahrscheinlich niemals verwirklichen lassen.

2. Kapitel

Auszüge:

"Job schmeißen, sämtliche Verbindlichkeiten begleichen und dann nur noch leben".

"Es wäre alles einfacher, wenn das Selbstmitleid und das Gefühl, etwas zu verpassen, nicht wäre."

"Solange, wie es geht, ignorieren und ganz normal weiterleben."

"Mein Seelsorger soll mich und meine Angehörigen auf diesem letzten Stück des gemeinsamen Lebens begleiten."

"Eines hoffe ich, daß ich nie allein in einem Zimmer oder in einer Abstellkammer sterben muß."

"Alles, was mir lieb ist, möchte ich noch einmal ganz nahe haben."

Werner Knubben

Im Walde

Es zog eine Hochzeit den Berg entlang,
ich hörte die Vögel schlagen,
da blitzten viel' Reiter, das Waldhorn klang,
das war ein lustiges Jagen.

Und eh' ich's gedacht, war alles verhallt,
die Nacht bedecket die Runde,
nur von den Bergen noch rauschet der Wald
und mich schauert im Herzensgrunde.

Joseph von Eichendorff

Die Sterblichkeit des Menschen

Christoph Breuer

2. Kapitel

Um ein Haar tödlich

"Siegfried, mach keinen Scheiß! Laß mit dir reden!"
Ich, Peter Polster, Polizeimeister, werde diese Situation nie vergessen.
Unser Dienst-VW-Bus war auf den nächtlichen Waldparkplatz gerollt. Dort stand der Wagen, den wir suchten. Nur die Innenbeleuchtung war eingeschaltet und Siegfried Salzer stand in der geöffneten Fahrertür, an das Autodach gelehnt.
Nach Alkoholproblemen und frischem, diesmal wohl endgültigem Führerscheinentzug stand der Schlossermeister seit Tagen unter Alkohol- und Medikamenteneinfluß. Schließlich war er angetrunken und mit einer Schußwaffe davongefahren, hatte noch von ruiniertem Leben und Selbstmord gesprochen. Die Ehefrau, hilflos, rief ihren Rechtsanwalt an. Der informierte gegen 22^{40} h die Polizei.
SIEGFRIED SALZER, GESUCHT WEGEN SUIZIDGEFAHR, BETRUNKEN UNTERWEGS MIT EINEM MERCEDES BENZ 25o, KENNZEICHEN SPR - S 863. ACHTUNG: SALZER IST BEWAFFNET!
Und da stand er nun in unserem Scheinwerferlicht.
Ich griff zum Mikrophon für die Standortdurchsage und hielt etwa sieben Meter vor seinem Wagen an.
Kollege Karl Konrad, Polizeioberkommissar, kannte den Salzer aus gemeinsamen Schultagen. Er glitt vom Beifahrersitz, ging zwei bis drei Schritte auf ihn zu und sagte:
"Siegfried, mach keinen Scheiß! Laß mit dir reden!"
Und dann ging alles blitzschnell.
Siegfried bückte sich.
Ich ließ das Mikrophon fallen und riß meine Pistole hoch. Irgendwie instinktmäßig hatte ich sie schon zu Beginn unserer Suchfahrt durchgeladen.

Die Sterblichkeit des Menschen

In dem Moment kam Salzer wieder hoch, ein Gewehr in der Hand. Er legte an.

Ich schoß auf Salzer und ließ mich auf den Beifahrersitz fallen.

Was nun kam, war die Hölle.

Schüsse peitschten, Glas splitterte, von draußen schoß Salzer, aus dem Innenraum hinter mir schoß der andere Kollege, Polizeianwärter Fritz Fleig, eigentlich nur zur Hospitation bei uns, mit der Maschinenpistole.

Und ich lag unten, hatte Angst und wußte nicht, was los war.

Wenn der Salzer uns nun alle erledigte? – Wann würde er an die Wagentür kommen und auch mich abknallen? – Was dann mit meiner Frau und mit Petra, unserer kleinen Tochter?

Ich hatte Schiß. – Die Sekunden vergingen wie Stunden.

Auf einmal war alles vorbei.

Fleig sagte: *"Ruf den Notarzt! Wir haben den Salzer erwischt. Konrad hat das Gewehr."*

Und dann ging alles seinen normalen Gang:

Notarztwagen: Salzer hatte einen Durchschuß durch beide Oberschenkel.

Bestandsaufnahme: Die Frontscheibe unseres VW-Busses wies mehrere Einschüsse auf. Wenn ich nicht rechtzeitig abgetaucht wäre: Ein Schußloch war genau vor meiner Nase, die Kugel steckte in meiner Kopfstütze und hätte mich glatt erwischt. Blattschuß, genau zwischen die Augen. Nur um ein Haar war ich davongekommen. Doch ich kam gar nicht dazu, mir das auszumalen. Mir war auch nicht danach.

Die Blutprobe um 00^{35} h ergab 1,51 Promille. Da saßen wir schon an unseren Protokollen. Am Morgen der Haftbefehl (versuchter Mord zum Nachteil von uns drei Polizeibeamten), Salzer kam in das Vollzugskrankenhaus.

Bei uns lief die Rekonstruktion an. Wieder auf den Waldparkplatz, die Fahrzeuge so plaziert, wie in der Nacht. Wieder lag ich auf dem

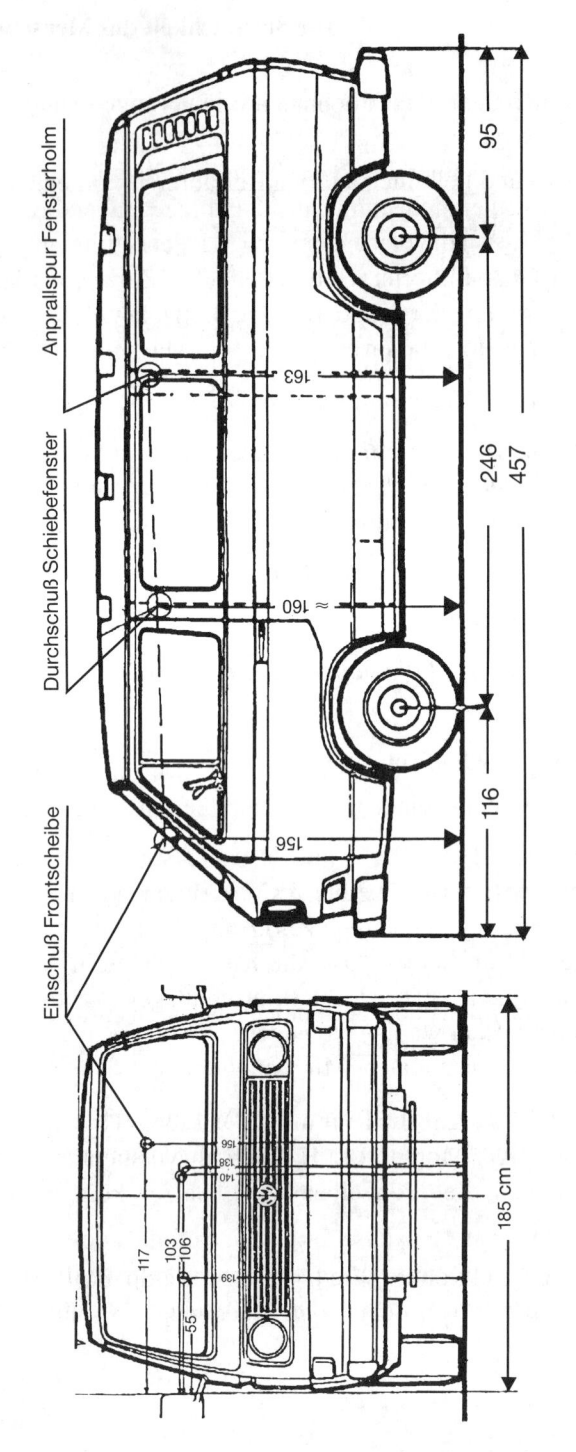

Rekonstruktion: Einschuß – Durchschuß – Anprallspur

Die Sterblichkeit des Menschen

Beifahrersitz. Mit Fäden wurden die Schußverläufe angedeutet, die Löcher in der Scheibe für die Photos rot markiert, rot wie Blut. Salzer hatte etwa achtmal mit seiner Hochgeschwindigkeitsmunition geschossen, siebenmal traf er nicht einmal unser Fahrzeug, aber die eine Kugel, die traf, hätte für mich voll ausgereicht. Wieder erfuhr ich, daß ich nicht mehr leben würde, wenn ich nicht ...

Jetzt erst ging mir auf, welche Auswirkungen unser Streß gehabt hatte: Manches hatten wir gar nicht richtig mitbekommen:

Meine Todesangst, für mich fast wie Stunden, hatte tatsächlich nur wenige Sekunden gedauert. Denn der Salzer hatte nach seinem Schenkeldurchschuß bald aufgegeben. (Wie sich später herausstellte, hatte übrigens ich ihn getroffen, mit dem einen Schuß, den ich abgab, als ich mich schon auf die Seite warf.)

Kollege Fleig war der Meinung gewesen, er hätte aus der geöffneten Schiebetür seitlich am Bus entlang auf Salzer geschossen. Tatsächlich stammten jedoch die anderen Löcher in der Frontscheibe von ihm. Das waren die Schüsse, die über mich hinweggingen.

Kollege Konrad hatte in der Aufregung nicht rechtzeitig durchgeladen und das erst beim Abdrücken gemerkt.

Doch nun fühlten wir uns völlig erleichtert und spielten bei der Rekonstruktion mit, wie in einem Film, der uns nicht näher betraf.

Unser Chef setzte nach ein paar Tagen den Polizeipfarrer auf uns an. Der kam auch zu mir in die Wohnung. Wollte wissen, wie die Sache gelaufen ist und wie ich mich dabei gefühlt habe usw. Ich erzählte und zeigte ihm auch den Zeitungsbericht. Er sprach von möglichen Nachwirkungen, gab auch ein paar Tips. Ich solle zum Beispiel möglichst bald und möglichst bei Nacht den Waldparkplatz wieder anfahren, zur Bekämpfung meiner Angst. Hab ich auch gemacht. War ganz gut so.

Mit dem Nachtdienst hatte ich tatsächlich zu Anfang noch meine Probleme, die Angst kam immer wieder hoch. Doch schließlich konnte ich wieder ganz normal meinen Dienst machen, – meinte ich.

2. Kapitel

Doch dann merkte ich, wie ich abnahm. Manchmal bis zu zwei Kilo während einer Nachtschicht, obwohl ich aß wie immer. Auch der Prozeß gegen den Salzer, die eineinhalb Tage haben mich ungeheuer geschlaucht. Alles kam noch einmal wieder hoch, ich war ganz nervös, – auf der Waage merkte ich es.

Habe zum Glück nicht allzulange gewartet und bin zum Polizeiarzt gegangen. Der sagte mir, wie schon der Polizeipfarrer, solche Nachwirkungen seien etwas völlig Normales, bei dem einen zeigten sie sich so, bei dem anderen so. Bei mir beanspruchten die durch die Todesangst ausgelösten Reaktionen einen Teil meines Energiehaushaltes und der Körper signalisiere auf diese Art und Weise, daß ich etwas für meine Psyche tun müsse. Psychosomatik nannte der Arzt das und vermittelte mir eine Psychotherapie. Bin ich auch hingegangen. Hat mir gut geholfen. Ich sehe es auf der Waage: Ich bin wieder im Gleichgewicht, auch seelisch.

Hätte ich nicht gedacht, daß es ein ganzes Jahr dauern kann, bis man so eine Sache wirklich hinter sich hat.

Dierk Schäfer
nach den Berichten der beteiligten Polizeibeamten

Christoph Breuer

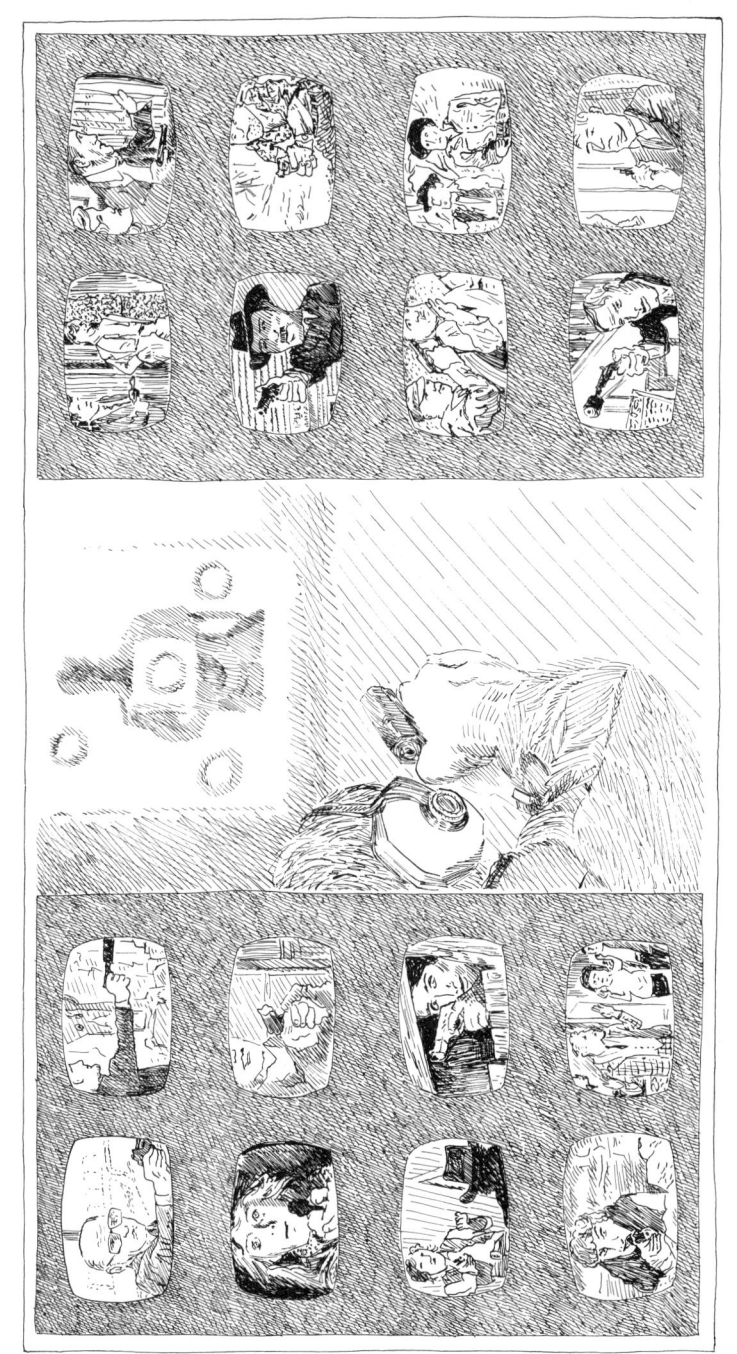

2. Kapitel

Menschen, die dem Tod nahe sind

Was sagen Menschen, die dem Tod nahe sind? Sehr selten erfahre ich es als Krankenseelsorger, daß Menschen ganz offen und direkt vom Tod reden und davon, was sie darüber hinaus erwarten. Am ehesten alte Menschen, die sich zu schwach fühlen, um noch so sehr zu kämpfen, wie es die jungen gerne hätten. Und nicht immer so entschieden wie jene Frau, die klar wünschte: ich will, daß man nichts mehr tut, was mein Leben noch verlängert, ich möchte sterben, ich wäre so gern heute Nacht gestorben. Und selten so unbefangen, wie ein junges Mädchen nach einem langen, langen Weg des Leidens und Kämpfens: "Wie geht das, sterben? Woran werde ich es merken? Werde ich heute Nacht sterben? Was kommt danach?" Und selten eine so klare Antwort (auf diese letzte Frage) wie die des Vaters: "Ich glaube, daß es dir besser gehen wird." – "Woher weißt du das?" – "Ich glaube es einfach."

Tod, Sterben, Abschied, das ist schwer zu bewältigen, und es ist nicht leicht, angemessene Worte dafür zu finden. Noch schwieriger ist es für die vielen Menschen, die sich schwer tun oder es gar nicht gelernt haben, über Persönliches, über Gefühle zu reden. Für nicht wenige ist es so schwer, daß sie es verdrängen müssen, um es aushalten zu können. Dann kann es ein, daß solche Menschen nur noch davon reden, gesund zu werden, nach Hause zu gehen, eine Weltreise zu machen.

Und auf einmal werden solche Worte doppeldeutig, sie werden zu Chiffren, zu Bildern für ein anderes "Heimgehen", für die "große Reise". Die ganze Situation ist ja ambivalent, zweideutig: Im stetigen Schwächerwerden gibt es Stunden, wo es gut geht, kann es Tage geben, wo es besser geht als gestern und plötzlich neue Hoffnung aufkeimt. Und trotz des drohenden Endes leben sie ja noch, und leben heißt hoffen, hoffen für diese Zeit, die sie noch leben – und niemand kann sicher sagen, wie lange sie ist. Zwischen Leben hergeben und zugleich leben, Widerstand und Ergebung: Diese ganze Spannweite ist schwer zu benennen. Manchmal kommt nur das eine vor, manchmal nur das andere, oft nur das Kleine, Banale, was gerade jetzt naheliegt,

Die Sterblichkeit des Menschen

weil die ganze Spannung nicht immer auszuhalten ist. Aber sie ist gegenwärtig, immer! Wenn ich gut hinsehe und hinhöre, kann ich – im Banalen, im Schweigen, in Blicken und Gesten, in hilflosen und in deutlicheren Worten – viele Botschaften hören:

Ich habe Angst, ich weiß nicht, was kommen wird, wie ich es schaffen werde; ich habe Angst vor den Schmerzen, die noch kommen können. – Ich will leben, ich habe noch Kraft, ich will kämpfen. – Ich will meinen Mann, meine Frau, meine Kinder nicht hergeben, nicht allein lassen. – Es darf nicht sein! Und doch muß ich es hinnehmen. Ich habe eine so ohnmächtige Wut! Warum geht es Euch allen gut? – Mein Lebensraum ist sehr klein geworden, Kleinigkeiten plagen mich. – Und doch lebe ich noch! Ich schätze das Leben wie nie zuvor; neben den Plagen ist vieles andere da, was mir sehr viel gibt. Ich kann so glücklich sein über das, was vorher selbstverständlich war. – Ich hoffe immer noch, ich verlange nicht mehr sehr viel: ein paar Jahre, nochmals essen und trinken zu können, noch eine Zeit zu Hause. – Ich bete zu Gott, er kann mir helfen, vielleicht schenkt er ein Wunder. – Kannst Du mir sagen, wie es weitergeht, was nachher sein wird? – Laß mich nicht allein! Komm, ich brauche dich; als einen Menschen, der zuhört, der da ist, der immer wieder zu mir kommt in meine klein gewordene Welt. – Ich brauche dich als Gefährten des Glaubens, der mir hilft zu beten. – Ich danke Dir, daß Du da bist (Du, mein Mann, meine Frau, mein Gefährte), jetzt, wo ich gehe, ich danke Dir, daß Du es aushältst.

Hans Sayer / Fritz König
Tübingen

2. Kapitel

> **Phasen des Sterbens**
> nach PAUL SPORKEN (a - d) und ELISABETH KÜBLER-ROSS (1 - 5)

Die Phasen des Sterbens beruhen auf vielen beobachteten Fällen zumeist an Krebs erkrankter Patienten. Sie sind grobe Anhaltspunkte und geeignet, manche Reaktionsweise eines Kranken besser zu verstehen und auf ihn einzugehen. Die Phasen werden nicht immer alle durchlaufen, insbesondere kommt es nicht immer zur schließlichen Bejahung des Todes.

a) Es beginnt mit der **Unwissenheit** des Kranken; nur der Arzt und einige aus der Umgebung des Kranken wissen Bescheid. Ihr Verhalten gegenüber dem Kranken wird 'anders', auch wenn sie es selbst nicht merken. Dieses bewirkt

b) **Unsicherheit**. Es beginnt eine Phase des Abwägens, des einerseits/andererseits, in der der Kranke seine unerklärliche stärker werdende Unruhe zu klären versucht. Er bietet

c) in der Phase der **unbewußten Leugnung** Widerstand gegen die immer deutlicher werdenden Zeichen auf, daß die Krankheit keinen guten Verlauf nehmen werde. Dem folgt

d) die **Entdeckung** und Besprechung der schon vermuteten Wahrheit über die Unheilbarkeit der Krankheit. Nun beginnt der Kampf gegen den Tod:

1. Verneinung und Isolierung: Der Kranke will nicht wahr haben, daß es mit ihm zu Ende gehen soll. Er wischt alle Hinweise beiseite, bis er den Befund nicht mehr ignorieren kann.

2. Zorn und Auflehnung gegen das Schicksal folgen. Bittere Klagen, daß es ausgerechnet ihn treffe und aggressives Verhalten gegenüber Angehörigen und Helfern sind Anzeichen dieser Phase. Wenn der heftige Widerstand erlahmt, dann erwacht die nach Auswegen suchende Phantasie:

Die Sterblichkeit des Menschen

3. Verhandeln mit dem Schicksal. Der Kranke versucht mit allen Mitteln dem Tod zu entgehen. Hochspezialisierte Fachärzte, aber auch Heilpraktiker werden aufgesucht, jede Meldung in den Medien über neue Heilmethoden, je unkonventioneller desto erfolgversprechender, begierig aufgegriffen, religiöse Gelübde und abergläubische Versprechungen, auch das eifrige Suchen nach Horoskopen mit glücklichem Verlauf - all das wird aufgeboten, um dem Tod noch eine Handbreit Leben abzuhandeln. Doch schließlich folgt

4. Depression: Traurigkeit und Vereinsamung, zugleich aber ein ganz großes Bedürfnis nach Kontakt und nach der Nähe eines verständnisvollen Menschen, der in dieser Niedergeschlagenheit zu ihm hält und ihn nicht verläßt. Nun kann es zur

5. Annahme des Todes kommen. Der Tod wird als unabwendbare Realität akzeptiert, auch wenn ein letzter Hoffnungsfunke noch nicht erloschen ist.

Dierk Schäfer
in Anlehnung an Gion Condrau, "Der Mensch und sein Tod", S. 431 ff

2. Kapitel

Des Menschen Leben währet siebzig Jahre...

aus Psalm 90

Herr, du bist unsre Zuflucht für und für.
Ehe denn die Berge wurden und die Erde
und die Welt geschaffen wurden,
bist du, Gott, von Ewigkeit zu Ewigkeit.
Der du die Menschen lässest sterben und sprichst:
Kommt wieder, Menschenkinder!
Denn tausend Jahre sind vor dir wie der Tag,
der gestern vergangen ist,
und wie eine Nachtwache.
Du lässest sie dahinfahren wie einen Strom,
sie sind wie ein Schlaf,
wie ein Gras,
das am Morgen blüht und sproßt
und des Abends welkt und verdorrt.
Unser Leben währet siebzig Jahre, und wenn's
hoch kommt, so sind's achtzig Jahre,
und was daran köstlich scheint,
ist doch nur vergebliche Mühe,
denn es fähret schnell dahin,
als flögen wir davon.
Lehre uns bedenken, daß wir sterben müssen,
auf das wir klug werden.

> UNTER DER LUPE:
> *"Ich habe getötet!"*

Gespräch über das Töten

Hemingway schildert eine Szene aus dem spanischen Bürgerkrieg (1938/39), in dem sich Nationalisten (Franco) und Republikaner gegenüberstanden.

"Hast du schon einen Menschen getötet?" fragte Robert Jordan in der Vertrautheit des Zwielichts und des gemeinsam verbrachten Tages.

"Ja. Mehrmals. Aber nicht mit Freude. Für mich ist es eine Sünde, einen Menschen zu töten. Selbst einen Faschisten, den wir töten müssen. Für mich ist ein großer Unterschied zwischen dem Bären und dem Menschen, und ich glaube nicht an das Zaubergerede der Zigeuner über die Bruderschaft mit den Tieren. Nein. Ich bin gegen jedes Menschentöten."

"Und doch hast du getötet."

"Ja, und ich werde es wieder tun. Wenn ich am Leben bleibe, will ich versuchen, so zu leben, niemandem etwas anzutun, daß mir verziehen wird."

"Von wem?"

"Wer weiß? Seit wir hier keinen Gott mehr haben und auch seinen Sohn nicht und nicht den Heiligen Geist, wer verzeiht jetzt? Das weiß ich nicht."

"Du hast keinen Gott mehr?"

2. Kapitel

"Nein. Bestimmt nicht. Wenn es einen Gott gäbe, hätte er nie das zugelassen, was ich mit meinen Augen gesehen habe. Überlassen wir *ihnen* den Gott."

"Sie erheben Anspruch auf ihn."

"Natürlich geht er mir ab, denn ich bin fromm erzogen worden. Aber jetzt muß der Mensch vor sich selber verantwortlich sein."

"Dann wirst du selbst dir das Morden verzeihen."

"Wahrscheinlich", sagte Anselmo. "Wenn du es so deutlich aussprichst, glaube ich, so muß es sein. Aber mit oder ohne Gott, ich halte töten für eine Sünde. Einem anderen das Leben nehmen, ist für mich etwas sehr Ernstes. Ich tue es, wenn es sein muß, aber ich gehöre nicht zu Pablos Rasse."

"Um einen Krieg zu gewinnen, müssen wir unsere Feinde töten. Das war schon immer so." "Sicherlich. Im Krieg müssen wir töten. Aber ich habe sehr eigene Ideen", sagte Anselmo. Sie gingen jetzt Seite an Seite durch das Dunkel, und Anselmo redete ganz leise, und manchmal wendete er den Kopf um, während er weiterstapfte. "Ich würde nicht einmal einen Bischof töten. Ich würde auch keinen Grundbesitzer töten. Ich würde sie jeden Tag arbeiten lassen, so wie wir auf den Feldern gearbeitet haben, und wie wir mit dem Holz auf den Bergen arbeiten – ihr ganzes Leben lang –, dann würden sie sehen, wozu der Mensch geboren ist. Daß sie so schlafen, wie wir schlafen. Daß sie so essen, wie wir essen. Aber vor allem, daß sie arbeiten. So würden sie es lernen."

"Und sie würden so lange leben, bis sie dich wieder versklavt haben."

"Sie töten, ist keine Lehre", sagte Anselmo. "Du kannst sie nicht ausrotten, weil aus ihrem Samen andere kommen mit noch viel mehr Haß. Das Gefängnis ist nichts. Das Gefängnis schafft nur Haß. Eine Lehre müßten alle unsere Feinde bekommen."

"Und trotzdem hast du getötet."

"Ja", sagte Anselmo. "Viele Male, und ich werde es wieder tun. Aber nicht mit Freude, und ich werde es für eine Sünde halten."

"Ich habe getötet ... "

"Und der Wachtposten? Du hast einen Spaß gemacht, als ob du ihn umbringen wolltest." "Das war im Scherz. Ich würde ihn umbringen. Ja. Sicherlich. Und mit reinem Gewissen, weil wir eine Aufgabe haben. Aber nicht mit Freude."

"Wir wollen sie denen überlassen, die Freude daran haben", sagte Robert Jordan. "Es sind ihrer acht und fünf. Das macht dreizehn für die, die Freude dran haben."

"Es gibt viele, die Freude dran haben", sagte Anselmo im Dunkel des Waldes. "Wir haben viele von der Sorte. Mehr als wir Leute haben, die zum Kämpfen taugen."

Ernest Hemingway

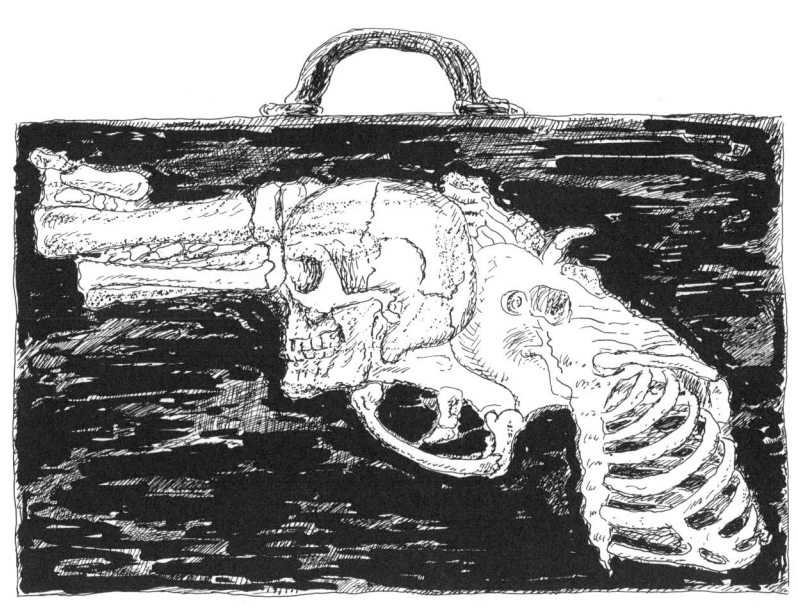

Christoph Breuer

2. Kapitel

Was kommt nach dem Töten?

... Dem Beamten kann kein Verschulden am Tod von Christian Vogel zugemessen werden, da der Schußwaffengebrauch die einzige Möglichkeit darstellte, die Bedrohung, die von dem beim Bankraub überraschten Täter ausging, zu beenden. Das Verfahren gegen den Beamten wird hiermit eingestellt.

Der Vorgesetzte und die Kollegen gratulieren. "Na also, nun hast Du die Sache hinter Dich gebracht!" Doch für Peter Anders war der Fall noch lange nicht abgeschlossen. Das Schlimme war: Er wußte es selber noch nicht.

Auch er fühlte sich zunächst ungeheuer erleichtert. Acht Monate hatte er unter dem Druck des schwebenden Verfahrens gelebt. Einige Kollegen waren sehr freundlich auf ihn zugekommen, doch die meisten hatten das Thema vermieden. Wenn sie überhaupt darüber sprachen, dann allenfalls über die rechtliche Seite. Wie Peter gefühlsmäßig mit dem Erlebnis fertig wurde, danach hatte niemand gefragt. Seine Vorgesetzten hatten ihm geraten, erst einmal gar nichts zur Sache zu sagen. Das war wohl richtig, doch hatten sie sich damit nicht auch um ein helfendes Gespräch über 'diese Sache' erfolgreich herumgedrückt? Andererseits: konnten sie, als Disziplinarvorgesetzte, die zudem unter Strafverfolgungszwang stehen, wirklich ein intensives Gespräch mit ihm führen, ohne Gefahr zu laufen, daß eventuell belastende Sachverhalte auftauchen könnten?

Seine Frau und seine Kinder lebten nicht nur in der lähmenden Unsicherheit über das, was auf die Familie zukommen könnte, nein, sie behandelten ihn auch mit einer gewissen Scheu, die ihm am meisten zu schaffen machte. Schlafstörungen taten ein übriges.

Nun aber, nach der Einstellung des Verfahrens, dachte er, würde sich alles wieder zum besten wenden.

Doch er wußte nicht warum: Die Schlafstörungen hörten nicht auf, und auch der Umgang mit den Kollegen war nicht wie früher. Niemand

"Ich habe getötet ..."

sprach mehr groß über die Angelegenheit, und doch stand sie irgendwie unausgesprochen zwischen ihm und den anderen.

Das Schlimmste war: mit seiner Familie ging es ihm nicht besser. Gewiß, die Kinder waren meist so unbeschwert wie vorher. Doch seine Frau blieb verunsichert, als wäre er ihr fremd geworden. Er konnte sie nicht richtig auftauen, – auch nicht im Bett. Das belastete ihr Verhältnis noch mehr. Er fing an zu trinken. Das half – vorübergehend. Und machte doch alles nur noch schlimmer.

Eines Tages hörte er von einem ähnlichen Fall eines Kollegen. Auch den traf juristisch keine Schuld am Tod des Erschossenen. Man hatte ihn anschließend sogar auf die Fachhochschule geschickt, als Streicheleinheit, sozusagen. Doch auch der 'Kommissar' hatte ihm nicht geholfen. Er wurde zum Trinker und schnitt sich in der Badewanne die Pulsadern auf.

Da wußte Peter Anders, daß er Hilfe brauchte, bevor es auch bei ihm so weit kam. Offensichtlich war es doch nicht so unnormal, solch ein Erlebnis nicht einfach so wegzustecken wie einen Blechschaden am Auto. Ein längeres Gespräch mit seinem Polizeipfarrer bestätigte ihn darin. Warum war er nicht gleich darauf gekommen? Sein Pfarrer vermittelte ihm auch eine Psychotherapie. Hier gab es viel aufzuarbeiten. Doch Peter merkte, daß er nach und nach wieder Luft bekam, besser schlief, den Alkohol nicht mehr brauchte und nun auch mit den Menschen, die ihm wichtig waren, über sein belastendes Erlebnis reden konnte. Er faßte neuen Mut: Es ging wieder aufwärts.

Dierk Schäfer

2. Kapitel

Nach Schüssen Gewissensbisse

BERLIN (AP). Im ersten Prozeß um Todesschüsse an der innerdeutschen Grenze haben sich die Angeklagten darauf berufen, aus Pflichterfüllung gehandelt zu haben.

Vor dem Berliner Landgericht sagten gestern der 27jährige ehemalige DDR-Grenzsoldat Peter Schmett, er habe keine andere Alternative gehabt, als auf die Flüchtlinge zu schießen. Über den Grenzern habe immer die Angst geschwebt, bei einer Weigerung ins Militärgefängnis Schwedt zu kommen. Nach den tödlichen Schüssen an der Berliner Mauer vom Februar 1989 habe er jedoch "Gewissensbisse" gehabt und das Geschehen sei ihm "unangenehm" gewesen. Bei dem Vorfall war der 20jährige Chris Gueffroy getötet worden.

Das Post-Shooting-Trauma

Es gibt Momente, die das eigene Leben verändern, Momente, die wir in ihrer einschneidenden, bedrückenden Art zwar als Möglichkeit nie ganz ausgeschlossen, deren in diesem Ausmaß aufwühlende emotiale Wirkung wir jedoch nicht für möglich gehalten haben. Es handelt sich um tiefe Verwundungen, man spricht auch von Traumata, unseres Selbst. Wir fühlen uns völlig überfordert, und zwar nicht nur in intellektueller oder körperlicher Hinsicht, sondern in unserem innersten Gefühl als Menschen. Unsere Selbstsicherheit, unsere Zuversicht, unsere Selbstachtung sind gefährdet, ja, erheblich angeschlagen.

Zu solchen Situationen, die uns an die Grenze unseres Selbstverständnisses bringen, gehören alle uns nahegehenden Erfahrungen mit der Grenze des Lebens überhaupt, mit Leid und Tod. Da kommen wir in lebensgefährliche Situationen, die um ein Haar hätten schief gehen können. Oder die Erfahrung, einen anderen Menschen getötet zu haben, sei es durch einen Unfall, sei es absichtlich. Und schließlich noch das hautenge, zur Identifikation nötigende Erlebnis, einen Menschen sterben zu sehen oder seinen Angehörigen davon Kenntnis zu geben. Das Post-Shooting-Trauma, das eine besondere Form der posttraumatischen Streßreaktion darstellt, ist somit nur eine besonders dramatische Form dieser seelischen Belastungen.

Polizisten, die einen Menschen getötet haben, benötigen für die Verarbeitung des Erlebten Hilfe, und zwar zunächst völlig unabhängig von der Schuldfrage. Sie stehen unter einer Art Schock und müssen lernen, daß die von ihrem Willen ungesteuerten Antworten ihres Körpers und ihrer Seele normale Reaktionen sind, die bei sorgsamer Begleitung des Polizisten durch die Schock- und Depressionsphase hindurch zu körperlicher und seelischer Rehabilitation führen.

2. Kapitel

> **Fachleute wie McMains gehen davon aus, daß**
>
> 1. das Post-Shooting-Trauma eine völlig normale Reaktion auf eine außergewöhnliche Situation darstellt.
> 2. der Polizist ganz elementar auf die Unterstützung von Kollegen und Vorgesetzten angewiesen ist, weil diese ihm besonders glaubwürdig erscheinen, denn sie kennen solche Konfliktsituationen oft aus eigener Anschauung.
> 3. die Unterstützung durch dafür ausgebildete Kollegen zu einem möglichst frühen Zeitpunkt erfolgen und
> 4. durch fachpsychologische Maßnahmen ergänzt werden muß.
> 5. Keinesfalls darf sich der Polizist isoliert und verdächtigt fühlen, wie es nur zu leicht in den Ermittlungen nach polizeilichem Schußwaffengebrauch vorkommt.

Die amerikanischen Erkenntnisse über das Post-Shooting-Trauma harren bei uns noch des grundsätzlichen Umdenkens und der Umsetzung in Richtlinien für polizeiliche Aus- und Fortbildung und in die gelebte Praxis, damit wir einen Polizisten mit der Erfahrung *Ich habe einen Menschen getötet - das macht mich fertig!* nicht allein lassen.

> **Die Umsetzung der Erkenntnisse über das Post-Shooting-Trauma erfordert einige Veränderungen im Ablauf der Polizeiorganisation:**

1. Die traumatisierenden Situationen, die einem Polizeibeamten im Lauf seines Berufslebens zustoßen können, einige davon mit hoher Wahrscheinlichkeit, müssen in der **Ausbildung** benannt und behandelt und in der Organisation des Polizeieinzeldienstes berücksichtigt werden.

"Ich habe getötet ... "

2. Grundlegend ist die allgemeine Erkenntnis und ihre **Akzeptanz** und Verbreitung, daß es völlig normal und in keiner Weise diskriminierend für jeden Menschen, also auch für einen Polizisten ist, auf eine traumatisierende Situation mit Zweifeln und Selbstvorwürfen zu reagieren, streckenweise desorientiert zu sein, unter körperlichen Unpäßlichkeiten, Kopfschmerzen, Verdauungsproblemen, Schlafmangel oder Schlafbedürfnis zu leiden bis zur zeitweisen Einschränkung der (vollen) Dienstfähigkeit.

3. Eine genügende Anzahl von Polizeibeamten muß in diesen Fragen **speziell geschult** werden, damit sie einem betroffenen Kollegen kameradschaftlich und kundig zur Seite stehen können (peer-support).

4. Diese **Unterstützung** ist unter Anrechnung auf die Arbeitszeit zu ermöglichen.

5. Dabei muß darauf geachtet werden, daß der traumatisierte Beamte sich in seiner Situation gegenüber seinem Kollegen **strafrelevant** belasten könnte. Dem ist durch entsprechende Rechtskonstruktionen oder Beratungshinweise vorzubeugen.

6. Maßnahmen, die als diskriminierend erlebt werden könnten, wie zum Beispiel die Beschlagnahme der Waffe zu Beweissicherungszwecken, müssen behutsam, ohne **Bloßstellung** vor anderen vorgenommen und verständnisvoll erklärt werden.

7. Der Beamte sollte nicht aufgefordert werden, mündlich oder gar schriftlich über den Vorfall in einer Art und Weise Bericht zu erstatten, daß diese unter dem unmittelbaren Eindruck des bedrängenden Geschehens wiedergegebenen Erinnerungen in die Untersuchungsakten einfließen könnten. Dem (möglicherweise) zu beschuldigenden Beamten gebührt derselbe **Schutz** wie jedem anderen Beschuldigten.

8. **Binnen 24 Stunden** nach dem Vorfall sind **polizeikundige Fachleute** einzuschalten (Polizeiarzt, -psychologe, -pfarrer).

   Diese sollen dem Beamten vermitteln, daß seine Reaktion auf das Ereignis, seine Gefühle und sein Verhalten normal sind und daß

2. Kapitel

es in keiner Weise außergewöhnlich ist, wenn ihm nun Fachleute und Kollegen in besonderer Weise zur Seite stehen und er, soweit er das will, dienstlich entlastet wird (Krankschreibung durch den Polizeiarzt).

Der Polizeiarzt hat zudem mögliche behandlungsbedürftige Reaktionen und Selbstgefährdungstendenzen des Beamten abzuklären.

9. Einige der speziell geschulten Beamten übernehmen die **Anschlußbetreuung** in Absprache und Kontakt mit den Fachleuten.

1o. Mit zunehmender zeitlicher Distanz vom Geschehen sinkt der Unterstützungsbedarf des Beamten. Dies muß rechtzeitig erkannt und respektiert werden, denn schließlich soll der Beamte die **volle Selbständigkeit** seines Verhaltens wiedergewinnen.

11. Wenn es zum **Gerichtsverfahren** kommt, wird der Beamte möglicherweise einen gefühlsmäßigen Rückfall erleiden. Auch das ist normal und kann durch die Kollegen und gegebenenfalls durch fachliche Unterstützung aufgefangen werden. Man kann ihn schon im Vorfeld der Verhandlung auf diesen 'Rückfall' vorbereiten und Unterstützung anbieten.

12. Diese Notwendigkeiten ergeben sich besonders, wenn es mit gewisser Wahrscheinlichkeit zu einer **Verurteilung** kommen könnte.

13. Auch **bei disziplinarischen Konsequenzen** ist entsprechend umsichtig und rücksichtsvoll zu verfahren.

14. Sollte im Verurteilungsfall eine **Entfernung aus dem Dienst** nötig sein, muß die fachliche Unterstützung dafür sorgen, daß der Beamte nicht in der daraus möglicherweise resultierenden Depression stecken bleibt.

Dierk Schäfer

Heinz-Hermann Niemeyer Horn-Lehe

Sehr geehrter Herr Knubben!

Zunächst will ich Ihre Frage aufgreifen, wie ich mit dem Tod des Herrn Bienwald fertig geworden bin.

Nun, dieser ist mir - so hart es auch klingen mag - nicht sonderlich nahe gegangen. Ich bin auch heute noch fest davon überzeugt, daß der bestialische Angriff auf zwei Polizeibeamte, die dabei um ein Haar ihr Leben gelassen hätten, am Ende nur durch den Schußwaffengebrauch gebrochen werden konnte, nachdem andere Mittel sich als zwecklos erwiesen hatten. Diese Auffassung ist nicht Ausfluß des Ergebnisses eines Ermittlungsverfahrens, sondern entspricht meiner tiefsten inneren Überzeugung. Es bestand daher weder für mich noch für meinen Kollegen ein Grund, hinsichtlich des gewaltsamen Todes des Angreifers Schuldgefühle zu hegen. Zu keiner Zeit habe ich an der Rechtmäßigkeit unseres Handelns gezweifelt, und diese Rechtmäßigkeit konnte und durfte nicht zu einer Belastung des Gewissens führen.

Natürlich löste dieser Vorfall auch Reaktionen in weiten Polizeikreisen aus. Allgemein zeigte man großes Verständnis für unser Einschreiten. Überhaupt war die große Anteilnahme der "Polizistengemeinde" sehr wohltuend.

Vereinzelt galt es aber auch Stimmen aus angeblich berufenem Munde zu verarbeiten, die in Unkenntnis der Einzelheiten vorschnell kritisierten, ja sogar verurteilten. Diese "Seitenhiebe" empfand ich als besonders schmerzhaft.

2. Kapitel

Familiendrama in Horn-Lehe endete tödlich
Polizeibeamter handelte in Notwehr

Blutig endete gestern in den frühen Abendstunden ein Familiendrama in einem Wohnhaus an der Mergenthalerstraße in Horn-Lehe. Der Familienvater, ein 47jähriger Jurist, wurde bei anschließenden Auseinandersetzungen von den Polizisten in Notwehr erschossen. Die beiden Beamten, die den Siebenundvierzigjährigen besänftigen wollten, waren vorher von ihm mit einem Messer angegriffen und dabei schwer verletzt worden. Ein junger Polizeimeister schwebt in Lebensgefahr: Der Täter traf ihn direkt in die Herzgegend.

Das Drama hatte begonnen, als der Stiefsohn des Siebenundvierzigjährigen die Polizei alarmierte, weil sein Stiefvater in der Wohnung randalierte. Nachbarn wollen denn auch gesehen haben, wie mehrere Gegenstände, darunter ein Kerzenleuchter, aus dem Fenster der Wohnung im dritten Geschoß flogen. Als die zwei Polizeibeamten, die mit einem Streifenwagen vorgefahren waren, die Wohnung betraten, kam der Mann ihnen bereits mit einem gezückten Küchenmesser aus dem Badezimmer entgegen.

Der Stiefsohn hatte die beiden Polizisten vor dem Betreten der Wohnung noch auf die Gewalttätigkeit seines Stiefvaters hingewiesen. Daraufhin hatten sie ein Reizstoffsprühgerät aus dem Wagen geholt.

Als der junge Polizist auf den Angreifer zuging, um ihn von der Ausweglosigkeit seines Handelns zu überzeugen, wurde er von dem Mann angegriffen. Dieser stach mit seinem Messer direkt in die Herzgegend des Beamten, der sofort zusammenbrach. Nach Angaben des Polizeisprechers soll der Beamte noch versucht haben, das Reizstoffsprühgerät gegen den Siebenundvierzigjährigen einzusetzen.

Gleich danach, so schilderte der Polizeisprecher, griff der Mann auch den zweiten Beamten an und fügte ihm eine Stichwunde in der Schulter zu. Daraufhin zog der Polizist seine Waffe und gab zwei Schüsse auf den Angreifer ab. Er wurde tödlich verletzt.

Der Polizeimeister, der die lebensgefährlichen Herzverletzungen erlitt, wurde sofort mit dem Rettungshubschrauber ins Zentralkrankenhaus Bremen-Ost geflogen. Der andere Beamte wurde zum St.-Josef-Stift gebracht.

Nachbarn waren durch die Schießerei und die Landung des Rettungshubschraubers aufgeschreckt worden. Kinder hatten sich aus Neugierde vor dem Hauseingang versammelt. Die Gerüchte darüber, was in der Wohnung geschehen war, jagten sich.

spa

"Ich habe getötet ..."

Nachdem ich mich von den Folgen der schweren Verletzung körperlich relativ schnell erholt hatte, konnte ich nach etwa einem 3/4 Jahr meinen Dienst wieder aufnehmen. Damit war die seelische Verarbeitung des Vorfalles jedoch längst nicht abgeschlossen. Die größte Zeit der Rekonvaleszenz hatte ich bis dahin wohlbehütet im Kreise meiner Familie verbracht. Nun galt es, sich den neuen Anforderungen zu stellen. Der Kontakt mit meinen Kollegen brachte es zwangsläufig mit sich, daß ich mit dem schlimmen Erlebnis immer wieder konfrontiert wurde. Selbstverständlich mußte ich Rede und Antwort stehen, stand immer im Mittelpunkt und war immer der, der "dem Tod von der Schippe gesprungen" war, wie es ein Arzt einmal formulierte. Dieser Situation stand ich in den ersten Wochen und Monaten recht hilflos gegenüber, stellte jedoch nach und nach fest, daß ich mit dieser Rolle immer besser fertig wurde. Es gelang mir schließlich, emotionslos und völlig frei über den Vorfall mit all seinen Folgen zu reden, ohne daß ich dies als Belastung empfand. Die ständigen Gespräche und Diskussionen hatten dazu geführt, daß die schwere innere Last nach außen gekehrt wurde und so von mir abfiel.

Langsam legte sich auch die Unsicherheit im polizeilichen Einschreiten, obschon dieser Prozeß auch weitaus länger dauerte. Letztendlich half mir der polizeiliche Alltag auch über dieses Problem hinweg. Zurück blieb sicher ein ausgeprägtes und hochsensibles Gespür für sich anbahnende Widerstandshandlungen.

Rückblickend muß ich aber auch deutlich sagen, daß ich den beschwerlichen Weg zurück

2. Kapitel

in meinen Beruf ohne die aufopferungsvolle Unterstützung mir nahestehender Personen niemals hätte gehen können.

Heinz-Hermann Niemeyer

Uli Trostowitsch

Das Geständnis

> ## Unter der Lupe:
> ## *Die Begegnung mit den Leidtragenden*

Es tut uns aufrichtig leid...

Die Angehörigen der 'euthanasierten' Personen bekamen von den Anstalten folgenden gleichlautenden Brief:

```
Landespflegeanstalt Grafeneck          Münsingen,
                                       den 6. Aug. 1940

Frau Barbara Schulze
Zell am Neckar
Plochinger Straße 24

Sehr geehrte Frau Schulze!
Es tut uns aufrichtig leid, Ihnen mitteilen zu müssen,
daß Ihre Tochter Frieda Schulze, die am 26. Juli 1940
im Rahmen von Maßnahmen des Reichs-
verteidigungskommissars in die hiesige Anstalt verlegt
werden mußte, hier am 5. August 1940 plötzlich und
unerwartet an einer Hirnschwellung verstorben ist.
Bei der schweren geistigen Erkrankung bedeutete für
die Verstorbene das Leben eine Qual. So müssen Sie
ihren Tod als Erlösung auffassen.
Da in der hiesigen Anstalt z.Z. Seuchengefahr
herrscht, ordnete die Polizeibehörde sofortige Ein-
äscherung des Leichnams an. Wir bitten um Mitteilung,
an welchen Friedhof wir die Übersendung der Urne mit
den sterblichen Überresten der Heimgegangenen durch
die Polizeibehörde veranlassen sollen.
Etwaige Anfragen bitten wir schriftlich hierher zu
richten, da Besuche hier gegenwärtig aus
seuchenpolizeilichen Gründen verboten sind.
                              gez.: Dr. Koller
```

2. Kapitel

Das Überbringen von Todesnachrichten
Die Aufgaben des Polizeibeamten

Es gehört in wohl allen Bundesländern zu den Aufgaben von Polizeibeamten, Todesnachrichten zu überbringen. In einigen Bundesländern kann sich der Polizeibeamte von einem Geistlichen begleiten lassen, in manchen ist es sogar statthaft, diese Aufgabe nach Absprache an einen Pfarrer zu delegieren. Wie dem auch sei: Es sind de facto fast immer und meist ausschließlich Polizeibeamte, die mit dieser Aufgabe zu tun haben.

Oft sind zusätzlich auch noch Daten zu erheben oder eine Vernehmung durchzuführen.

Im Rahmen der Gefahrenabwehr ist es zudem Aufgabe des Polizeibeamten, dafür zu sorgen, daß der Hinterbliebene in der Regel nicht sich selbst überlassen bleibt. Die möglichen Schockauswirkungen, die auch nach Weggang des Polizeibeamten auftreten können, machen es erforderlich, daß er für eine Anschlußbetreuung sorgt. Diese kann, am besten in Absprache mit den Hinterbliebenen, durch einen Verwandten, Nachbarn, Arzt oder Pfarrer übernommen werden.

Die Begegnung mit den Leidtragenden

Christoph Breuer

2. Kapitel

Sie haben eine Todesnachricht zu überbringen ...

Zunächst

lesen Sie bitte diese Seiten durch, auch wenn Sie sie schon kennen. Die Fragen im ersten Teil sollen Ihnen helfen und Sie auf die schwere Aufgabe einstimmen. Die praktischen Ratschläge im zweiten Teil sollen Ihnen helfen, nichts zu vergessen, was wichtig werden könnte, soweit es vorhersehbar ist. Nehmen Sie sich fünf bis zehn Minuten Zeit, versuchen Sie sich zu entspannen und: Seien Sie ehrlich zu sich selbst!

Was werden Sie antreffen? Entsetzte Hinterbliebene? Kinder darunter? Oder Eltern vielleicht, die durchdrehen bei der Nachricht? Sich schreiend am Boden wälzen, mit den Fäusten auf Sie losgehen oder Ihnen stumm und hilflos schluchzend um den Hals fallen?

Oder wird alles ganz anders sein: Völlige Gefaßtheit, Gleichgültigkeit oder gar Erleichterung, vielleicht sogar Genugtuung über den Tod und Haß auf den Verstorbenen?

Sie kennen die Geschichte zwischen dem Toten und seinen Hinterbliebenen nicht, wissen nicht, ob die Ehe gut war, die Kinder ok, wissen nichts von Liebe und Glück, nichts von Schuld und Schulden, Sie wissen nur, was die Hinterbliebenen noch nicht wissen: Ein Angehöriger ist gestorben oder verunglückt.

Und Sie müssen auf alles gefaßt sein.

Wie steht es mit Ihnen selbst? Werden Sie unsicher, wenn Sie Ihre Gefühle nicht verbergen können? Wenn Ihnen die Worte ausgehen und Sie einem aufgewühlten wildfremden Menschen nur noch stumm die Hand drücken können? Oder werden Sie aggressiv, wenn wieder ein Kind, es könnte Ihr eigenes sein, von einem rücksichtslosen Autofahrer überfahren wurde? Verachten Sie den Fixer mit dem Goldenen Schuß auf dem Bahnhofsklo? Und was halten Sie von dem Mann, der sich in seiner Alterseinsamkeit am Fensterkreuz erhängt hat?

Die Begegnung mit den Leidtragenden

Denken Sie hin und wieder über den Tod nach, der Ihnen in Ihrem Beruf, sei es auf der Straße, sei es beim Verbrechen, so häufig begegnet? Oder versuchen Sie einen Bogen um den Tod zu schlagen? Doch so etwas läßt sich eigentlich nicht immer durchhalten. So etwas macht einen bei solcher Aufgabe doch nur verkrampft korrekt oder völlig hilflos. Egal wie die Angehörigen reagieren werden, sie erwarten von Ihnen fast immer möglichst viel Einfühlungsvermögen. Wenn Sie verkrampft sind, geht das nicht. Sie sollten bereit sein, offenen Herzens und mit verletzbarer Seele für die Angehörigen in dieser Situation da zu sein, so wie diese es für ihre körperliche Unversehrtheit und den Aufruhr ihrer Seele brauchen. Das können Sie nur, wenn Sie selbst keine unüberwindbare Angst, aber auch keine Hornhaut auf der Seele haben.

Doch das hängt wohl zusammen.

Routine für solche Aufgaben kann und darf es nicht geben. Ihre Unsicherheit ist im Gegenteil auch wertvoll: Ihre Unsicherheit läßt Sie im positiven Fall alle Sinne öffnen für die Signale, die Ihr Gegenüber aussendet – das ist wichtig. Ihre Unsicherheit macht Sie menschlich - und selbst wenn Ihnen einmal die Augen feucht werden sollten oder plötzlich ein hemmungslos weinender Mensch in Ihren Armen liegt, und Sie ihm nur noch hilflos das Haar streicheln können, Sie brauchen sich dessen nicht zu schämen, auch nicht vor Ihrem Kollegen. Es kommt in diesem Moment nur darauf an, daß Ihr Gegenüber Ihr Verständnis spürt.

Seien Sie also ganz da für den Hinterbliebenen und ertragen Sie seine Nähe – um so eher wird er dann auch für Ihre vielleicht nötigen Nachfragen da sein und sich dabei etwas normalisieren.

Grundsätze

Haben Sie in Ruhe die Fragen bis hierher gelesen? Wenn nein, dann sollten Sie das zuerst tun. Denn die folgenden Ratschläge sind keine Gebrauchsanweisungen für den Umgang mit Hinterbliebenen. Die Ratschläge sind nur ein paar Hilfshinweise, sozusagen Ihr "Notfallkoffer". Ob sie ihn richtig anwenden, hängt unmittelbar mit Ihrer

2. Kapitel

Persönlichkeit und Ihrer Geistesgegenwart zusammen, und die erwerben Sie nicht durch Handlungsrezepte.

VORBEREITUNGEN

1. Auch wenn es zunächst viel einfacher erscheint: Geben Sie solche Nachrichten nie telefonisch durch. Sie lösen im Erleben des anderen eine Extremsituation aus. Das Telefongespräch mag er noch überstehen, aber wenn er danach zusammenklappt und ohne Hilfe ist, dann haben Sie die Folgen Ihres Anrufs zu verantworten.

2. Wenn ein Polizeibeamter noch nie eine Todesnachricht überbracht hat, sollte er keinesfalls allein eine solche Aufgabe übernehmen. Aber der junge und unerfahrene Kollege sollte mitgenommen werden, damit er eine solche Situation kennenlernt, bevor er sie selbst verantwortlich bewältigen muß.

3. Soweit es ohne zuviel Aufwand möglich ist, machen Sie sich vorher sachkundig: Der Tote oder schwer Verletzte muß einwandfrei identifiziert sein; notfalls nachfragen. Wie ist der Unfallhergang (ohne daß Sie ihn dann ausführlich in seiner Schrecklichkeit erzählen sollen)? Wo befindet sich der Tote? Wer wird weitere Auskunft geben können (Arzt Krankenhaus)? Wenn Sie sich sachkundig gemacht haben können sie nach dem ersten Schock ein kompetenter Gesprächspartner sein.

    Manchmal, besonders in kleinen Ortschaften, lassen sich auch weitere Auskünfte einholen: Wer gehört zur Familie? Sind momentane Schwierigkeiten und Krankheiten bekannt? Sie können sich dann innerlich auf die Begegnung besser einstimmen. Fragen Sie aber keine Nachbarn, das könnte Probleme geben.

4. Sie müssen mindestens 30 Minuten Aufenthaltszeit in der Wohnung einkalkulieren – es kann aber auch deutlich länger dauern.

5. Gehen Sie möglichst nicht allein. Wenn Sie jemanden mitnehmen, der kein Kollege ist (z.B. einen Pfarrer, Arzt, Verwandten), sollten Sie ihn kennen und vorher Ihre Funktionsaufteilung besprechen (Sie übernehmen die Nachricht, Ihr Partner die Nachbetreuung).

Die Begegnung mit den Leidtragenden

6. Nehmen Sie unbedingt ein Funkgerät mit, aber lassen Sie es zunächst ausgeschaltet. Mit dem Funkgerät können sie Hilfe herbeirufen lassen (Arzt, Pfarrer, Angehörige).

Vielleicht informieren Sie aber schon vorher vorsichtshalber die Rettungsleitstelle, damit notfalls schnell ärztliche Hilfe geschickt werden kann.

VERHALTEN VOR ORT

1. Manche Menschen lächeln unbewußt - aus Unsicherheit oder um Aggressionen ihres Gegenübers abzuwehren. Das wird Ihnen nicht unterlaufen, wenn Sie sich das bewußt machen.

2. Sind Sie auch wirklich an der richtigen Adresse? Gibt es im Haus mehrere Bewohner mit demselben Namen? Fragen Sie vorsichtshalber nach: *Sind Sie die Frau von ... der Vater von ...* Doch zunächst: Stellen Sie sich kurz vor und nennen Sie ihre Dienststelle.

3. Die Nachricht sollte erst nach Betreten der Wohnung gesagt werden, sonst könnte hinter der verschlossenen Tür möglicherweise ein medizinischer Notfall eintreten. Wenn man Sie nicht einlassen will, ist der Satz: *Ich muß Ihnen eine schlimme Nachricht bringen ...* meist der richtige Türöffner. Er eignet sich auch als Überleitung zur eigentlichen Nachricht. Und wenn Sie dann noch stehen sollten: *Können wir uns nicht hinsetzen?* Denn es wird besser sein, wenn der Hinterbliebene die Nachricht sitzend erfährt, für den Fall, daß er umkippt.

4. Anwesende Unbeteiligte und Kinder sollten anfangs möglichst nicht zugegen sein (Nebenzimmer).

5. Inzwischen ist der/die Hinterbliebene auf das Schlimmste gefaßt: Sagen sie jetzt Ihre Nachricht ohne Umschweife und ohne falsche Hoffnungen zu lassen: *Ihr Mann hatte vor zwei Stunden einen Verkehrsunfall und starb noch an der Unfallstelle.*

2. Kapitel

6. Jetzt lassen Sie dem Hinterbliebenen Zeit für seine Reaktion. Alles ist möglich. Seien Sie offen und verständnisvoll – Mitleids- und Beileidsfloskeln werden in der Regel nicht erwartet, sondern nur Ihr Verständnis und Ihre momentane Anteilnahme als Zeuge dieses schrecklichen Augenblicks.

* Bei stark emotionaler Reaktion – Zeit lassen !
* Fällt man Ihnen um den Hals, geht man Sie tätlich an – in den Arm nehmen !
* Bleibt die Emotion aus, wirkt der Hinterbliebene starr und verschlossen – Achtung: Es kann sich ein Kollaps anbahnen. Er kann Sie auch möglichst schnell aus der Wohnung haben wollen – Suizidgefahr!
* Suizidgefahr auch, wenn der Hinterbliebene irgendwelche Schuldgefühle äußert!
* Bei körperlichem Zusammenbruch oder Hysterieanfällen – Arzt rufen!
* Ist der Angehörige offensichtlich erleichtert über den Tod – Achtung: Nicht moralisch verurteilen, sondern auch in diesem Fall behutsam verstehend nachfragen!
* In der Regel gilt: Wenn der erste Schock vorüber ist, fragen Sie nach dem Verstorbenen, interessieren Sie sich dafür, was er für ein Mensch war, was er seinen Hinterbliebenen bedeutet hat. Sie bekunden damit mehr Anteilnahme als durch ein "Herzliches Beileid". Achtung: Diese Fragen dürfen keinen Verhörcharakter haben und sollen zu nichts weiter dienen, als dem Angehörigen zu zeigen, daß jemand bemüht ist, auf seine schreckliche Lage einzugehen. Anknüpfungsbeispiele: *Das muß ein fürchterlicher Verlust für Sie sein ... Sie haben ihn/sie sehr geliebt!? ... Er/sie hat Ihnen viel bedeutet ... Sie hatten ein gutes Verhältnis zueinander ... Erzählen Sie doch etwas über ihn/sie ...* Leiten Sie dann über auf anstehende Probleme, bringen Sie aber keine Lösungen, das ist nicht Ihre Aufgabe. *Wie wird es nun weiter-*

Die Begegnung mit den Leidtragenden

gehen? Haben Sie jemanden, der Ihnen zur Seite steht? Lassen Sie dem Hinterbliebenen Zeit, seine Antworten zu finden! *Kann ich etwas für Sie tun? Soll ich jemanden von lhren Verwandten oder Freunden anrufen? Oder haben Sie in der Nachbarschaft jemanden, der nach Ihnen schauen soll?*

7. Sie sollten in der Regel nicht gehen, ohne eine zuverlässige Person in der Wohnung zu hinterlassen: Ihr Kollege, mit dem Sie gekommen sind, ein Arzt, ein Pfarrer, ein emotional nicht so stark betroffener Verwandter oder Freund oder ein Nachbar. Soweit möglich: Fragen Sie den Hinterbliebenen, wen Sie herbeirufen lassen sollen. ("Ungeübte" Hilfspersonen müssen diskret auf mögliche Krisen hingewiesen werden.)

8. Hinterlassen Sie Ihre Visitenkarte und eine Kontaktadresse, über die der Hinterbliebene weitere Einzelheiten erfragen kann.

NACHBEREITUNGEN

* Verdrängen Sie Ihr Erlebnis nicht! Gehen Sie noch einmal alles in Gedanken durch:
* Ist der/die Hinterbliebene auch wirklich unter helfender Kontrolle und eine Kurzschlußreaktion weitgehend ausgeschlossen?
* Wie fühlen Sie sich? Erleichtert, verunsichert, gekränkt, aufgewühlt, verärgert oder ...?
* Sprechen Sie die Situation und auch Ihre Gefühle möglichst mit Ihrem Kollegen durch. Fragen Sie ihn, wie er es erlebt hat, wie er sich fühlt.
* Wenn Sie sehr geschlaucht sind, dann gilt auch hier wie in anderen belastenden Situationen: Streßabbau durch körperliche Betätigung!
* Wenn Sie Ihren anderen Kollegen Bericht erstatten, seien Sie menschlich: Geben sie keinen Sensationsbericht. Erzählen sie nur dann ausführlicher, wenn Sie auch über Ihre Reaktion und Ihre Gefühle sprechen können.

2. Kapitel

* Wenn Sie Kollegen haben, mit denen Sie auch solche Gespräche führen können, dann sind Sie in einem guten Kollegenkreis.
* Überlassen Sie ein Nachgespräch mit den Angehörigen keinem Kollegen. Gehen Sie selbst, Ihnen bringt man Vertrauen entgegen, weil Sie dem Hinterbliebenen durch die gemeinsam durchgestandene Extremsituation verbunden sind.
* Wenn es geht, fragen Sie im Nachgespräch auch, ob Sie etwas falsch gemacht haben, etwa in der Art: *Ich fühle mich immer fürchterlich unwohl, wenn ich jemanden mit einer solchen Nachricht wehtun muß ...* Sie beweisen damit ein weiteres Mal ihr Verständnis und Ihre Solidarität und Sie bekommen vielleicht tatsächlich eine brauchbare Rückmeldung für Ihr Verhalten.

Nun haben Sie Ihre Gedanken gesammelt und sind auf Ihre Aufgabe gut eingestimmt.
Jetzt sollten Sie die nötigen Vorbereitungen treffen.
Und dann machen Sie sich mit Ihrem Kollegen auf den Weg!

Das Unglück allein
   ist noch nicht das ganze Unglück;
Frage ist noch,
   wie man es besteht.
Erst wenn man es schlecht besteht,
   wird es ein ganzes Unglück.
Das Glück allein
   ist noch nicht das ganze Glück.

Ludwig Hohl

Die Begegnung mit den Leidtragenden

Dem Freund die Todesnachricht überbringen

Es ist Sommer. Wir haben etwas Zeit und fahren mit unserem Streifenwagen eine Tankstelle an, um uns dort mit dem Freund meines Kollegen ein wenig zu unterhalten. Diese nette, fröhliche Unterhaltung dauert etwa 3o Minuten. Danach werden wir zur nahegelegenen Wache gerufen, um einen Auftrag zu übernehmen: "Überbringen Sie eine Todesnachricht!" Eine junge Frau war kurz zuvor von einem ihr entgegenkommenden Transporter in ihrem Klein-Pkw frontal gerammt und getötet worden. Die Kollegen erklären uns, daß der Ehemann der Verstorbenen an der Tankstelle in der Rheinaue arbeite. Das kann doch nicht wahr sein. Der Ehemann, dem wir die Todesnachricht überbringen sollen, ist unser Gesprächspartner von vorher. Da keine andere Streife frei ist, müssen wir die schwere Fahrt übernehmen. Wir kommen wieder an der Tankstelle an, wo unser Freund uns wieder lachend empfängt. Ich bekomme meine Gefühle nicht auf die Reihe, ich kann dem lachenden Tankwart nicht in die Augen sehen, ich habe einfach die Nerven nicht und bleibe im Auto. Mein jüngerer Kollege nimmt seinen Freund mit in die Tankstelle ins Hinterzimmer. Ich höre nach kurzer Zeit lautes Schreien und Klagen. Ich könnte heulen - könnte ich doch heulen.

M. F.

2. Kapitel

Mir krampft sich der Magen zusammen

13.o4.1989, o1.4o Uhr

Funkspruch:

44jähriger Motorradfahrer kommt auf Straßenbahnschienen ins Schlingern, stürzt und prallt mit seinem Kopf gegen eine Hausmauer.

Bei unserem Eintreffen zeigt der Verunglückte keinerlei Regungen mehr. Wir trauen uns nicht, ihm den Helm abzunehmen und warten auf den Notarzt und auf die Rettungssanitäter. Der Notarzt kommt angerast; er und die Sanitäter versuchen das Leben des Mannes zu retten. Bei strömendem Regen sperren wir den Unfallort ab.

Während wir warten, um zu erfahren, wie es um den Mann bestellt ist und in welches Krankenhaus er kommen wird, hält ein junger Pkw-Fahrer bei uns an. Er sei ca. 5oo Meter entfernt von der automatischen Überwachungsanlage "geblitzt" worden. Wir müßten sofort das Verfahren gegen ihn einstellen, da er kein Rotlicht gesehen habe. Wir erklären ihm den üblichen Gang des Ordnungswidrigkeitenverfahrens. Er ist nicht bereit, weiterzufahren, ohne daß wir an Ort und Stelle ein Protokoll seiner Aussage aufnehmen.

Wir aber haben anderes zu tun. Wir weisen auf den Rettungswagen und das demolierte Motorrad hin. Das interessiert ihn überhaupt nicht; er wird ausfallend.

In diesem Augenblick stirbt fünf Meter weiter ein Mensch. Wir geraten in Zorn und können nicht verstehen, daß den "Rotlicht-Fahrer" dies überhaupt nicht berührt. Der verunglückte Mann kommt nicht ins Krankenhaus; er kommt in die Gerichtsmedizin. Er war Taxifahrer. Wir finden die Personalien und fahren zur angegebenen Wohnung, um die schreckliche Nachricht zu überbringen. Wir treffen ein älteres Backsteinhaus an. Offensichtlich wohnte der Mann alleine hier; nur ein Hund bellt. Da der Tote als Argentinier mit jüdischer Abstammung

Die Begegnung mit den Leidtragenden

einen ungewöhnlichen Namen hat, finden wir im Telefonbuch rasch eine andere Anschrift mit gleichem Namen. Der Bruder, die Eltern?

Wir fahren hin. Mein junger Kollege - er ist erst seit drei Tagen bei uns in der Schicht – ist genauso aufgeregt wie ich. Wir klingeln. Ein Mann mit fremdländischem Aussehen macht uns schlaftrunken auf. Offensichtlich ist der Verstorbene sein Bruder. Schon an der Haustür müssen wir ihm erklären, was passiert ist. Er läuft schreiend ins Schlafzimmer und ruft seiner Frau zu, daß sein Bruder tot sei. Er kniet auf den Boden und weint, schreit und flucht. Er betet.

Die beiden Kinder werden wach, sehen uns Polizeibeamte, haben Angst und fragen, was los sei. Die schluchzende Ehefrau drängt sie ins Kinderzimmer zurück.

Wir können nichts erklären; wir kommen nicht weiter. Letztendlich erfahren wir doch, daß nicht die beiden, sondern die von dem Verunglückten getrennt lebende Ehefrau die nächste Angehörige ist.

Was sollen wir tun? Sollen wir diesem Mann die Benachrichtigung alleine überlassen? Sollen wir die Kollegen des zuständigen Schutzbereiches um die Übermittlung bitten? Nein! Wir haben angefangen und bringen unseren Auftrag nun auch zu Ende. Wir fahren mit dem Bruder zur Ehefrau.

Die Tür geht auf. Da steht die Ehefrau. Sie wohnt in einem Ein-Zimmer-Appartment mit kleiner Diele, so daß wir von der Eingangstür aus direkt in den Wohn- und Schlafbereich sehen können. Ich erkenne im Bett einen kleinen Jungen, vielleicht 5 – 6 Jahre alt. Die Frau sieht unsere ernsten Gesichter. Der Bruder stammelt: "Es ist Joés. Er ist tot. Ein Unfall!" Die Frau bricht zusammen, läuft zu ihrem Sohn. "Manuel, Manuel, dein Vater!" Sie kann es nicht fassen. Ihr Schwager will sie beruhigen. Es gelingt ihm nicht. Auch ich versuche, sie zu trösten. Ich sage ihr, daß er sofort tot gewesen sei und keine Schmerzen habe leiden müssen. Es wird nur noch schlimmer. Sie weint fürchterlich.

Mir krampft sich der Magen zusammen.

Manuel steigt aus dem Bett und wimmert. Er klammert sich an seine Mutter. Die Frau steht nur einen halben Meter von mir entfernt. Jeden

2. Kapitel

Moment kann sie zusammenbrechen. Ich fasse sie mit beiden Händen an ihren Schultern und versuche, sie mit dieser Geste zu beruhigen.

Einen Augenblick lang fängt sie sich und legt ihren Kopf an meine Schulter. Dann schaut sie mich tränenüberströmt an: "Du weinst ja auch!" Ich nicke nur. Ich schäme mich meiner Tränen nicht. Wir gehen aus der Wohnung zum Streifenwagen. "So eine Scheiße!", schreie ich meinem Kollegen zu. Der sagt nichts.

Durchsage an Funkzentrale:

Benachrichtigung durchgeführt.

Zeit: o4.oo Uhr

Stefan Kautzky
Unkel

"Wir müssen Ihnen mitteilen ..."

Es klingelte. Anna stand in der Küche und wusch den Salat für das Abendessen. Die Klingel war direkt über dem Spülstein angebracht, so daß Anna jedesmal zusammenfuhr, wenn es klingelte und sie in der Nähe war. Aus diesem Grund benutzten auch weder ihr Mann noch die Kinder die Klingel. Diesmal jedoch schien sie besonders laut zu schrillen, und Anna schreckte mehr zusammen als sonst.

Als sie die Haustüre öffnete, standen zwei Polizeibeamte draußen. Sie starrten sie mit wachsbleichen Gesichtern an. Anna starrte sie ebenfalls an und wartete, daß sie etwas sagten. Sie starrte sie an, aber die beiden rührten sich nicht und sagten kein Wort. Sie standen so steif und regungslos, als seien sie zwei Wachsfiguren, die ihr jemand aus Jux vor die Tür gestellt hatte. Sie hielten jeder mit beiden Händen ihren Helm vor sich.

Die Begegnung mit den Leidtragenden

"Was ist?" fragte Anna.

Sie waren beide jung. Sie trugen lederne Stulpenhandschuhe, die ihnen bis zu den Ellbogen reichten, und hinter ihnen am Straßenrand konnte Anna ihre schweren Motorräder stehen sehen. Herbstlaub fiel auf die Maschinen herab und trieb den Bürgersteig entlang. Die ganze Straße lag im leuchtenden gelben Licht des klaren, windigen Septembernachmittags. Der größere Polizist scharrte unbehaglich mit den Füßen. Dann fragte er: "Mrs. Cooper, Madam?"

"Ja, die bin ich."

"Mrs. Edmund J. Cooper?" fragte der andere.

"Ja." Allmählich begann es ihr zu dämmern, daß diese Männer, die beide nicht sonderlich erpicht darauf schienen, zu erklären, warum sie da waren, sich so sonderbar verhielten, weil sie eine unangenehme Pflicht zu erfüllen hatten.

"Mrs. Cooper", hörte sie den einen sagen, und an der Art, wie er es sagte – sanft und behutsam, als müsse er ein krankes Kind trösten –, erkannte sie sofort, daß er ihr etwas Schreckliches mitteilen wollte. Eine Woge panischer Angst schlug über ihr zusammen, und sie fragte: "Was ist passiert?"

"Mrs. Cooper, wir müssen Ihen mitteilen ..."

Der Polizist hielt inne.

Die Frau, die ihn nicht aus den Augen ließ, hatte das Gefühl, daß ihr ganzer Körper schrumpfe und schrumpfe und immer weiter schrumpfe.

"... daß ihr Mann heute nachmittag um 17 Uhr 45 auf dem Hudson River Parkway einen Unfall hatte und noch im Krankenwagen verstorben ist ..."

Der Polizist, der gesprochen hatte, zog die Krokobrieftasche heraus, die sie Ed vor zwei Jahren zu ihrem zwanzigsten Hochzeitstag geschenkt hatte. Als sie danach griff, ertappte sie sich dabei, daß sie überlegte, ob das Leder wohl noch warm sei, weil es doch vor so kurzer Zeit so nahe an Eds Brust gelegen hatte.

2. Kapitel

"Wenn wir Ihnen irgendwie behilflich sein können ..." sagte der Polizist. "Vielleicht telefonieren, damit jemand kommt ... Freunde oder Verwandte ..."

Anna hörte, wie seine Stimme immer leiser wurde und schließlich nicht mehr zu vernehmen war. Und in diesem Augenblick mußte sie wohl zu schreien begonnen haben. Kurz darauf wurde sie regelrecht hysterisch, und beide Polizisten hatten alle Hände voll zu tun, um ihrer Herr zu werden, bis ihr vierzig Minuten später der Hausarzt eine Injektion verabreichte.

Als sie am nächsten Morgen aufwachte, ging es ihr jedoch keineswegs besser. Weder der Arzt noch ihre Kinder konnten vernünftig mit ihr reden. Man mußte sie während der nächsten Tage fast ständig unter Beruhigungsmitteln halten, sonst hätte sie sich zweifellos umgebracht. In den kurzen Wachperioden zwischen den Drogen-Gaben war sie wie eine Wahnsinnige, rief ununterbrochen nach ihrem Mann und sagte ihm, sie werde ihm nachfolgen, sobald sie könne. Es war entsetzlich, ihr zuzuhören.

Ihre drei Kinder, Angela (20), Mary (19) und Billy (17 1/2), blieben seit der Katastrophe ständig um sie herum. Sie liebten ihre Mutter heiß und taten alles, um sie am Selbstmord zu hindern. Liebevoll gaben sie sich alle Mühe, sie davon zu überzeugen, daß das Leben trotz allem lebenswert sein konnte. Ihnen allein war es zu verdanken, daß sie sich endlich doch aus ihrem Alptraum befreite und langsam in die Alltagswelt zurückfand.

Roald Dahl

Die Begegnung mit den Leidtragenden

Bewundernswert

Julius Brinkmann   Hildesheim, d. 6.6.1991
                                    Friedrichstr. 1oo

Betr.:   Aufarbeitung des Unfalls vom 1o.5.1991
Vorg.:   Überbringung der Todesnachricht in Hildesheim
         durch Herrn Polizeiwachtmeister Vollmer an Frau Cohrs,
         Frau des verunglückten Motorradfahrers
Anlage: Fotokopie eines Zeitungsberichtes

Herrn Polizeidirektor Langeloh – persönlich –
in Polizeidirektion Hildesheim,

Bericht

Als der Polizeiwagen vor meinem Haus anhielt und zwei Beamte im gegenüberliegenden Haus versuchten Einlaß zu erhalten, stellte sich heraus, daß niemand daheim war. Da öffnete ich das Fenster und die Herren kamen herüber und fragten, ob ich wüßte, wo Frau Cohrs zu erreichen sei und nannten mir den Anlaß ihres Auftrages. Ich fragte bei einem Nachbarn, ob die Kinder bei ihm spielten und erkundigte mich nach der Anschrift von Herrn Cohrs Eltern. Als ich zurück kam und berichtete, kam Frau Cohrs mit ihren Kindern im Auto vom Reiten nach Hause. Die Kinder schickten wir in ihr Kinderzimmer zum Spielen und wir gingen nach oben in die Wohnküche.

Die Beamten baten Frau Cohrs ruhig Platz zu nehmen und begannen ganz behutsam, ihr den Grund ihres Auftrages zu erklären. So wurde ich Zeuge, wie Herr Vollmer vom Revier Hildesheim-Nord, während ich Frau Cohrs hielt und ihr Beistand leistete in ihrer Erschütterung, in einer hervorragenden Weise, ganz langsam Stück für Stück eröffnete, was geschehen war, wie sich der Unfall zugetragen hatte und daß dem Kradfahrer keine Schuld träfe, und er auf der Stelle den Tod erlitten hätte. Zwischendurch ließ er genügend Zeit, damit die Frau sich

2. Kapitel

ausweinen konnte und er ihr die Fragen beantworten konnte, die sie ganz impulsiv stellte.

Danach begann er mit der Aufnahme der notwendigen Angaben, die er brauchte. Er gab Auskunft, was zur Bergung und zur medizinischen Untersuchung des Toten notwendig war, und daß er in der Leichenhalle in Salzgitter untergebracht sei. Um den Toten nach Hildesheim zu überführen, brauche es aber noch etwas Zeit, da die Leiche ja erst nach dem medizinischen Befund freigegeben werden könne. Er besprach in aller Ruhe, welches Beerdigungsinstitut die Überführung durchführen solle. Er würde dafür sorgen, daß alles in ihrem Sinne geschehen könne.

Danach benachrichtigte der andere Polizeibeamte die Eltern von Herrn Cohrs telefonisch. Auch eine Freundin von Frau Cohrs wurde benachrichtigt und andere Familienmitglieder.

Es war bewundernswert, in welcher fast seelsorgerlichen Einfühlung dieses alles geschah. Die Reihenfolge war so überlegt gewählt, daß, als dann die Angehörigen nacheinander eintrafen, alles Wichtige schon erledigt war und sich die Beamten in dem dann entstehenden Jammer bald verabschieden konnten, weil alles wohl geregelt und geordnet und das Wichtigste auch aufgeschrieben war.

Mit dieser Schilderung möchte ich mich für die große Sorgfalt und das Einfühlungsvermögen, das die Herren zeigten, bedanken. Sie sollen doch wissen, daß Sie über solche Beamte, auch wenn es ein Dienst in aller Stille ist, froh und dankbar sein dürfen.

Mit freundlichem Gruß

Ihr Julius Brinkmann

Die Begegnung mit den Leidtragenden

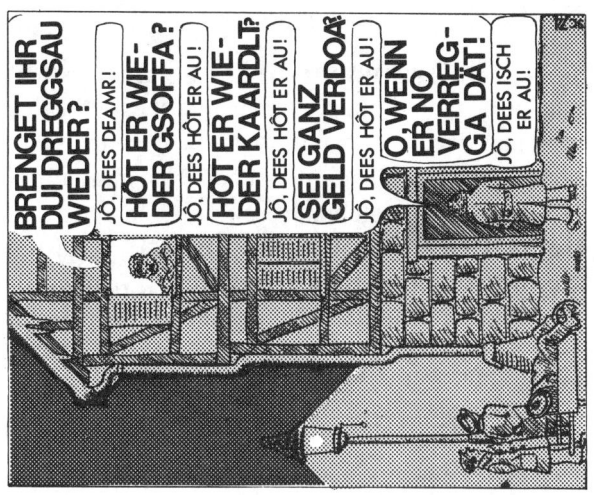

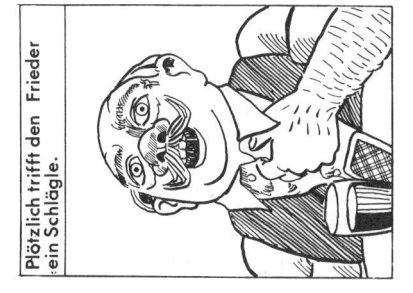

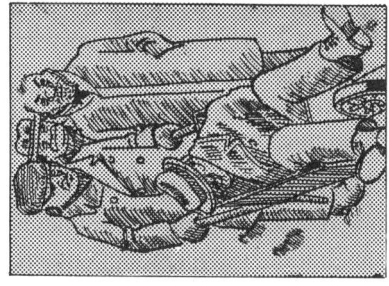

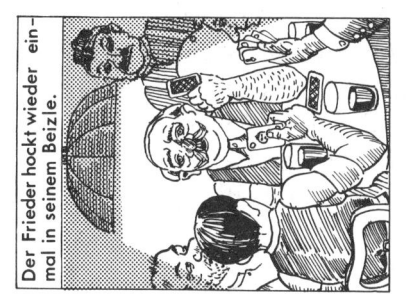

Michael Spohn

2. Kapitel

> ## Traueransprachen und Nachrufe

Bestattung von Jürgen Janka
am 28. September 1989 in Engelberg

Liebe Trauergemeinde,

uns verbindet heute in dieser Stunde die uns gemeinsame Trauer um Jürgen Janka.

Es fällt schwer, zu dem Geschehen Worte zu finden, noch dazu passende. Wie konnte es geschehen? Was ist der Grund dafür? Was mag er durchgemacht haben? und gab es denn gar keinen Hoffnungsschimmer für ihn, der ihn abhalten konnte? Fragen über Fragen, die doch nur unsere Sprachlosigkeit verdecken!

Bevor wir diese Fragen unserer Hilflosigkeit voreilig beantworten und uns den Zugang zum Geschehen damit nur verschütten, wollen wir innehalten und nachdenken und zur Besinnung kommen.

Am 15. Januar 1940 wurde Jürgen Janka in der Niederlausitz geboren, kam 1953 nach Bremen, ging 1957 für zwölf Jahre zur Bundeswehr und ließ sich ab 1969 in Freiburg zum Betriebswirt ausbilden. Er war dann mehrere Jahre im Entwicklungsdienst in Thailand und übernahm schließlich den Betrieb in Engelberg. Am Freitag vergangener Woche starb er durch eigene Hand. - Soweit in dürren Worten sein Lebenslauf.

Wenn dieses fürchterliche Ende nicht wäre, dann könnten wir von einem zu kurzen, aber erfolgreichen Lebensweg sprechen, voller Windungen zwar, aber doch serpentinenartig nach oben führend, hin zum gewünschten Beruf und über die interessante Auslandstätigkeit schließlich zum eigenen Betrieb im Hochschwarzwald. Viele können davon nur träumen.

Die Begegnung mit den Leidtragenden

Wer ihn kannte, mußte wissen, daß diese Teilansicht des Lebenslaufes sein Leben nur oberflächlich wiedergibt, eine kleine, eher unbedeutende Fazette eines ganz anders erhofften Lebens. Dreimal nahm Jürgen einen großen Anlauf, um glücklich zu werden, dreimal heiratete er und dreimal mißlang es ihm. Er enttäuschte und wurde enttäuscht; wir können es aber auch umdrehen: Er wurde enttäuscht und enttäuschte, denn so etwas ist ein in sich verwobener Vorgang, wer wagt zu sagen, was den Ausschlag gab? Und wenn ich die drei Eheschließungen nenne, dann nur, weil sie den Gipfel seines Bemühens um Glück darstellen. Doch dieser Gipfel ist nur die Spitze eines Eisberges. Viele andere Anläufe auf Glück und sinnerfülltes Leben wurden versucht und blieben letztlich erfolglos. Wer ihn kannte, hat das gesehen. Auch ich habe es mit angesehen und mich zurückgezogen, enttäuschte und wurde enttäuscht. Wer wagt zu sagen, was den Ausschlag gab?

Die Nachricht von seinem Tod kam überraschend, aber nicht aus heiterem Himmel. Dieser Himmel hatte sich schon lange verdüstert. Ich mußte mich erinnern lassen, daß ich bereits vor zehn Jahren von einer erheblichen Suizidgefahr gesprochen habe, das hatte ich längst verdrängt. Der extreme Alterungsschub, den er in den letzten Jahren durchmachte, konnte eigentlich niemandem verborgen bleiben. Er zog sich immer mehr aus dem Leben zurück, kapselte sich ab, igelte sich ein und gab vor, es sei alles in Ordnung. Es war für sehr viele von uns erkennbar, daß hier ein Mensch dabei war, sich aufzugeben.

Doch nun beginnt die Mohrenwäsche. Wir haben ja alle einen Sack voll guter Gründe, die uns entschuldigen. Und der beste Grund ist allemal, daß andere schuldig sind, nicht wir. "Ich kann sie beruhigen," sagte ein Außenstehender, der es wissen muß, "das hatte rein private Ursachen." Und so können wir uns alle, einer nach dem anderen, aus dem Kreis derer verabschieden, die Hüter unseres Bruders sein sollen. Der Berg der Schuld wird für den immer kleiner werdenden Kreis immer unerträglicher, am besten, man schiebt die Schuld bis in das Grab weiter. Endogene Depression, sagte ein Arzt. Mit anderen Worten: Er war selber schuld, da konnte man nichts machen, krankheitsbedingt. Wenn das nur klappen würde. Das tut's aber nicht. Denn jeder, der den Kreis der Schuldigen verläßt, meint, die anderen

2. Kapitel

als Schuldige zurückzulassen: *Ich konnte mich rausretten, rausreden, doch die anderen eben nicht oder erst nach mir, also sind sie schuldig oder wenigstens schuldiger als ich.*

Ich denke, so sollen wir es nicht halten, dabei dürfen wir nicht stehen bleiben, denn ich bin mir ganz sicher, daß wir Jürgen damit nicht gerecht werden, und das wenigstens sind wir ihm schuldig, ihm gerecht zu werden.

Liebe Adelheid, wir haben gestern auch über den Text gesprochen, der dieser Ansprache zugrunde liegt. Wir haben davon gesprochen, daß nicht das Verurteilen uns zum Weiterleben hilft, sondern daß wir alle unsere Verstrickung und unsere Verantwortung erkennen müssen. Und in dieser Weise wollen wir den Text von Jesus und der Sünderin verstehen, die von lauter rechtschaffenen Leuten zu ihm geschleppt wurde, in flagranti ertappt, und das Gesetz schrieb die Steinigung als Strafe vor. Was sagst du, Jesus, dazu? fragen ihn diese Leute. *Aber Jesus bückte sich nieder und schrieb mit dem Finger auf die Erde. Als sie aber nun anhielten, ihn zu fragen, richtete er sich auf und sprach zu ihnen: Wer unter euch ohne Sünde ist, der werfe den ersten Stein auf sie. Und er bückte sich wieder nieder und schrieb auf die Erde. Da sie aber das hörten, gingen sie hinaus, einer nach dem anderen, von den Ältesten an; und Jesus ward allein gelassen, und die Frau in der Mitte stehend. Jesus aber richtete sich auf und sprach zu ihr: Weib, wo sind sie, deine Verkläger? Hat dich niemand verdammt? Sie aber sprach: Herr, niemand. Jesus aber sprach: So verdamme ich dich auch nicht; gehe hin und sündige hinfort nicht mehr.*

Und ich wiederhole es laut: Wer unter euch ohne Sünde ist, der werfe den ersten Stein. Ich füge kleinlaut hinzu: Ich kann nicht mitwerfen.

Und für uns Mitschuldige und sonstige Sünder gilt Jesu Wort: So verdamme ich dich auch nicht.

Es gilt auch für uns alle seine Mahnung: Gehe hin und sündige hinfort nicht mehr.

Jürgen selber hat das anders ausgedrückt. Er war viel religiöser, als die meisten von uns ahnten: Er schrieb: *Das Schönste auf der Welt ist, sich auf Gott und Jesus Christus zu besinnen. Ich bin glücklich, das Tor gefunden zu haben, zu erfahren, daß man durch die Liebe Gottes in der Lage ist, zu verstehen, zu verzeihen und zu lieben. Wenn doch jeder sein Herz für Gott öffnen könnte und danach leben würde!* So schrieb es Jürgen.

Lassen Sie uns die Steine am Boden liegen lassen und genau das erlernen, worauf es in unserem Leben und dem unserer Mitmenschen ankommt: Verstehen – verzeihen – lieben!

Amen!

Dierk Schäfer

Nicht alles ist Routine – Ein Werkstattbericht

"Verehrte Frau ...,

sehr geehrte Familie ...,
in Trauer Versammelte,

ich habe die schmerzliche Pflicht, für das Land Baden-Württemberg und für die Polizei dieses Landes Abschied zu nehmen von ..."

So beginnen in der Regel die Nachrufe für verstorbene Beschäftigte der Polizei, die ich als Ghostwriter für meinen Polizeipräsidenten entwerfen darf.

In der Mehrzahl sind es Nachrufe für verstorbene Beschäftigte, die schon vor vielen Jahren pensioniert worden sind. Dies erschwert die ohnehin unter Zeitdruck leidende Entwurfsarbeit, zumal die dafür unbedingt benötigten Personalakten erst beim Staatsarchiv in Sigmaringen geholt werden müssen.

Um den Zeitdruck nicht allzusehr zur Belastung werden zu lassen, bewahre ich in meinem Schreibtisch seit Jahren eine Vorlage über die

2. Kapitel

mögliche Gliederung und die bei Nachrufen gebräuchlichen Sätze auf, die mir den Einstieg in den Entwurf etwas erleichtern:

"Uns alle hat die so völlig unerwartete Nachricht vom Tode von ... tief erschüttert, denn er war als ... bei der ... jedermann im Hause und bei den Polizeidienststellen im Regierungsbezirk Tübingen als geschätzter ... bekannt.

Zu uns, zur Polizei kam er im Jahre ...

In seiner Bewerbung um Einstellung in den Polizeidienst stehen die Sätze ...

Ich kann heute in aller Öffentlichkeit bestätigen, daß er Wort gehalten hat.

Sein Polizeidienst begann in ... beim ...

– Lebenslauf Polizei, Persönliches, Besonderes aus der Dienstzeit –

"... ist seinen Dienstpflichten immer gewissenhaft nachgekommen. Er war ein treuer und zuverlässiger ...; ihm gebühren Respekt und Anerkennung".

"Ihnen, verehrte ..., und Ihren Angehörigen gilt unsere herzliche Anteilnahme und unser tiefstes Mitgefühl. Ich versichere Ihnen, daß ... als Mensch und Kollege bei der Polizei im Regierungsbezirk Tübingen in der Erinnerung weiterleben wird."

Mit diesem Rahmen sind zunächst einmal wenigstens die "protokollarischen Mindestanforderungen" an einen Nachruf erfüllt.

Ein Nachruf, der bei den in "Trauer Versammelten" aber nur den Eindruck hinterläßt, daß er im Rahmen des Tagesgeschäfts als protokollarische Pflichtaufgabe heruntergespult wird, sollte nach meiner Meinung besser gar nicht gehalten werden.

Den Entwurf eines Nachrufs über einen verstorbenen Kollegen, den man selbst vielleicht überhaupt nicht gekannt hat, so zu gestalten, daß dieses "tiefe Mitgefühl" nicht nur als Floskel verstanden wird, setzt

Die Begegnung mit den Leidtragenden

jedoch voraus, daß man sich sehr intensiv mit der verstorbenen Person und der Zeit, in der sie Dienst geleistet hat, beschäftigt.

Es sind auch Kenntnisse erforderlich, in welchem Rahmen die Beerdigung stattfinden wird. Wiederholt habe ich mir den Ort der Trauerfeier angesehen, um mich besser auf das "Ambiente" der Trauerfeier einstimmen zu können – auf die Situation, die der Redner und die Trauergemeinde vorfinden werden. Manchmal sind dabei auch technische Dinge vorzubereiten; zum Beispiel die Installation einer ausreichenden Beleuchtung, die dem Redner das Lesen seines sonst wertlosen Manuskripts ermöglicht.

Bewährt hat sich bei Nachrufen, die ich entworfen habe, mit dem Seelsorger abzusprechen, daß der Redner der Polizei nur den dienstlichen Werdegang Revue passieren läßt und den übrigen Lebenslauf dem Seelsorger überläßt.

Wertvolle Hilfen, einen Verstorbenen in seinem Beruf zu charakterisieren, sind in aller Regel die im Laufe vieler Jahre über ihn angefertigten dienstlichen Beurteilungen. Besonders ältere Beurteilungen, die im Gegensatz zu heute weniger kühl technokratisch, sondern in wohlüberlegten, auch den Menschen charakterisierenden Sätzen abgefaßt wurden, vermitteln ein Bild von dem Verstorbenen, das in einem Nachruf – zum Teil wörtlich zitiert – eingängig wiedergegeben werden kann.

Letztendlich werden aber nur die positiven Seiten des Verstorbenen in einen Nachruf Eingang finden. Kein Redner wird bei solchen Anlässen eine negativ kritische Bilanz über das dienstliche Leben des Verstorbenen ziehen, allein schon um die Angehörigen nicht zu verletzten. Dieses Positive sollte aber möglichst ehrlich und gerecht sein – ehrlich gegenüber dem Verstorbenen und seiner Familie und gerecht gegenüber den anderen Kolleginnen und Kollegen, die an der Beisetzung teilnehmen. Übertreibungen bewirken eher das Gegenteil – insbesondere, wenn sie üblicherweise auch nicht zum Stil des Redners gehören.

2. Kapitel

Die Person des Redners, sein Auftreten, seine rhetorischen Fähigkeiten, sein Status und die daraus an ihn gestellten Erwartungen spielen eine große Rolle bei der Anlegung von Nachrufen. Es ist hilfreich, sich das Auftreten des Redners, den man ja gut kennt, in der Aussegnungshalle, am Sarg oder am Grab bei der Entwurfsarbeit ständig vorzustellen. Dadurch gelingt es eher, den Aufbau des Nachrufes und die Wahl der Worte auf seine Person so abzustimmen, daß er aus seinem Munde glaubhaft erscheint.

Wichtig dafür ist auch das Wissen um die persönliche Beziehung zwischen dem Verstorbenen und dem Redner. Der Redner wird einen geschätzten Mitarbeiter, mit dem er unter Umständen sogar freundschaftlich verbunden war, mit viel persönlicheren Worten in die letzte Ruhe geleiten, als einen für ihn eher anonym gebliebenen Beschäftigten.

Auch an die Gemütsverfassung des Redners ist dabei zu denken. Es wird ihm viel schwerer fallen, für einen ihm persönlich nahestehenden Mitarbeiter den Nachruf zu halten. Tief empfundene Trauer darf er zeigen, seine Rede muß er aber trotzdem in der von ihm erwarteten Souveränität durchstehen. Dazu muß er sich in solchen Situationen an seinem eigenen Manuskript wieder aufrichten können – zum Beispiel, indem sehr persönlichen Worten unmittelbar Passagen über dienstliche Gegebenheiten folgen.

Sparsam ist mit der gern gemachten Versicherung umzugehen, daß die Angehörigen nach dem Tode des Kollegen von der Polizei nicht allein gelassen werden. Nur in seltenen Fällen sind auch mit den Angehörigen verstorbener Kollegen so freundschaftliche Beziehungen entstanden, daß sie die Pensionierung oder gar den Tod überdauern.

Wichtig ist die Länge eines Nachrufes. Nach meiner Erfahrung sollte er niemals länger als fünf bis sieben Minuten lang sein.

Wenn von mehreren Personen Nachrufe gehalten werden, ist auch deshalb unbedingt eine Absprache mit den anderen Rednern notwendig. In der Vergangenheit habe ich wiederholt auch den Angehörigen empfohlen, auf weitere Nachrufe zu verzichten, um die alle bela-

Die Begegnung mit den Leidtragenden

stende Zeremonie nicht unnötig in die Länge zu ziehen. Insgesamt wird von den meisten Friedhofsverwaltungen heute ohnehin nur eine Gesamtzeit von einer halben Stunde eingeräumt.

Die Gedanken, die mich als Ghostwriter bei der Abfassung von Nachrufen beschäftigen, sind sicher vielfältig und eigentlich nur während oder unmittelbar nach Fertigstellung eines solchen Nachrufes zu rekapitulieren.

Ein Geheimrezept für "gute" Nachrufe gibt es sicher nicht. Ihre Gestaltung wird wohl letztendlich am meisten durch das Einfühlungsvermögen des Schreibers in die Situation beeinflußt.

So "gelingen" nach meinen Erfahrungen Nachrufe am besten, wenn man sich bei ihrer Abfassung vorstellt, selbst Teilnehmer der Trauergemeinde oder gar Angehöriger des Verstorbenen zu sein. Aus dieser Sicht kann man sich vielleicht am ehesten vorstellen, was gesagt werden sollte und was nicht.

Wolfgang Wenzel

Der Verfasser *Wolfgang Wenzel* ist Öffentlichkeitsreferent einer Landespolizeidirektion und hat auch den folgenden Nachruf entworfen.

2. Kapitel

Trauerrede anläßlich der Beerdigung von Wilhelm Ritter, Polizeirat a.D.

Sehr geehrte Frau Köhler,
in Trauer Versammelte,

ich habe die schmerzliche Pflicht, in dieser Stunde für die Polizei Abschied zu nehmen von Polizeirat a.D. Wilhelm Ritter.

Wilhelm Ritters Leben hat ein Jahrhundert umspannt. Sein Lebenslauf spiegelt die bewegte Geschichte Deutschlands in diesen 1oo Jahren wieder.

So hat er seinen Polizeiberuf in der Weimarer Republik, in den dunklen Jahren des Dritten Reichs und in der Bundesrepublik ausgeübt.

Er hat ihn begonnen zu einem Zeitpunkt, an dem noch keiner der heute aktiv in der Polizei Tätigen auf der Welt war; bei seiner Zurruhesetzung waren die meisten von uns noch nicht bei der Polizei.

Zunächst hat Wilhelm Ritter aber – noch tief im Kaiserreich – nach dem Abitur am Gymnasium in Ellwangen 1908 mit der Ausbildung für den württembergischen Verwaltungsdienst begonnen.

Der praktischen Unterweisung auf den Schultheißenämtern Oberroth, Böckingen und Ellwangen erfolgte der theoretische Unterricht an der höheren Verwaltungsschule in Stuttgart.

Nach der Staatsprüfung im Jahr 1914 kamen Verwendungen in Ellwangen, in Münster bei Stuttgart und im Reichsdienst bei der deutschen Zivilverwaltung der belgischen Privinz Limburg und nach deren Auflösung beim Reichsamt des Inneren in Berlin.

Im Feburar 1915 wurde Wilhelm Ritter das Württembergische Wilhelmskreuz und im April 192o das Preußische Verdienstkreuz für Kriegshilfe verliehen.

Der Präsident der Deutschen Zivilverwaltung der belgischen Provinz Limburg hat Wilhelm Ritter als überaus gewissenhaften, in jeder Beziehung zuverlässigen, treuen und tüchtigen Beamten von tadelloser Lebensführung beurteilt.

Die Begegnung mit den Leidtragenden

Am 5. Februar 1920 hat Wilhelm Ritter seine Polizeilaufbahn beim Württembergischen Landespolizeiamt in Stuttgart als Kriminalsekretär begonnen.

Seiner Ernennung zum Kriminalinspektor am 1. Januar 1923 folgten Verwendungen bei der Kriminalabteilung des Polizeipräsidiums Stuttgart und bei den Polizeiämtern Schramberg und Schwenningen als Vertreter der dortigen Polizeiamtsvorstände.

Im August 1924, inzwischen zum Oberinspektor befördert, wurde er zum Leiter der Kriminalabteilung der Württembergischen Polizeidirektion Esslingen und Stellvertreter des dortigen Polizeidirektors ernannt.

In dieser Funktion war Wilhelm Ritter bis August 1933 tätig.

Für diese neun Jahre wurde ihm von seinem Vorgesetzten bestätigt, daß er den ihm gestellten Aufgaben in jeder Weise gewachsen war, begabt und umsichtig seine Geschäfte geführt und geschickt die Unterrichtung der Beamten geleitet hatte sowie in seinem Auftreten gewandt und in seiner Führung im Dienst wie außer Dienst stets einwandfrei gewesen war.

Im August 1933 wurde Wilhelm Ritter wieder zum Polizeipräsidium Stuttgart versetzt. Dort leistete er bis März 1938 Dienst als Leiter der Abteilung Ausländer- und Passwesen und der Abteilung Verkehr. Auch dort wurden ihm gute dienstliche Leistungen bescheinigt, und es wurde besonders hervorgehoben, daß er bestrebt war, dem Publikum den Verkehr mit der Behörde durch zuvorkommende, nicht zu bürokratische Behandlung nach Möglichkeit zu erleichtern.

Im März 1938 wurde Wilhelm Ritter zum Amtsverweser des Polizeiamts Biberach bestellt.

Ein knappes Jahr später wurde er zum Polizeirat befördert und bald darauf, am 4. Mai 1939, als Amtsvorstand zum Polizeiamt Reutlingen versetzt. Die Stadt Reutlingen sollte für Wilhelm Ritter sowohl dienstlich als auch privat zur Heimat werden. Als Amtsvorstand des Polizeiamts hat er hier Dienst bis zum 22. Mai 1945 geleistet.

Dann wurde Wilhelm Ritter von der Französischen Militärregierung seines Amtes enthoben und für sechs Tage in Haft genommen.

2. Kapitel

Die französischen Sicherheitsorgane konnten ihm im Rahmen der politischen Säuberung offenbar aber nur vorwerfen, daß er während der NS-Zeit eine leitende Polizeibeamtenstelle inne hatte und daß er 1939 in die NSDAP eingetreten war, denn bereits sieben Monate später, ab dem 18. Dezember 1945, wurde er wieder im Staatsdienst verwendet, und zwar als Zählkommissar und dann als Flüchtlingskommissar beim Landratsamt Reutlingen.

Für ihn hatten sich viele Reutlinger Bürger eingesetzt, die ihm bescheinigten, sein Amt nach bestem Wissen und Gewissen im Dienste der Menschen und nicht im Sinne des Nazi-Regimes geführt und dabei auch die Gefahr einer Konfrontation mit der Partei in Kauf genommen zu haben.

Und in den Personalakten findet sich ein Bericht seines Vorgesetzten, der bemängelt, daß seine Einstellung Wilhelm Ritter daran hindere, in ein engeres, gefühlsmäßig verankertes Verhältnis zur NSDAP zu gelangen. Von einer Vernachlässigung des Dienstes könne aber dennoch nicht gesprochen werden.

1949 schließlich vollständig entlastet, kehrte Wilhelm Ritter wieder zur Polizei zurück. Am 1. April 1949 trat er in den Dienst der Landespolizeidirektion Südwürttemberg Hohenzollern, wo er in der Personalabteilung Verwendung fand.

Am 1. Dezember 1951 wurde er zum Leiter der Personalabteilung, also zum Personalchef der Polizei im Regierungsbezirk bestellt. Dieses Amt füllte er bis zu seiner Zurruhesetzung mit großer Gewissenhaftigkeit und Sorgfalt aus. Am 3o. November 1955 trat Polizeirat Wilhelm Ritter nach Vollendung des 65. Lebensjahres nach über 35jähriger treuer Pflichterfüllung bei der Polizei in den Ruhestand.

Bei seiner Verabschiedung wünschte ihm der damalige Tübinger Regierungspräsident Karl Maria Walser noch viele Jahre in geistiger und körperlicher Frische im wohlverdienten Ruhestand.

Diese Wünsche sind in seltener Weise in Erfüllung gegangen. Wilhelm Ritter hatte einen langen, nahezu auch 35 Jahre währenden Ruhestand und seine geistige Frische machte ihn bis zuletzt zu einem regen,

Die Begegnung mit den Leidtragenden

aufmerksamen und interessanten Gesprächspartner. Ich selbst habe das wiederholt erfahren dürfen.

Polizeirat a.D. Wilhelm Ritter hat sich durch seine Lebensleistung als Polizeibeamter, vor allem auch durch sein Verhalten in schwerer Zeit, einen festen Platz in der Geschichte der Polizei unseres Landes und insbesondere dieses Regierungsbezirks erworben. Wir werden ihm ein ehrendes Gedenken bewahren.

Ihnen, verehrte Frau Köhler, und Ihrer Familie bekunde ich unsere herzliche Anteilnahme und unser Mitgefühl.

2. Kapitel

Widerstand und Vergebung

Trauergottesdienst anläßlich des Todes der beiden Polizeibeamten Klaus Eichhöfer und Thorsten Schwalm
erschossen am 2. November 1987 in Frankfurt/Startbahn West

Stiftskirche Tübingen, 1o. November

Vor acht Tagen, liebe Trauergemeinde, fielen bei Frankfurt die tödlichen Schüsse auf die beiden Polizeibeamten Klaus Eichhöfer und Thorsten Schwalm. Heute, zu dieser Stunde, findet im Frankfurter Dom der Trauergottesdienst für die beiden Beamten statt. Auch in anderen Orten der Bundesrepublik wird in Gottesdiensten der Beamten und ihrer Angehörigen gedacht. Wir sind in unserer Mitbetroffenheit zusammengekommen, um unsere Teilnahme zu bezeugen, um in unserer Ratlosigkeit beisammen zu sein und gemeinsam nach Antworten zu suchen auf die Fragen, die der Tod dieser beiden Menschen hinterläßt. Wir sind hier zu einem Gottesdienst versammelt, weil wir Hilfe von Gott und seinem Wort erwarten. Der Text für die Predigt ist der für den Sonntag dieser Woche vorgeschlagene Predigttext. Er steht beim Evangelisten Lukas im elften Kapitel und handelt von der Austreibung eines bösen Geistes durch Jesus und von einer anschließenden Diskussion über die Legitimation Jesu: Steht er im Auftrag Gottes oder vollbringt er seine Wunder im Bund mit dem Teufel? Jesus führt, so das Ergebnis, Gottes Reich herbei, und wer nicht gegen ihn sein wolle, müsse mit ihm sein.

Und er trieb einen bösen Geist aus, der war stumm. Und es geschah, als der Geist ausfuhr, da redete der Stumme. Und die Menge verwunderte sich.

Einige aber unter ihnen sprachen: Er treibt die bösen Geister aus durch Beelzebub, ihren Obersten.

Die Begegnung mit den Leidtragenden

Andere aber versuchten ihn und forderten von ihm Zeichen vom Himmel.

Er aber erkannte ihre Gedanken und sprach zu ihnen: Jedes Reich, das mit sich selbst uneins ist, wird verwüstet, und ein Haus fällt über das andre.

Ist aber der Satan auch mit sich selbst uneins, wie kann sein Reich bestehen? Denn ihr sagt, ich treibe die bösen Geister aus durch Beelzebub.

Wenn aber ich die bösen Geister durch Beelzebub austreibe, durch wen treiben eure Söhne sie aus? Darum werden sie eure Richter sein.

Wenn ich aber durch Gottes Finger die bösen Geister austreibe, so ist ja das Reich Gottes zu euch gekommen.

Wenn ein Starker gewappnet seinen Palast bewacht, so bleibt, was er hat, in Frieden.

Wenn aber ein Stärkerer über ihn kommt und überwindet ihn, so nimmt er ihm seine Rüstung, auf die er sich verließ, und verteilt die Beute.

Wer nicht mit mir ist, der ist gegen mich; und wer nicht mit mir sammelt, der zerstreut.

Lukas 11, 14-23

Wenn Sie solch einen Text hören und an den Anlaß denken, der uns heute hier zusammengeführt hat, dann werden wohl manche unter Ihnen nach dem Zusammenhang zwischen beidem fragen. Ich muß Ihnen auch recht geben: Es ist ein merkwürdig anmutendes Verfahren. Da sind wir bestürzt über den gewaltsamen Tod zweier Polizeibeamter, fragen uns, wie es weitergehen soll, sinnen nach über die Ursachen dieses furchtbaren Geschehens und bekommen nun einen fast zweitausend Jahre alten Text geboten, in dem von Geistern die Rede ist, vom Teufel, von Exorzismus und vom Herrschaftsanspruch Jesu, dem wir uns beugen sollen. Was soll und kann das alles helfen?

2. Kapitel

Wenn wir uns nicht an weniger wichtigen Problemen festhaken wollen, sollten wir uns nicht daran stoßen, daß zu Jesu Zeiten und noch lange darüber hinaus wie auch heute noch in vielen Teilen der Welt das Unnormale und Unerklärbare mit der Tätigkeit von Geistern erklärt wurde. Der psychisch gestörte Mensch galt als besessen von dämonischen Mächten. Er war gewissermaßen das lebendige Beweisstück für die Gefahr, die von der Bedrohung der Welt durch die Chaosmächte ausgeht. Wir sollten auch keinen Anstoß nehmen an der Frage des Wunders, ob Jesus tatsächlich Wunder getan, Kranke geheilt und böse Geister ausgetrieben hat. Begnügen wir uns heute mit der unstrittigen Feststellung, daß die frühe christliche Gemeinde Jesus diese Fähigkeiten zugetraut hat. Mit ihrer Predigt über diese Wundertaten verkündigte sie ihn als den Sohn Gottes, der Macht hat über die gesamte Welt und auch die unheimlichen und dämonischen Kräfte besiegt hat.

Unsere Sprache, die an der Tradition biblischer Welterklärung gewachsen ist, hat übrigens diese Erklärungen als nunmehr bildhaft verstandene Vorstellungen bewahrt. Wir sagen auch heute noch, jemand sei wohl von allen guten Geistern verlassen, malen den Teufel an die Wand, sprechen vom Ungeist, der irgendwo herrscht, verteufeln andere und warten, wenn es dann wirklich mit dem Teufel zuzugehen scheint, auf ein Wunder vom Himmel. Und wenn wir vom Geist des Friedens sprechen, benutzen wir oft sogar die Taube als Zeichen, die seit altersher Symbolfigur für den Heiligen Geist ist.

Widerstand

Und er trieb einen bösen Geist aus, der war stumm.

Lukas zeigt uns einen kämpferischen Jesus, der dem Bösen offensiv entgegentritt, es besiegt und so dem leidenden Menschen hilft. Unser Text redet also zunächst vom Widerstand, vom Kampf gegen das Böse. Jesus resigniert nicht, er kapituliert nicht vor dem Bösen, sondern er geht erfolgreich dagegen an.

Die Begegnung mit den Leidtragenden

Und wenn ich das so herausstelle, weiß ich, daß mancher sich bestätigt fühlen wird. Ist bildhaft gesprochen der Kampf gegen das Böse nicht die Aufgabe des Polizeibeamten schlechthin?

Und sehen wir nicht auch noch eine weitere Parallele? Jesus wird von seinen Gegnern verdächtigt, des Satans fünfte Kolonne zu sein. Wird unserer Polizei nicht auch immer wieder ideologisch unterstellt, sie sei Handlanger für die – biblisch gesprochen – satanischen Mächte, die Unterjocher und Ausbeuter, die Umweltzerstörer und Menschheitsvernichter? Steckt in dem Text nicht eine ungeheure Ermutigung und Aufmunterung?

Ist es deshalb nicht nötig, gerade nach dem Tode dieser Polizeibeamten, den Mut nicht sinken zu lassen, sondern sogar mit neuen und vielleicht wirksameren Waffen diesen Kampf fortzuführen?

Aber da beginnt schon der Meinungsstreit. Wir müssen erkennen, daß die einfache Parallelisierung zwischen dem guten Jesus und unserem guten Willen, gegen das Böse vorzugehen, nicht funktioniert. Während bei den Angehörigen, den Kollegen und mit wenigen Ausnahmen wohl bei allen Menschen dieser Mord als böse gilt, so spielen bei der Diskussion um die Konsequenzen so viele unterschiedliche Interessen eine Rolle, daß die Lösung nicht einvernehmlich ausfallen kann. Ein Ungeist, wenn nicht gar viele, scheint diese Diskussion zu beherrschen, jeder sieht ihn beim andern. Da wird Schuld zugeschoben, verleumdet und verteufelt und den bestürzten Zuschauer dieses Spektakels beschleicht zuweilen der bedrückende Verdacht, daß der Tod dieser beiden Menschen wenn auch nicht ein willkommenes, so doch ein dem einen nützliches weil dem anderen unbequemes Instrument in der politischen Auseinandersetzung ist. Ich weiß, daß manche unter Ihnen sich angewidert von diesem Schauspiel abwenden.

Wie soll man also den Kampf gegen das Böse durchhalten, wenn man oft nicht einmal eindeutig ausmachen kann, wo es steht, wenn sogar das anscheinend Gute verdächtigt werden kann, im Grunde böse zu sein?

Der Text beschreibt in seiner mythischen Bildsprache ein eindeutiges Szenarium mit klaren Fronten: Hie gut, da böse! und die Zeitgenossen

2. Kapitel

Jesu wie auch die Hörer der Botschaft haben sich zu entscheiden, ob sie Jesu göttliche Legitimation anerkennen. *"Wer nicht mit mir ist, der ist wider mich, wer nicht mit mir sammelt, der zerstreut."* An Jesus scheiden sich die Geister.

Woran können wir, deren Probleme sich nicht immer so eindeutig zuordnen lassen, uns orientieren?

Beim Kampf Jesu gegen das Böse bleiben die Menschen heil, ja, sie werden erst geheilt durch sein Eingreifen. Das gilt nicht nur für unsere Textstelle, sondern für jede Dämonenaustreibung im Neuen Testament. Der Stumme aus unserer Geschichte kann nun reden, ihm ist ein neuer Weg zu seinen Mitmenschen eröffnet worden, er kann sich mitteilen, kann kommunizieren.

Beim Kampf gegen das sogenannte Schweinesystem jedoch wird keine Rücksicht genommen, wird Leben zerstört und keine Zukunft eröffnet. Es ist wohl so, daß der Kampf gegen diesen Staat einmal mit Vorstellungen von einer gerechteren Politik begonnen hat, die jedoch keine Mehrheit fanden – wer kritisch auf die Entwicklung des Terrors in unserem Land zurückblickt, wird hier auch unseren Schuldanteil erkennen.

Soweit Terroristen aber überhaupt noch Ideale haben, Vorstellungen, daß sie das in ihren Auge Böse bekämpfen, um so tragischer ist diese Entwicklung: Eine immer tiefere Verstrickung ins Unrecht bis hin zum Abschuß von Menschen, zum fürchterlichen Kommando: Scharfschützen – Feuer!

Der Terror braucht, wenn er nicht staatsstreichmäßig schnell an die Macht kommt und sich dann ändert, Leichen, braucht menschliches Unglück, lebt von Blut und Schrecken und er wird schließlich daran ersticken, ohne eine glaubwürdige Rechtfertigung vorweisen zu können, denn es gibt keine Rechtfertigung für Terror. Der Terror versucht, den Teufel mit dem Beelzebub, dem Oberteufel, auszutreiben. Was kann dabei schon besseres herauskommen?

Die Begegnung mit den Leidtragenden

Wir sehen, daß der Terror nicht der Weg der Christen sein kann und daß wir ihm auch keine Deckung geben dürfen. Der Tod der beiden Beamten macht das wieder einmal überdeutlich.

Wir dürfen dabei aber nicht stehen bleiben, sondern müssen auch das Unrecht auf der anderen Seite, müssen auch unser Unrecht erkennen und benennen. Denn wenn wir nun so fleißig mit dem Finger auf das Böse und die Bösen um uns herum gezeigt haben, so wollen wir doch nicht den Ausspruch eines ehemaligen Bundespräsidenten vergessen, daß bei diesem Zeigen auf die anderen immer drei Finger auf uns selbst zurückverweisen.

Dieser Staat braucht den Terror, so hieß es kürzlich, und ein Aufschrei ging reflexartig durch das Land. Sicher war dieser Satz eine Kampfansage an unseren real existierenden Staat, vielleicht auch – ich weiß es nicht – der Versuch, den Terror zu rechtfertigen. Aber haben wir nicht die Chance verpaßt, ohne parteiliche Rechthaberei öffentlich zu diskutieren, daß der Terror viele Wurzeln hat und daß er auch eine Antwort, wenn auch eine falsche und fürchterliche, auf die Probleme dieser Gesellschaft ist? Ist es nicht so, daß sich auf der politischen Bühne Rechtsbruch und Skandale ablösen?

Wer jeweils nicht betroffen ist, triumphiert, bis er vom Bekanntwerden der eigenen Schmuddelgeschäfte bis auf weiteres in die Defensive gedrängt wird.

Wenn wir ehrlich sind, sieht es bei uns auf der individuellen Ebene nicht viel besser aus. Zwar ist das, was wir tun, nicht so spektakulär, aber wir merken manchmal doch erschreckt, wes Geistes Kind wir auch sein können. Das Hemd ist uns näher als der Rock, sagen wir, wenn wir ohne viel Rücksichtnahme unsere Interessen vertreten und dabei Qualitäten an den Tag legen, die denen der so geschmähten Politiker in fast nichts nachstehen.

Wenn wir als Christen dem Bösen widerstehen wollen, dürfen wir das Böse in uns selbst nicht übersehen. Luther hat mit seiner noch stark mythischem Denken verhafteten Sprache das Werk des Teufelaustreibens als Aufgabe der Kirche bis ans Ende der Welt erklärt. Doch

2. Kapitel

es sei an die Inquisition erinnert, an die Scheiterhaufen für Hexen und Ketzer, damit wir gewarnt sind: Je leidenschaftlicher wir das Böse bekämpfen, um so größer wird es in uns selbst. Wir neigen sehr leicht dazu, das Kind mit dem Bade auszuschütten, und manche von hochmoralischen und christlichen Motiven getragene Demonstration gegen als böse Erkanntes, gerät zur menschenverachtenden Aktion – Polizeibeamte sind die Leidtragenden, wie andererseits auch polizeiliche Aktivitäten trotz bester Absichten entgleisen können, weil in der Dynamik der Aktion das polizeiliche Gegenüber nicht mehr als Mensch wahrgenommen wird.

Das berühmte Wort Max Webers, daß die Tätigkeit des Politikers ein starkes langsames Bohren von harten Brettern mit Leidenschaft und Augenmaß zugleich bedeutet, dieses Wort gilt sicher auch für Christen, die ohne Realitäts- und Selbstverkennung im Auftrag ihres Herrn und für den Mitmenschen den Kampf gegen das Böse aufnehmen wollen.

Bei dieser Parallele zwischen politischem und christlichem Auftrag, muß allerdings auf eine wesentliche Differenz hingewiesen werden, die das Christliche bestimmt:

Zum Widerstand gegen das Böse muß die Bereitschaft zur Vergebung für die schuldig gewordenen Menschen treten.

Vergebung

So relativ unproblematisch sind Teufelaustreibungen ja nur in der mythischen Vorstellung. Da zwingt der Held den bösen Geist raus und der geheilte Mensch bleibt zurück. Das Böse wird externalisiert und ausgetrieben, es ist nicht Teil der Person, darum ist sie entschuldbar – wir tun ähnliches, wenn wir einen Täter für unzurechnungsfähig erklären und ihn in die therapeutische Anstalt anstatt in den Strafvollzug einweisen.

Doch so etwas geht nicht immer und stößt auch so schon bei vielen Zeitgenossen auf Ablehnung. Sie wollen nicht nur Sicherheit, sie wollen Sühne. Ein verständlicher Wunsch, wenn der Schmerz tief

Die Begegnung mit den Leidtragenden

sitzt. Wenn ein Polizeibeamter in diesem Zusammenhang von ohnmächtigem Zorn sprach, so ist das als spontane Reaktion zu verstehen und sollte nicht falsch aufgefaßt werden. Im Gegensatz zu Gottes Vergebungsbereitschaft ist die unsere meist davon abhängig, daß der verlorene Sohn auch wirklich umkehrt. Und im Gegensatz zur Freude des Vaters, der seinem verlorenen Sohn ein Festtagskleid gibt, einen Ring an den Finger steckt und ein Fest feiern läßt, im Gegensatz dazu kommt bei uns allenfalls Befriedigung auf, wenn ein Täter den Weg zurück in die Gesellschaft sucht. Die Echtheit von Einsicht und Reue kann ein Täter noch dazu oft nur schwer glaubhaft machen. Vielleicht ist erst die innerliche Akzeptierung der Strafe als Voraussetzung für eine Verkürzung des Strafmaßes und eine erfolgversprechende Reintegration in die Gesellschaft zu werten. Aber auch abgesehen von der Frage der Glaubwürdigkeit einer inneren Umkehr ist die Bereitschaft zur Vergebung eine zarte Pflanze, die gehegt und gepflegt werden muß, wenn sie groß werden und auch manchem Unwetter gewachsen sein soll. Rückschläge sind fast selbstverständlich. Denn das geschehene Unrecht schmerzt und schreit in uns nach Vergeltung, auch wenn wir nur mitbetroffen sind, weil Verwandte und nahe Freunde die in erster Linie Leidtragenden sind. Doch wenn wir hinter den Vergeltungsmaßnahmen überhaupt keinen Schimmer der Vergebungsbereitschaft aufleuchten lassen, laufen wir Gefahr, Täter so zu behandeln, daß sie sich schließlich selbst als Opfer verstehen können.

Es geht keinesfalls darum, der Gesellschaft unzumutbare Sicherheitsrisiken aufbürden zu wollen, sondern es geht darum, daß unser Wille zum Widerstand gegen das Böse allein nicht ausreicht, sondern es nähren kann, wenn wir in unseren Maßnahmen gnadenlos sind.

Das alles zu berücksichtigen, gehört auch noch zu dem starken, langsamen Bohren harter Bretter mit Leidenschaft und Augenmaß. Für uns Christen tritt aber ein weiteres und wesentliches Element hinzu:

Wir wissen, daß wir von der Vergebung leben, wir wissen, daß unsere Schuld bezahlt wurde und wir leben dürfen "aus lauter väterlicher,

2. Kapitel

göttlicher Güte und Barmherzigkeit, ohn all unser Verdienst und Würdigkeit". Dies zu wissen und zu beherzigen kann uns helfen, Widerstand und Vergebung richtig auszutarieren.

Solange diese Welt besteht, wird Widerstand gegen das Böse nötig sein, werden wir auch Polizisten brauchen, Schutzleute, die uns vor Bösem beschützen, indem sie den täglichen kleinen Frieden hüten und bewahren.

Der Friede Gottes jedoch beginnt mit der Vergebung unserer Schuld und mit unserer Bereitschaft, anderen zu vergeben, ihnen die Chance zum Neuanfang zu geben, damit diese Welt nicht zur Hölle auf Erden wird. Amen.

Dierk Schäfer

Reinhold Rehm, 47 Jahre

Ist Gott für uns, wer kann wider uns sein? Der auch seinen eigenen Sohn nicht verschont hat, sondern hat ihn für uns alle dahingegeben – wie sollte er uns mit ihm nicht alles schenken?

Römerbrief 8, 31 f.

Liebe Familie Rehm, liebe Berufskollegen, liebe Gemeinde.

Fassungslos und hilflos sind wir um den Sarg unseres Bruders Reinhold Rehm versammelt. Wir können nicht begreifen und erklären, wie es zu dem Geschehen am vergangenen Donnerstag gekommen sein mag. Es ist uns unmöglich, die Wege, Umwege und Irrwege nachzuvollziehen, die unseren Bruder zum Freitod führten.

Die Begegnung mit den Leidtragenden

Ausgerastet: Reinhold Rehm

Selbstmord nach Raubüberfall
Polizist rastet aus – Verhalten unerklärlich

Polizisten sind schockiert: Einer ihrer Kollegen erschoß sich mit seiner Dienstpistole, nachdem er zuvor in R. einen Raubüberfall begangen hatte. Der 47jährige Polizeihauptmeister hatte nur 160 Mark Beute gemacht.

Seinen Vorgesetzten ist das Verhalten unerklärlich. Während seiner 28jährigen Zugehörigkeit zur Polizei war der Mann äußerst zuverlässig gewesen. "Er ist regelrecht ausgerastet", so kommentierte gestern ein Sprecher der Polizei das Verhalten.

Am Nachmittag stand der 47jährige mit vorgehaltener Pistole vor der Inhaberin eines Elektrogeschäfts – unmaskiert, nur mit einer Sonnenbrille auf der Nase. Er zwang die Frau, sich auf den Boden zu legen und griff in die Ladenkasse. Der Polizist flüchtete zu Fuß. Zwei junge Frauen verfolgten ihn und beobachteten, wie er ein paar Straßen weiter in ein gelbes Auto einstieg und davonfuhr. Die Zeuginnen konnten noch das Autokennzeichen ablesen.

Die alarmierte Polizei fand heraus, daß die Mutter des Hauptmeisters Halterin des Fahrzeuges ist. Als der Polizist vor dem Haus der Mutter in R. eintraf, wurde er dort bereits von Kollegen empfangen. Als ein Kriminalbeamter den Mann festnehmen wollte, stieg der Hauptmeister aus dem Auto, drohte mit entsicherter Pistole und rief: "Bleib weg, ich regele das selbst."

Auf Telefonanrufe befreundeter Kollegen und Aufforderung per Megaphon reagierte der Polizist nicht. Dann fiel ein Schuß. Die örtlichen Sicherheitskräfte warteten indes wegen der unklaren Situation das Eintreffen des Sondereinsatzkommandos (SEK) ab. Die Spezialisten fanden den Hauptmeister tot im Keller.

Er hinterläßt Frau und drei Kinder.

2. Kapitel

Sicher ist nur eins: Daß er wohl in einer Kurzschlußhandlung keinen anderen Ausweg mehr fand, als seinem Leben ein Ende zu setzen; vieles andere aber bleibt im Dunkeln.

Es hilft auch nicht viel, nach dem "Warum" zu fragen. Wir bekommen gewiß keine befriedigende Antwort und verfangen uns nur in unseren eigenen Fragen.

Natürlich stellt sich uns die Frage, ob wir in irgendeiner Form versagt haben; also die Frage nach unserer Mitschuld. – Nicht im juristischen, sondern im moralischen Sinn. Hier muß jeder mit sich selbst zu Rate gehen und sein Gewissen prüfen.

Dann aber darf er sich Gott offenbaren und ihn um Vergebung bitten – in der Gewißheit: Er ist ein barmherziger, lieber Vater, der den, der ein geängstigtes und zerschlagenes Herz hat, in Gnaden annimmt und aufnimmt.

Vielen von uns mag diese Botschaft von Gottes Vergebung und Gnade als zu billig erscheinen. Können, dürfen wir denn so ohne weiteres über alles den Mantel des Vergebens und Vergessens breiten?

Wir Menschen könnten das wahrscheinlich nicht, wenn Gott es uns nicht vorgemacht hätte. Davon handelt der Konfirmationsspruch unseres Bruders. Daß er ihn hoch geachtet hat – und daß er ihm etwas bedeutet hat, sehen wir daran, daß er seinen Konfirmationsschein noch vor vier Jahren, als die Familie von Alfeld in die Calenberger Straße umzog, im Flur des Hauses anbrachte, so daß jeder Eintretende ihn sehen konnte.

Diesen Spruch hatte er von Pfarrer Altenburg bekommen, der heute noch von den damals jungen Menschen sehr verehrt und gerühmt wird. Durch ihn war unser Bruder Mitglied in der Jungschar gewesen, später hat er in der Jungen Gemeinde mitgearbeitet und beispielsweise bei Fahrten sogar Andachten gehalten.

So war er wohl aufgeschlossen für das Wort des Apostels Paulus: "Ist Gott für uns, wer kann wider uns sein?" Er hatte wohl erfahren, wie er von allen möglichen Seiten angegriffen und beschuldigt und angeklagt wurde, weil er nicht in das gängige gesellschaftliche und religiöse Schema paßte.

Die Begegnung mit den Leidtragenden

Diesen Anfeindungen setzt er entgegen: "Ist Gott für uns, wer kann wider uns sein?" Das, liebe Gemeinde, hat beileibe nichts zu tun mit dem hochmütigen "Gott mit uns", das auf den Koppelschlössern deutscher Soldaten stand und das Gott zum Kumpanen eigener Gewaltanwendung machte.

Dieses "Gott ist für uns" entsprang der Erfahrung, daß Gott uns liebt, und daß niemand und nichts uns von seiner Liebe scheiden kann, wenn wir auf Gott vertrauen. "Ich bin gewiß" – so schreibt Paulus einige Verse später – "daß nichts, weder Tod noch Leben, weder Engel noch Mächte noch Gewalten, weder Gegenwärtiges noch Zukünftiges, weder Hohes noch Tiefes noch eine andere Kreatur uns scheiden kann von der Liebe Gottes". Und er fügt hinzu: "der Liebe Gottes, die in Christus Jesus ist, unserem Herrn."

Für Paulus wird die Liebe Gottes sichtbar, greifbar in der Person Jesus Christus. Und das steht auch im Konfirmationsspruch unseres Bruders, wenn auch mit anderen Worten: "Gott hat seinen eigenen Sohn nicht verschont, sondern hat ihn für uns alle dahingegeben."

Dieser Satz zeigt uns, wie oberflächlich die reden, die die Gnade, Liebe und Barmherzigkeit Gottes "billig" nennen. Sie hat ihn sein Liebstes und Bestes, seinen Sohn gekostet - und er hat ihn für uns geopfert.

Daraus aber folgert Paulus: "Wie sollte er uns mit ihm nicht alles schenken?" Liebe Gemeinde, wir stehen nicht an der Stelle Gottes, wir haben nicht zu richten und zu urteilen. Aber wir dürfen uns hoffend an Gott wenden und bitten: "Mach das auch an unserem Bruder wahr; schenke auch ihm alles – und das bedeutet ja im Falle des Todes vor allem: schenke ihm Leben, ewiges Leben, und Seligkeit."

Unser Bruder war 1944 in Ostpreußen geboren worden. Seine Mutter mußte mit ihm, als er eine Woche alt war, vor der heranrückenden Front fliehen, zunächst in die Heimat ihres Mannes, nach Thüringen. Drei Wochen später nach Aurich. Dort fand sie der aus der Gefangenschaft geflohene Mann und Vater. Bis 1952 lebten sie dort, ohne Arbeit, ohne Zukunft – nur: Ein zweiter Sohn wurde dem Ehepaar geboren.

2. Kapitel

1952 zogen sie nach Peine, unser Bruder trat eine Lehre als Automechaniker in der Firma Müller an. Mit 19 Jahren wechselte er zur Polizei und gehörte ihr bis zu seinem Tode an.

Mit 23 Jahren heiratete er Agnes, geb. Cordes aus Celle. Sie schenkte ihm drei Kinder, zwei Töchter und einen Sohn. Sowohl unter Kollegen wie in der Gesellschaft – er gehörte dem Fußballverein und einem Kegelverein an – war er geschätzt und beliebt. Jedermann rühmt seine ruhige, überlegte Wesensart, die ihn beispielsweise befähigte, auch bei schwersten Unfällen mit Todesfolge die Unfallaufnahme durchzuführen.

Vielleicht aber war seine Ruhe und Überlegenheit – gelegentlich auch Härte – nur ein Schutzmantel, hinter dem sich ein im Grunde weicher Mensch verbarg, dem die Dinge viel näher gingen, als er sich's anmerken ließ.

In letzter Zeit tat er viel, um seinem Leben neue Konturen zu geben: Seit Januar rauchte und trank er nicht und bemühte sich gleichzeitig auch abzunehmen. Oft fragte er – gerade beim Unfalltod junger Menschen: Was ist der Sinn des Lebens?

So kämpfte er wohl hinter einer ruhigen Fassade mit Problemen – ohne daß wir sagen könnten, diese hätten die Geschehnisse der letzten Woche verursacht.

Eigentlich konnte man keine Katastrophe erwarten, zumal die Familie noch ein schönes Wochenende erlebt hatte, mit Tanz und Ausflug. Und unser Bruder freute sich schon auf die Einschulung seines jüngsten Töchterchens, mit dem er viel zusammen war.

Nun müssen wir an seinem Sarg stehen, bedrückt, ratlos, vielleicht verzweifelt, unfähig, das Geschehene zu begreifen, den Tod als Realität anzuerkennen.

Dieser Niedergeschlagenheit und Trauer sollten wir aber den Konfirmationsspruch unseres Bruders entgegensetzen:

"Ist Gott für uns, wer kann wider uns sein? Der auch seinen eigenen Sohn nicht verschont hat, sondern hat ihn für uns alle dahingegeben – wie sollte er uns mit ihm nicht alles schenken?"

Die Begegnung mit den Leidtragenden

Ja, Herr, schenke unserem Bruder ewige Ruhe, Leben und Seligkeit. Und tröste besonders seine Familie durch die Gewißheit, daß du auch sie liebst. Amen.

Pfarrer Andreas Metzl

3. Kapitel

Über den Tod hinaus
Sag mir, wo die Blumen sind ...

Trauer – Der Weg zum Überleben

Kunst des Lebens – Kunst des Sterbens

3. Kapitel

Wir Menschen der Moderne sind sprachlos geworden vor der Realität des Todes und haben uns mit dieser Sprachlosigkeit scheinbar gut eingerichtet. Der Tod wird an Spezialdienste verwiesen, damit unser zweckrationaler und konsumorientierter Alltag ungestört bleibt. Zur Ungeübtheit und Hilflosigkeit der nicht oder nur am Rande Betroffenen kommt die der Betroffenen selbst. Sie teilen häufig die Erwartungen der Gesellschaft und haben sie verinnerlicht. Trauer ist eine Privatangelegenheit, *man* zeigt sie nicht und spricht nicht darüber. In der Öffentlichkeit muß *man* sich also zusammenreißen. Oft genug klappt das auch. Der Hinweis in der Traueranzeige, *Von Beileidsbezeugungen am Grabe bitten wir abzusehen,* und die infolgedessen einsam und in ihrer Trauer in sich gekrümmte Witwe am offenen Grabe, von der die Defilierenden nur noch mit scheuem Seitenblick, und froh, um eine Beileidsfloskel herumgekommen zu sein, Kenntnis nehmen, können als der konsequente Endpunkt von Sprachlosigkeit und Privatisierung der Trauer gesehen werden.

Der Philosoph Wittgenstein schreibt, worüber man nicht sprechen könne, müsse man schweigen. Ist die Sprachlosigkeit angesichts des Todes tatsächlich unser Schicksal?

Die Altvorderen haben andere Antworten auf das Problem gefunden. Wo auch sie sprachlos waren oder sprachlos wurden, konnten sie dennoch einen Ritus feiern, einen zeichenhaften Ablauf, in dem Sprachlosigkeit und Sprache eine Verbindung eingingen und den Menschen über die schweren Erfahrungen hinweghalfen. Diese Riten, und hier sind nicht nur die Bestattungsriten im engeren Sinne zu sehen, sondern auch Trauersitten und Gebräuche, sind zerbrochen. Sie sind zerbrochen in der Wertepluralität und der Entwicklung des Menschen hin zu öffentlich erforderter Zweckrationalität einerseits und Individualität und Privatheit andererseits. Diese Riten werden nicht mehr mehrheitlich geglaubt und haben darum weithin ihre helfende Kraft verloren. Nur in kleinen relativ einheitlichen Gruppen religiöser Bindung, aber auch in manchen Wertegemeinschaften moderner Art bis hin zur guruhaften Trauerarbeit, wie sie von manchen 'Traueragogen' propagiert und betrieben wird, gibt es noch "Provinzen" funktionierender Trauerriten. Damit wird der Ritus zu einer Hilfe für wenige. Doch wie sollen die anderen über das Unsagbare sprechen?

Die Fachsprache der Periletalexperten trifft sicher oft nicht die existentielle Not von Sterbenden und Hinterbliebenen. Eine gewisse Hilfe mag die umfangreiche Sterbe- und Trauerliteratur bieten, die häufig von Betroffenen stammt, die ihre Trauer artikulieren und auf diese Weise Trauerarbeit leisten. Doch dieses Angebot scheint fast nur von schon Betroffenen und von Fachleuten genutzt zu werden, so daß wir diesen Vorgang eher als eine anonymisierte, papierene Selbsthilfe-Veranstaltung betrachten können, ähnlich wie die überall aufkeimenden Selbsthilfegruppen, die den Vorteil und zugleich Nachteil haben, daß der Hinterbliebene dort auf Schicksalsgefährten aus Fleisch und Blut stößt.

Wir denken, daß wir tatsächlich lernen müssen, über das Unsagbare zu sprechen, jedoch nicht erst, wenn es schon eingetreten ist. Der Tod muß aus den Ghettos, in die wir ihn eingesperrt haben, herausgeholt werden und wir müssen es wagen, in einer nüchternen Welt das unrationale Grauen nicht nur zwecks Sensationshascherei oder sonstigem Grusel-Entertainment zu konsumieren, sondern unser eigenes Grauen zu artikulieren. Auch wenn dabei nur das Singen der ängstlichen Kinder im Walde herauskommt, so hat es doch etwas wichtiges gebracht: Wir fühlen uns nicht mehr allein und haben die alte Volksweisheit, nach der geteiltes Leid halbes Leid ist, wiederentdeckt.

Da ist zum einen Trauer als Weg zum Überleben, zur Wiedergenesung. Trauernde brauchen eine angemessene Zeit und den nötigen Schonraum, als wichtigstes aber unser Gespräch zur rechten Zeit und unser Einfühlungsvermögen, damit die Trauer in neue Lebenskraft hineinführt. Im ersten Teil dieses Kapitels stellen wir darum ausführlich den Trauerprozeß dar. An welcher Stelle dieses Trauerablaufs sich ein Trauernder gerade befindet, bestimmt allerdings nur der Trauernde selbst. Sie werden es also von Fall zu Fall selbst herausfinden müssen, doch die Kenntnis des 'normalen' Ablaufs hilft Ihnen dabei.

Das andere ist unsere Auffassung vom Leben selbst. Es hat Anfang und Ende – eine triviale Erkenntnis, aber schwer zu akzeptieren. Doch

3. Kapitel

wenn diese Erkenntnis tatsächlich zuinnerst akzeptiert und aussprechbar wird, dann beginnt ein neues, ein bewußteres Leben vor dem Tod. Viele Krebspatienten vermitteln diese Erfahrung; die Fixierung auf den Tod löst sich, und sie wenden sich der Lebenszeit zu, die ihnen noch bleibt. Es ist wie in der Lebensweisheit im Märchen von den *Bremer Stadtmusikanten*, die sich auf den Weg ins Ungewisse begeben mit der Zuversicht: etwas Besseres als den Tod finden wir allemal. Ob das schon die Auferstehung der Toten ist, von der die Bibel spricht, können wir nicht sagen. Es ist zumindest die Auferstehung der toten Lebenden zu einem bewußten Leben, in dem der Tod seinen lähmenden Schrecken verloren hat.

Sie finden im zweiten Teil dieses Kapitels, den wir absichtlich nahtlos an die Schluß-Phase des Trauerprozesses, die Adaption, anschließen lassen, Geschichten, Gedichte und Prosatexte über die Angst und ihre Überwindung, über das Weiterleben nach dem Tode, nach dem Tod eines geliebten Menschen, aber auch Texte über die Hoffnung, eine manchmal ärmlich und furchtsam artikulierte Hoffnung auf Weiterleben und Wiedersehen, eine Hoffnung, die so alt ist, wie die Geschichte der Menschen, deren Menschsein nicht zuletzt darin besteht, daß wir uns unserer Ärmlichkeit und Furcht vor dem Tod bewußt werden. Die einen von uns überwinden diese Erbärmlichkeit durch felsenfeste Zuversicht in das Erbarmen eines allmächtigen Gottes, andere befürchten eine Reinkarnation und hoffen auf die endliche Erlösung ihrer Seele, wieder andere fügen sich ohne lebensverbitternden Groll in ihre Endlichkeit. Wofür wir uns auch entscheiden: wenn unsere Überzeugung dazu hilft, das Leben vor dem Tode menschlicher zu gestalten, wenn sie unsere Würde und die der anderen fördert, dann ist es allemal eine Entscheidung für das Leben.

Der gläserne Sarkophag

Ein orientalischer König hatte eine zauberhafte Frau, die er über alles liebte und deren Schönheit sein Leben überstrahlte. Immer wenn er Zeit hatte, suchte er ihre Nähe. Eines Tages starb die Frau plötzlich und ließ den König in großer Trauer zurück. "Nie", rief er aus, "will ich mich von meinem geliebten jungen Weibe trennen, auch wenn der Tod jedes Leben aus ihren holden Zügen genommen hat." In einem gläsernen Sarkophag bahrte er seine Frau im größten Saal des Palastes auf und stellte sein Bett daneben, nur um nicht eine Minute von ihr getrennt zu sein. Die Nähe zu seiner verstorbenen Frau war sein einziger Trost und gab ihm Ruhe.

Es war aber ein heißer Sommer, und trotz der Kühle des Palastes ging der Leichnam der Frau langsam in Verwesung über. Schon bald bildeten sich Schweißtropfen auf der erhabenen Stirn der Toten. Ihr holdes Antlitz begann sich zu verfärben und wurde von Tag zu Tag aufgedunsener. Der König in seiner Liebe sah dies nicht. Bald erfüllte der süßliche Geruch der Verwesung den ganzen Raum, und kein Diener wagte es, auch nur seine Nase hereinzustecken. Der König nahm selber schweren Herzens sein Bett und trug es in den Nachbarraum. Obwohl alle Fenster sperrangelweit offen standen, kroch der Geruch der Vergänglichkeit ihm nach, und kein Rosenöl überdeckte ihn. Schließlich band er sich seine grüne Schärpe, das Zeichen seiner königlichen Würde, vor die Nase. Doch nichts half. Es flohen alle Diener und Freunde, und die einzigen, die ihm noch Gesellschaft leisteten, waren die großen summenden schwarzschillernden Fliegen.

Dann verlor der König das Bewußtsein. Der Hakim, der Arzt, ließ ihn in den großen Garten des Palastes bringen. Als der König erwachte, strich ein frischer Windhauch über ihn. Der Duft der Rosen umschmeichelte seine Sinne, und das Geplätscher der Fontänen erfreute sein Ohr. Es war ihm, als lebte seine große Liebe noch. Nach wenigen Tagen erfüllte wieder Gesundheit und Leben den König. Sinnend blickte er in den Blütenkelch einer Rose, und plötzlich erinnerte er sich

3. Kapitel

daran, wie schön seine Frau zu Lebzeiten gewesen und wie immer ekelerregender der Leichnam von Tag zu Tag geworden war. Er brach die Rose, legte sie auf den Sarkophag und befahl seinen Dienern, die Leiche der Erde zu übergeben.

Nossrat Peseschkian

Trauerprozeß

Wem ein Geliebtes stirbt ...

Wem ein Geliebtes stirbt, dem ist es wie ein Traum,
Die ersten Tage kommt er zu sich selber kaum,

Wie er's ertragen soll, kann er sich selbst nicht fragen;
Und wenn er sich besinnt, so hat er's schon ertragen.

Friedrich Rückert

Im Zeitraffer und unter Weglassung der Zwischenstationen zeigt dieses Gedicht den Sinn der Trauer um einen geliebten Menschen. Der Trauerprozeß ist als ein notwendiger Heilungsvorgang zu verstehen. Der Mensch muß sich wie nach einer schweren körperlichen so auch nach einer seelischen Verletzung, wie sie der Tod eines geliebten Nächsten darstellt, erholen. Er muß der Verlust 'verschmerzen'; und dieses Wort sagt alles über Weh und Ach der Trauer und ihr Ziel aus.

Wie der Körper einen Heilungsprozeß durchmachen muß, so auch die Seele. Es hilft nichts, wenn wir das nicht wahrhaben wollen. Wie wir unseren Körper durch zu frühe Belastung überfordern und schädigen können, so auch die Seele, wenn wir meinen, Traurigkeit nicht zulassen zu dürfen und uns zusammenreißen zu müssen. Man spricht regelrecht von Trauer*arbeit*, die zu leisten ist, vergleichbar der Rehabilitationsarbeit, in der Beschädigte mit viel Mühe lernen müssen, wie sie mit ihrer Behinderung umzugehen haben, um wieder möglichst uneingeschränkt am normalen Leben teilnehmen zu können.

Im **Trauerprozeß** kann man verschiedene Phasen ausmachen, die der Trauernde durchlaufen sollte, damit er den erlittenen Verlust verschmerzt:

1. Die **Schockphase**,
   die am Beginn der Trauer steht und durch die Todesnachricht ausgelöst wird.
2. Die **kontrollierte Phase**,
   in der unter eigener und fremder Kontrolle der Hinterbliebene die Zeit der Trauerfeierlichkeiten übersteht.
3. Die **Phase der Regression**
   dient der schmerzhaften Aufarbeitung des und der Auseinandersetzung mit dem Vergangenen und der allmählichen 'Gewöhnung' an den Verlust.
4. In der **Phase der Adaption**
   erfolgt die Neuorientierung zu einem Leben ohne den Verstorbenen. Der Verlust ist verschmerzt, wenn auch Narben bleiben. Der Hinterbliebene kann nun weitgehend ungestört von der Trauer sein neues Leben gestalten. Das Gedenken an den Toten hat seinen festen Platz erhalten und greift nur noch selten unverhofft in den Alltag des Hinterbliebenen über.

Dieser gesamte Trauerprozeß dauerte früher, abhängig von den landschaftsüblichen Gewohnheiten, ein bis zwei Jahre: Man trug Trauerkleidung. Sie war nicht nur eine Last, sondern stellte auch einen sozialen Schutz dar. Heute stehen wir vor dem Phänomen, daß die

3. Kapitel

Trauersitten in ihrem Sinn nicht mehr verstanden, sondern nur noch als Belastung empfunden werden. Trauer findet nicht mehr in der Öffentlichkeit statt, ist privatisiert und wird oft nicht 'gekonnt' und somit verdrängt, so daß kaum noch anzugeben ist, wie lange solch ein Trauerprozeß 'normalerweise' dauert.

An der Hilflosigkeit der einzelnen und der Gesellschaft gegenüber dem Umgang mit Trauernden hat auch die wissenschaftliche Beschäftigung mit der Trauer und dem Trauerprozeß wenig geändert. Dennoch ist es wichtig, die Ergebnisse der Trauerforschung kurz vorzustellen.

Schock

Heiner Fellhorn wird früh morgens aus dem Schlaf gerissen. Das Telefon schrillt. Noch schlafbenommen nimmt er den Hörer ab: *De Babba is dot! De Babba is dot!* Immer wieder dieselben Worte. Gerade will er sagen, daß ein Irrtum vorliegen muß, da erkennt er die Stimme seiner Mutter. *Ich komme sofort!*, ruft er und legt auf. Doch er muß sich gleich wieder ins Bett legen, weil ihn ein Schüttelfrost überfällt. Erst nach etwa zehn Minuten, wie er meint, kann er sich aufraffen, setzt sich ins Auto und fährt zu seiner Mutter. Wie er die 37 Kilometer hinter sich gebracht hat, daran kann er sich nicht mehr erinnern.

Mit einem Schock reagieren viele Menschen auf plötzlich auftretende und erhebliche Verwundungen körperlicher wie seelischer Art. Ob diese Reaktion und wie heftig sie eintritt, ist im einzelnen nicht vorauszusagen. Doch wer mit einem solchen Menschen zu tun hat, sollte einige typische Schockabläufe kennen.

Trauer – Der Weg zum Überleben

Die verwitwete Frau war 33 Jahre alt und Gattin eines Reporters, der acht Tage vor seinem Tod einen Autounfall hatte und seit dieser Zeit zwischen Leben und Tod schwebte. Beim Eintritt seines Todes waren seine Ehefrau, der Chefarzt, eine Krankenschwester und ein Bruder des Verstorbenen anwesend. Sobald der Arzt die Feststellung des Todes machte, stieß die Ehefrau einen schweren Seufzer aus und sank in einem Sessel zusammen. Ihr Schwager und die Schwester bewahrten sie davor, auf den Boden zu stürzen. Ihre Augen blieben offen, aber waren starr und auf keinen Gegenstand gerichtet. Krankenpfleger brachten sie in ein Bett im anliegenden Raum und gaben ihr Stimulantien.

Nach einer halben Stunde wurde der Schwager informiert, sie könne nach Hause gebracht werden und zusammen mit einem weiteren Schwager, der inzwischen eingetroffen war, schafften die beiden es, sie zum Wagen zu bringen. Sie mußten sie dabei stützen und nahezu tragen. Während der Autofahrt weinte die Frau leise vor sich hin und sagte nichts. Einer der Schwager teilte später mit, auch zu Hause habe sie sich merkwürdig verhalten. Sie schien zu erkennen, was vorging, aber schenkte den Ereignissen keine Aufmerksamkeit. Der Schwager führte dies auf den Schock zurück und meinte, sie alle hätten sich wie in einem Zustand der Trance gefühlt.

Die Frau weigerte sich, das Mittagessen zu sich zu nehmen. Als ihr einziger Sohn am späten Nachmittag aus der Schule zurückkam, brach sie in Tränen aus und weinte mehr als zehn Minuten lang. Sie berichtete später über das Gefühl eines schrecklichen Schocks bei der Todesnachricht. Sie hatte keine Erinnerung an ihren Zusammenbruch, bis sie sich in dem Wagen wiederfand.

Y. Spiegel

3. Kapitel

Man kann die Schockreaktion als einen (unbewußten) Versuch verstehen, das schlimme Ereignis nicht voll zur Kenntnis nehmen zu müssen.

'Es nicht wahrhaben wollen' ist eine durchgängige Verhaltensweise. Körper, Geist und Seele rebellieren. Vom Kollaps bis zur (scheinbar) gefaßten Aufnahme der Botschaft sind alle Reaktionen möglich.

> Eine Frau nahm, als sie die Nachricht vom Tod ihres Mannes erfuhr, ihren Säugling aus der Wiege und stillte ihn. Sie beachtete den Polizeibeamten nicht weiter und stellte so eine abgeschlossene Situation der Intimität, ein Stück heile Welt zwischen sich und ihrem Kind her, die den Beamten irritierte, der Frau aber ein 'Abtauchen' ermöglichte, bis sie sich gefaßt hatte und dann alles Nötige besprechen konnte.

> Andere rebellieren und greifen tätlich an, wieder andere erkundigen sich scheinbar gelassen nach dem Sachschaden am Auto, damit sie die schlimmere Realität nicht zur Kenntnis nehmen müssen. Schreianfälle und Suizidversuche sind andere dramatische Reaktionen.

Wir müssen festhalten: In der Schockphase muß man mit allem rechnen. Darum darf man aus Gründen der Gefahrenabwehr einen solchen Menschen nicht allein lassen, bevor er sich erkennbar gefaßt hat oder man muß eine andere Person zur Anschlußbetreuung herbeiholen. Und: In der Schockphase ist es dem Trauernden 'sozial erlaubt', völlig 'auszurasten', das heißt, er darf im Grunde reagieren wie er will, ohne daß man es ihm moralisch vorwerfen wird. Allerdings weisen die Verhaltensweisen in der Schockphase doch gewisse, kulturell unterschiedliche Bandbreiten auf. Über Menschen aus südlichen Ländern wird von heftigeren Schockreaktionen berichtet als von den in ihrer emotionalen Ausdrucksweise eher unterkühlten Mitteleuropäern.

Auch die Peinlichkeit, die wir angesichts einer Schockreaktion empfinden, hängt maßgeblich mit dem bei uns üblichen Umgang mit Gefühlen zusammen. Gefühle werden als etwas höchst Privates angesehen, das man in der Öffentlichkeit möglichst nicht zeigt. Werden wir jedoch in einer Extremsituation Zeuge eines Gefühlsausbruchs eines uns fremden Menschen, versuchen wir diese Peinlichkeit möglichst schnell zu beenden, indem wir wegschauen. Wo das nicht möglich ist, versuchen wir, den Gefühlsausbruch mit beschwichtigenden, scheinbar tröstenden Formeln zu stoppen. Hilft das alles nicht, bemühen wir möglichst schnell einen Arzt. Doch der hat es auch nicht anders gelernt und stoppt die Verzweiflung mit einer Spritze. Richtiger wäre, dem Hinterbliebenen zunächst einmal zuzugestehen, daß er verzweifelt und untröstlich ist. Daß er den Tod nicht akzeptieren kann und auf seine Weise rebelliert. Dazu müssen wir lernen, unsere Hilflosigkeit gegenüber Leid und Tod zu ertragen. Trost ist in dieser Situation nicht möglich, weil unglaubwürdig und darum fehl am Platze. Aber unsere Nichtbetroffenheit ermöglicht uns, einen nüchternen Kopf zu bewahren und den Hinterbliebenen zu schützen vor selbstzerstörerischen Anwandlungen und den Folgen eines körperlichen Zusammenbruchs. Für diesen Fall benötigen wir einen Arzt.

Ebenso wie man für den Einzelfall keine Prognose über die Heftigkeit der Schockphase treffen kann, ist auch ihre Dauer schwer abzuschätzen. In der Regel ist sie jedoch nach etwa einer halben Stunde beendet, der Angehörige hat sich wieder einigermaßen unter Kontrolle und wendet sich den auf ihn zukommenden Notwendigkeiten zu. Ein Wiederaufflackern von schockähnlichen Reaktionen in abgeschwächter Form ist jedoch nicht auszuschließen.

3. Kapitel

Kontrolle

Die Phase der Kontrolle schließt sich an die Schockphase an. Sie ist durch eine doppelte Kontrolle gekennzeichnet: Zum einen übernehmen Verwandte, Freunde und Nachbarn die helfende Kontrolle über den Hinterbliebenen: Sie kommen, um sicherzustellen, daß der Hinterbliebene 'sich nichts antut', sondern sich beruhigt, Nahrung zu sich nimmt und nachts schläft (notfalls mit Hilfe von Tabletten). Als Trauerexperten werden das Bestattungsunternehmen und gegebenenfalls Arzt und Pfarrer herangezogen. Dem Hinterbliebenen wird weitgehend alles abgenommen, von dem man meint, es belaste ihn über Gebühr. Diese Entlastung ermöglicht es ihm, sich ganz auf sich und seine Selbstkontrolle zu konzentrieren. Andererseits bedeutet die Abnahme fast aller Verpflichtungen auch, daß man dem Hinterbliebenen viele Möglichkeiten nimmt, sich sinnvoll 'abzulenken' mit der Organisation einer 'angemessenen' Bestattung. Damit wird ihm oft die Möglichkeit genommen, für seinen Verstorbenen noch etwas zu tun. Er ist ganz und gar auf sein Gefühlsleben verwiesen und hat zumeist keine Chance, sich mitzuteilen, weil zum einen die Bestattung professionalisiert ist, die damit Beschäftigten also ohne innere Beteiligung ihrem alltäglichen Beruf nachgehen und die am Rande betroffenen Anverwandten froh sind, mit einigen praktisch-organisatorischen Dingen beschäftigt zu sein, die es ihnen ermöglichen, tiefere unangenehme Gefühle zu überspielen. Der Rund-um-Service der Bestattungsunternehmen wird zwar von den Hinterbliebenen in ihrer Hilflosigkeit in diesen Dingen begrüßt, ist aber nicht nur oft recht teuer zu bezahlen, sondern auch unter psychohygienischem Aspekt problematisch.

Yorik Spiegel beschreibt die Ich-Erfahrungen von Hinterbliebenen in der Kontrollphase:

Die kontrollierte Phase ist durch eine doppelte Form der Kontrolle gekennzeichnet, durch die Kontrolle, die der Trauernde sich selbst gegenüber ausübt, und die korrespondierende Kontrolle, die Angehörige, Freunde und die "transition technicians" fordern, um der Bestattung eine gesellschaftlich angemessene Durchführung zu sichern. In dieser Phase ist der Anteil der gesellschaftlichen Aktivität besonders hoch ..., dem Trauernden wird jede mögliche Entlastung gewährt, um ihm seine Selbstkontrolle zu erleichtern. Er erfährt sich in dieser Phase im starken Maße als passiv und kaum in der Lage, eigene Entscheidungen durchzusetzen.

Gerade die Geschäftigkeit seiner Umgebung läßt den Trauernden spüren, wie groß die Distanz zwischen dieser und ihm selbst geworden ist. Die Phänomene, die die Depressionsforschung als Derealisation und Depersonalisation beschrieben hat, gelten in wenn auch verminderter Form für den Trauernden. Die Welt wird "unwirklich", alles, was in ihr geschieht, vollzieht sich für den Trauernden in einem großen Abstand; er ist nicht darin verwickelt, sondern kommt darin nur als entfernter Beobachter vor... Ein neunzehnjähriges Mädchen schildert *sehr prägnant diese Derealisation: Die Vorbereitungen, ihre verstorbene Mutter aus dem Haus zu bringen, und das Abtransportieren des Sarges kommen ihr völlig unwirklich und wie ein Traumvorgang vor. Die damit verbundenen Geräusche scheinen stark gedämpft und die Menschen in großer Entfernung zu sein. Sie folgt dem Gottesdienst in der Kirche und der Beerdigung mit großer Gleichgültigkeit, weil sie absolut sicher ist, daß, wenn sie nach Hause zurückkehrt, sie die Mutter bei eben den Beschäftigungen vorfinden wird, die sie gewöhnlich zu dieser Tageszeit zu verrichten pflegte.*

3. Kapitel

> Die Erfahrung der Derealisation kann begleitet sein vom Gefühl der Depersonalisation.
>
> *Die Trauernden bezeichnen sich selbst als "Automaten" und "Roboter". Sie fühlen sich "kalt" und "ungerührt", sie berichten, "überhaupt keine Gefühle" zu haben. Die Energie, die die Selbstkontrolle erfordert, zeigt sich zudem darin, daß das Sprechen mühsam ist und unterbleibt, wenn es nicht durch Fragen von anderen oder äußere Umstände nötig wird.*
>
> *Zu solchen abgeleiteten Symptomen gehört vor allem eine Überaktivität ohne sichtbares Ziel und anhaltende Absicht. Dabei versucht der Trauernde so zu handeln, als sei der Verlust nicht eingetreten, verrät sich aber vor anderen und überführt sich selbst durch seine Unfähigkeit, die alltägliche Routine fortzusetzen. M.C. Parkes spricht hier treffend von "vacuum activities", Tätigkeiten, die kein Ziel mehr haben und keinen Empfänger finden. Ein anderes Symptom der Selbstkontrolle ist eine dem Trauernden oft selbst unerklärliche Reizbarkeit und Verletzlichkeit, manchmal auch ein tiefes unverständliches Mißtrauen gegen Verwandte und Freunde. Trauernde bemerken sehr deutlich, daß sich die Beziehungen der Angehörigen zu ihnen verändern, sehen aber vielfach nicht, daß die Ursache bei ihnen selber liegt. Sie weisen unter Umständen angebotene Hilfe zurück, da dies ein Eingeständnis wäre, daß mit dem Tod eine wesentliche Veränderung eingetreten ist, und sehen in jeder Unterstützung einen unberechtigten Eingriff in die angeblich intakte Beziehung zu dem Verstorbenen.*
>
> Y. *Spiegel,* ohne Berücksichtigung von Auslassungen und Fußnoten

Die Phase der Kontrolle endet in der Regel mit der Beerdigung und der Abfahrt der Verwandten.

Trauer – Der Weg zum Überleben

Regression

Frans Masereel

Die Schwermütige...

3. Kapitel

> Es blicket die Verlaßne vor sich hin,
> die Welt ist leer.
> Geliebet hab' ich und gelebt, ich bin
> nicht lebend mehr.
>
> Ich zieh' mich in mein Innres still zurück,
> der Schleier fällt,
> da hab' ich dich und mein vergangnes Glück,
> du meine Welt!
>
> aus: Nun hast du mir den ersten Schmerz getan,
> von *Adelbert von Chamisso*

Die beiden Verse aus Adelbert von Chamissos Gedicht sind die passenden Worte zu Frans Masereels Bild von der Schwermütigen. Text und Bild zeigen uns die Gemütslage der Menschen, deren Gedanken das aktuelle Leben ausgrenzen, weil sie schmerzlich in vergangene Erlebnisse versunken sind. Die Realität wird unwichtig. Sie blicken, ja, sie leben rückwärts in ihrer Schwermut und erinnern sich an Vergangenes und Unwiederbringliches. Sie beschwören es geradezu, um es lebendig zu halten.

Diese Phase der Trauer nennt man Regression. Der Begriff entstammt zwar der Psychoanalyse, doch man kommt auch ohne diesen

Hintergrund aus. Regression (von lateinisch *regredere – zurückgehen*) ist ein Zurückgehen nicht nur in der persönlichen Entwicklung der Fähigkeit zur Schmerz- und Frustrationsverarbeitung, sondern auch ganz einfach ein Zurückgehen in das gemeinsame Leben mit dem Verstorbenen. Da werden Orte gemeinsamen Lebens aufgesucht, wehmütig glückliche und schmerzliche Stunden bedacht, da wird gerechtet und bereut. Der Verstorbene ist in der Phantasie noch gegenwärtig, so wie es Amputierte erleben, wenn die Nerven das Vorhandensein des abgenommenen Armes vorgaukeln: Phantomschmerz. In der Phantomwelt des Trauernden ändert sich zunächst einmal nichts. Die Vergangenheit lebt:

> "Wissen Sie, als mein Mann starb, habe ich mich in seinen Kleiderschrank eingeschlossen, mich an seine Sachen geklammert und lange den Geruch seiner Kleider eingeatmet, die nach seinen Zigaretten und seinem After-shave rochen. Ich war bei ihm; mit geschlossenen Augen saß ich da und weinte."

National Geographic, zitiert nach Die Zeit Nr. 31, 26.7.1991

3. Kapitel

Mir war's

Mir war's, ich hört' es an der Türe pochen,
und fuhr empor, als wärst du wieder da
und sprächest wieder, wie du oft gesprochen,
mit Schmeichelton: Darf ich hinein, Papa?

Und da ich abends ging am steilen Strand,
fühlt' ich dein Händchen warm in meiner Hand.

Und wo die Flut Gestein herangewälzt,
sagt' ich ganz laut: Gib acht, daß du nicht fällst!

Paul Heyse

Der unbekümmerte (= ohne Kummer), ja unverschämte Ablauf der alltäglichen Außenwelt wird als störend wahrgenommen:

Einer Toten

Das aber kann ich nicht ertragen,
daß so wie sonst die Sonne lacht;
daß wie in deinen Lebenstagen
die Uhren gehn, die Glocken schlagen,
einförmig wechseln Tag und Nacht;

daß, wenn des Tages Lichter schwanden,
wie sonst der Abend uns vereint;
und daß, wo sonst dein Stuhl gestanden,
schon andre ihre Plätze fanden,
und nichts dich zu vermissen scheint;

indessen von den Gitterstäben
die Mondesstreifen schmal und karg
in deine Gruft hinunterweben,
und mit gespenstig trübem Leben
hinwandeln über deinen Sarg.

Theodor Storm

3. Kapitel

Nicht immer ist die Beschäftigung mit der Vergangenheit tröstlich. Schuld spielt eine Rolle in Friedrich Theodors Vischers Gedicht. Ein wichtiger Aspekt, deutet er doch auf die Möglichkeit des Scheiterns der Trauer hin, das ein Leben vergiften und/oder mit einem Suizid enden kann.

Zu spät

Sie haben dich fortgetragen,
ich kann es dir nicht mehr sagen,
wie oft ich bei Tag und Nacht
dein gedacht,
dein und was ich dir angetan
auf dunkler Jugendbahn.
Ich habe gezaudert, versäumet,
hab' immer von Frist geträumet;
über den Hügel der Wind nun weht:
Es ist zu spät.

Friedrich Theodor Vischer

Die beiden Bilder von Frans Masereel, *Les Malheureux, Die Unglücklichen trösten sich an unterschiedlichen Orten* (S.222) zeigen zwei Formen von regressiver Trauer. Der eine Unglückliche sucht in der Religion Antwort auf seine Fragen, eine Antwort, die ihm den Sinn des Lebens wiederbringen soll. Der andere, und das ist in ähnlicher Form gar nicht so selten, versucht auf andere Weise das Leben erneut zu ergreifen. Sexualität ist manchmal nur der verzweifelte Versuch, auf eine sehr konkrete Weise Leben geradezu heraufzubeschwören. Hier sollte man sich vor der so häufig anzutreffenden Moralisiererei hüten. Wenn jedoch zwei Ehepartner, die in ihrer Trauerarbeit eigentlich aufeinander angewiesen sind, derart unterschiedlich trauern, dann kann es zu totalem Unverständnis und Zerwürfnissen führen.

In der Phase der Regression reagieren die Trauernden oft recht brüsk auf Kontaktangebote der Umwelt, die bestrebt ist, den Trauernden wieder in das gemeinsame Leben einzubinden. Manchmal sind diese Versuche auch recht unsensibel und werden zu Recht als aufdringlich empfunden. Denn der Trauernde braucht diese Ablösungsphase und kann nicht, als wäre nichts geschehen, zur Tagesordnung übergehen. Erst die ausgiebige Beschäftigung mit der Vergangenheit ermöglicht dem Hinterbliebenen das Loslassen des Verstorbenen. Hier muß das soziale Umfeld der Trauernden Geduld und Einfühlungsvermögen zeigen, zuhören, fragen, Verständnis für die Trauerreaktion äußern, aber auch mit vorsichtigen Angeboten signalisieren, daß der Trauernde erwartet wird, daß die anderen sich freuen, wenn er eines Tages so weit ist, wieder am Leben teilnehmen zu können. In dieser Phase kann Trost, besonders von Menschen, die von einem ähnlichen Schicksal betroffen waren, eine hilfreiche Unterstützung sein.

3. Kapitel

Les malheureux se consolent...

Frans Masereel

Die Unglücklichen suchen Trost ...

Trauer – Der Weg zum Überleben

dans différents endroits.

Frans Masereel

an unterschiedlichen Orten

3. Kapitel

Adaption

Es hatte eine Mutter ein Büblein von sieben Jahren, das war so schön und lieblich, daß es niemand ansehen konnte, ohne ihm gut zu sein, und sie hatte es auch lieber als alles auf der Welt. Nun geschah es, daß es plötzlich krank ward und der liebe Gott es zu sich nahm; darüber konnte sich die Mutter nicht trösten und weinte Tag und Nacht. Bald darauf aber, nachdem es begraben war, zeigte sich das Kind nachts an den Plätzen, wo es sonst im Leben gesessen und gespielt hatte; weinte die Mutter, so weinte es auch, und wenn der Morgen kam, war es verschwunden. Als aber die Mutter gar nicht aufhören wollte zu weinen, kam es in einer Nacht mit seinem weißen Totenhemdchen, in welchem es in den Sarg gelegt war, und mit dem Kränzchen auf dem Kopf, setzte sich zu ihren Füßen auf das Bett und sprach: "Ach, Mutter, höre doch auf zu weinen, sonst kann ich in meinem Sarge nicht einschlafen; denn mein Totenhemdchen wird nicht trocken von deinen Tränen, die alle darauf fallen." Da erschrak die Mutter, als sie das hörte, und weinte nicht mehr. Und in der andern Nacht kam das Kindchen wieder, hielt in der Hand ein Lichtchen und sagte: "Siehst du, nun ist mein Hemdchen bald trocken, und ich habe Ruhe in meinem Grab." Da empfahl die Mutter dem lieben Gott ihr Leid und ertrug es still und geduldig, und das Kind schlief in seinem unterirdischen Bettchen.

Brüder Grimm, *Das Totenhemdchen*

In der Phase der Adaption geht es um die Wiederanpassung an das Leben. Der Hinterbliebene hat durch die intensive Beschäftigung mit dem Verstorbenen in der Regressionsphase die Fragen und Probleme, die zwischen ihm und dem Verstorbenen noch offen waren, teils gelöst, teils als nicht lösbar abgelegt. Nun kann und muß er wieder leben lernen. Das Märchen der Brüder Grimm zeigt, daß dieses Wieder-leben-lernen nicht immer schmerzlos vonstatten geht. Manchmal bedarf es eines Anstoßes. Dieses Märchen dokumentiert ein Stück volkstümlicher Trauerpädagogik. Wer 'weiß', daß ein von Tränen nasses Trauerhemdchen die Totenruhe stört, hat einen vertretbaren Grund, mit der exzessiven Trauer nach angemessener Zeit aufzuhören. Der Verstorbene selbst will es ja. Wir erleben der Funktion nach Ähnliches, wenn es beim Leichenschmaus nach dem ersten Witz entschuldigend heißt: *Das hätte auch Erwin nicht gewollt, daß wir hier nur traurig rumsitzen. Er hat immer gesagt, das Leben muß weitergehen!* Allerdings stellt die Unsensibilität mancher Teilnehmer an einem Leichenschmaus eine erhebliche Belastung für die wahrhaft Trauernden dar, denn sie können der Schnelligkeit, mit der hier der gesamte Trauerprozeß abgespult wird, unmöglich folgen.

Das Wieder-leben-lernen braucht seine Zeit, und manchmal läßt sich beobachten, wie der Trauernde nach intensiver Beschäftigung auch mit dem persönlichen Nachlaß des Verstorbenen, dessen Kleider erst zur Seite schiebt, um etwas mehr Platz für sich zu haben, dann aber eines Tages den ganzen Kleiderschrank für sich beansprucht. Damit hat er förmlich die Trauer beendet, blickt wieder nach vorn und beschäftigt sich mit den Erfordernissen seines Lebens. Die Anpassung ist geglückt.

Mit dem Gedicht von Joseph von Eichendorff, *Auf meines Kindes Tod*, ist eine andere Form der Adaption angesprochen, eine Umwertung der Werte: Das tote Kind hat den besseren Teil erwählt; wir armen Toren irren noch umher, während das Kind längst nach Haus gefunden hat. Wir täten besser daran, uns zu sorgen, daß auch wir dereinst den rechten Weg nach Hause finden. Somit ist das Denken des Trauernden auf die eigene Zukunft gerichtet, die Adaption ist geglückt:

Auf meines Kindes Tod

Von fern die Uhren schlagen,
es ist schon tiefe Nacht,
die Lampe brennt so düster,
dein Bettlein ist gemacht.

Die Winde nur noch gehen
wehklagend um das Haus,
wir sitzen einsam drinne
und lauschen oft hinaus.

Es ist als müßtest leise
du klopfen an die Tür,
du hättst dich nur verirret
und kämst nun müd zurück.

Wir armen, armen Toren!
Wir irren ja im Graus
des Dunkels noch verloren –
du fandst dich längst nach Haus.

Joseph von Eichendorff

Trauer – Der Weg zum Überleben

Grabmal der Pfarrfrau Langhans

3. Kapitel

Faszinierend ist unter diesem Aspekt das Grabmal der Pfarrfrau Maria Magdalena Langhans, die im Kindbett starb. Die Grabplatte (S. 227) zeigt die Frau, wie sie zusammen mit ihrem Kind das Tor des Todes sprengt und sich zum Jüngsten Gericht stellt: *Herr, hier bin ich, und das Kind, das du mir gegeben hast!* Wer seine Toten so aufgehoben weiß, kann getröstet leben und dem eigenen Tod getrost entgegen sehen.

Schließlich sind die Evangelien selbst als wohl folgenreichstes Beispiel geglückter Trauerarbeit anzuführen. Wenn das Markusevangelium als Passionsgeschichte mit ausführlicher Einleitung gesehen werden kann und damit die engere Geschichte eines Trauerfalls zum Charakteristikum des ursprünglichsten Evangeliums im Neuen Testament wird, dann kann man die Evangelienschreibung insgesamt als schriftlichen Versuch von Trauerarbeit bezeichnen, denn die Ausweitung der Einleitung der Todesgeschichte samt Legendenbildung gehört zu den typischen Merkmalen posthumer Lebenswürdigung im Verlauf einer unreflektierten Trauerarbeit. Die Fortführung der Passionsgeschichte in die triumphale Auferstehung (*Ich lebe, und ihr sollt auch leben* [Johannesevangelium. 14, 19]) und die erwartete Wiederkunft sind wohl der glänzendste Aspekt dieser Trauerleistung, die nicht nur den Blick auf die vor den Trauernden liegenden Aufgaben richtet (*Was stehet ihr und sehet gen Himmel?* Apostelgeschichte 1, 11), sondern Vorbild dafür wurde, wie dem Tod die Macht genommen werden und man auf ein Wiedersehen hoffen kann.

Wenn auch manche moderne Theologen auf die Frage, was nach dem Tode kommt, nicht mehr so jenseitsorientierte Gewißheit demonstrieren, erfüllen sie doch mit ihren Antworten die eigentliche Funktion von Trauerarbeit, das Wieder-leben-lernen zu ermöglichen. Der Schweizer Pfarrer und Schriftsteller Kurt Marti ist ein Beispiel dafür.

Auferstehung

ihr fragt
wie ist
die auferstehung der toten?
   ich weiß es nicht

ihr fragt
wann ist
die auferstehung der toten?
   ich weiß es nicht

ihr fragt
gibts
eine auferstehung der toten?
   ich weiß es nicht

ihr fragt
gibts
keine auferstehung der toten?
   ich weiß es nicht

ich weiß
nur
wonach ihr nicht fragt:
   die auferstehung derer die leben

ich weiß
nur
wozu Er uns ruft:
   zur auferstehung heute und jetzt

Kurt Marti

3. Kapitel

>Die Mutigen wissen
>Daß sie nicht auferstehen
>Am Jüngsten Morgen
>Daß sie nichts mehr erinnern
>Niemandem wiederbegegnen
>Daß nichts ihrer wartet
>Keine Seligkeit
>Keine Folter
>Ich
>Bin nicht mutig
>
>*Marie Luise Kaschnitz*

Diese kostenbaren Tage

Die Diagnose von der tödlichen Krankheit meines Mannes kam wie ein Blitz aus heiterem Himmel – ich war kurze Zeit wie betäubt – aber er warf mich zu meinem eigenen Erstaunen nicht zu Boden. Im Gegenteil, eine unendliche Dankbarkeit für die seitherigen gemeinsamen guten, glücklichen und schönen Jahre, die wir nie selbstverständlich hingenommen und gelebt haben, durchströmte und beherrschte mich. Ich hatte die Kraft, mit der vollen Wahrheit so lange alleine fertig zu werden und meinem Mann Hoffnung zu geben, bis er sich von der schweren Operation etwas erholt hatte und Gewißheit verlangte. Ich hatte sehr große Angst vor der Stunde, in der er von der Ausweglosigkeit seiner Lage erfahren würde. Und da geschah für mich das Wunder, in anderer Weise zwar, wie wir und so viele liebe Menschen, die uns in dieser Zeit begleiteten und es ihm von Herzen wünschten: Ohne jemals zu hadern, zu klagen und nach dem "Warum" zu fragen, hat mein Mann die immer stärker werdenden Schmerzen und sein Schicksal angenommen! "Gott wird schon wissen, was er mit mir vorhat ..." Und dabei hatte er, hatten wir noch so viele Pläne. Mein Mann war gerade 55 Jahre alt geworden.

Die Hälfte der Zeit, die uns gemeinsam noch geschenkt war, war nun um. Die Wochen und Tage, die folgten, waren die schwersten, schmerzlichsten, aber auch die erfülltesten und schönsten unseres Lebens zugleich. Nachdem wir uns auf gleicher Ebene wiedergefunden hatten, zum Loslassen und Verzicht bereit waren, überkam uns ein unvergleichlicher Frieden, eine fast heitere Gelassenheit.

Wir hatten das große Glück, diese kostbaren Tage ganz nach den Bedürfnissen meines Mannes zu Hause einrichten und in stundenlangen Gesprächen voneinander Abschied nehmen zu können. Auch unsere Kinder haben sich ihrer großen Aufgabe in dieser Zeit mit voller Hingabe gestellt und unsere Freunde standen uns treu zur Seite. Ein beispielhaft engagierter Arzt und ein ebensolcher Seelsorger haben uns zuverlässig und sicher geführt.

Nun bin ich zwar allein, aber ich fühle mich nicht verlassen. Ich habe erfahren, daß Gott ungeahnte Möglichkeiten hat, uns seine Nähe spüren zu lassen. In großer Dankbarkeit für dies alles und in festem Vertrauen, daß ich für jeden Tag die nötige Kraft bekomme, will ich meinen weiteren Weg gehen.

Helga Steinhauser
Tübingen

3. Kapitel

Vom Umgang mit dem Tod – ein Beispiel zum Nachdenken

Mit 36 ist er seiner todbringenden Krankheit nun doch erlegen: Rolf starb am Aschermittwoch 19.. in den Armen seiner Frau. Die letzten Monate seiner Jahre dauernden Krebskrankheit verbrachte er zu Hause. Hier wurde er von Gabi und Freunden gepflegt, hier starb er nun auch. Gabi ist nun allein mit ihrem toten Mann. Was kann sie in diesem Augenblick für ihn noch tun? Was ist in dieser Situation zwischen Trauer und Hilflosigkeit wichtig – für sie selbst?

Das erste, was sie deutlich spürte, ist: Sie will ihn noch bei sich behalten! Auch der tote Rolf ist noch ihr Mann! Trotz des Drängens ihrer Eltern ruft sie kein Bestattungsunternehmen an. Sie will ihn noch bei sich haben, etwas für ihn tun. Sie zieht ihm selbst seinen schwarzen Anzug an, ein weißes Hemd, eine Krawatte, bindet ihm das Kinn hoch. Auf das Nachttischchen stellt sie eine brennende Kerze und rund ums Bett - in gebührendem Abstand - Stühle. Sein Krankenzimmer wurde sein Sterbezimmer. Ein Sterbezimmer ist aber auch ein Trauerzimmer. Und zu trauern – das braucht Raum und Zeit. Die engsten Verwandten und Freunde kommen und sind mit dabei, mal schweigend, mal weinend, mal redend. Jeder bleibt so lange wie er kann und will. Eine ihrer Schwestern bleibt bei Gabi (und bei Rolf), die ganze Nacht: Totenwache, Trauerarbeit, Leben mit dem Tod ... Ich gehe kurz vor Mitternacht und komme am anderen Tag mittags wieder.

In der Zwischenzeit ist viel passiert. Der Bestatter war da. Der Leichnam ist schon weg. Das Bett, in dem er lag: abgebaut, weggeräumt. Mir kommt das alles so unwirklich vor. "Das war eine schlimme Erfahrung für mich, wie der Bestattungsunternehmer kam", sagte sie. "Da liegt mein toter Mann im Nebenzimmer und der geht mit mir eine Katalogliste von "Dienstleistungen" durch, die er mir anbieten will. Das ganze Gefühl von Abschied und Trauer, das unsere Wohnung seit seinem Tod erfüllt hat, war wie weggeblasen durch Leistungen und Preise. Ist der Bestatter einmal bestellt, dann läuft eine Maschinerie an, die nicht mehr aufzuhalten ist. Dann gehört der Tote nicht mehr dir."

Trauer – Der Weg zum Überleben

Wir bereiten die Trauerstunde vor, die in unserer Gegend zwischen Tod und Beerdigung für den Verstorbenen und die Hinterbliebenen gehalten wird. Zwischendrin kommt sie noch einmal darauf zurück: "Ich habe einen Fehler gemacht. Ich hätte den Bestatter heute morgen noch nicht bestellen sollen. Das war noch zu früh, das merke ich jetzt. Ich hätte noch viel mehr Zeit und Ruhe zusammen mit Rolf hier in der Wohnung gebraucht. Ich war noch nicht bereit, meinen Mann wirklich herzugeben. Die sind mir viel zu früh ins Haus gekommen."

Nach vielleicht einem halben Jahr gehe ich zum Grab. Ich bin überrascht über den Grabstein, kein Null-acht-fuffzehn Stück. Gabi hat sich etwas überlegt dabei, wollte das Leben ihres Mannes und ihr gemeinsames Eheleben in diesem Stein zum Ausdruck bringen. Aber der Stein sollte auch von seinem jähen Ende erzählen, von den ungelebten Jahren des viel zu früh gestorbenen Mannes. Wenn man sucht, dann findet man offenbar Steinmetze, die bereit sind, die Anliegen und Gedanken der Menschen in ihrer Arbeit aufzugreifen – und die auch die langweilige Einheits-Friedhofs-Kultur durchbrechen wollen.

Was ich mit Gabi und Rolf erleben durfte, ist mir sehr wichtig geworden. Ich habe aus der Nähe sehen dürfen, wie eine 33jährige Frau "menschlich" mit Sterben und Tod umging. Das hat in mir die Hoffnung geweckt, daß wir alle es vielleicht noch nicht verlernt haben. Würden wir es auch so machen wie Gabi? Wir können wieder "natürlicher" mit dem Tod und mit den Toten umgehen – wenn wir es wollen. Einiges wird sich allerdings ändern müssen. Dieser Bericht will einen Anstoß zum Nachdenken darüber geben.

Albert Rau
Pastoralreferent

3. Kapitel

Mit dem Bruder am Grabe des Vaters

Bruder, komm und laß ihn ruhen,
Denn er hat genug getan;
Sieh dir unsre Felder an:
Achtzig Acker, wohlbereitet,
Liegen vor dir ausgebreitet,
Und vom Hügel schaut das Haus
Festgefügt ins Land hinaus.

Laß ihn ruhn! Mit Blütenflocken
Hat der Baum sein Grab besät;
Und des Pfarrers milde Worte,
Meßgesang und Chorgebet
Schallen durch die offne Pforte,
Und ihm läuten früh und spät
Nachbarlich vertraut die Glocken.

Aus dem Dorf die Kinder lärmen,
Menschen gehn vorbei und Fuhren,
Arbeit schallt aus allen Fluren;
Und er hebt den Kopf und lauscht:
Seine Bienen hört er schwärmen,
Hört auch, wie das Kornfeld rauscht,
Grüngebettet liegt das Land
Auf die Hügel ausgespannt.

Doch da unten – sei gewiß!
Hat er sänftlich heimgefunden,
Bringt von hüben sichre Kunde
Manchem teuren Ohm und Ahn,
Manchem Freund und Zechkumpan,
Lauschend sitzt die ganze Runde.

Und im Feierabendfrieden
Plaudern sie wie einst hienieden
Von der Saat, von Vieh und Festen,
Kindern, Enkeln, Nachbarn, Gästen;
Oh, ich höre, wie sie lachen,
Wenn durchs Holz die Keiler krachen;
Lärmend tobt ihr Männerwort.
Und das Leben spinnt sich fort,
Mond um Mond und Jahr um Jahr,
Wies gewohnt und immer war.

Bruder, wenn aus diesen Wäldern
Selber einst hinaus wir schreiten,
Und die goldnen Ährenfelder
Gottes sich vor uns erbreiten:
Oh, schon spür ich seine Freude –
Zitternd wird er nach uns spähn;
Bruder, komm, wir wolln ihm heute
Schon ein Stück entgegengehn.

Jakob Kneip

3. Kapitel

Die Unfähigkeit zu trauern

Die Unfähigkeit zu trauern kann verschiedene Ursachen haben. Wenn das Verhältnis zwischen dem Verstorbenen und seinen Hinterbliebenen nicht gut oder gar völlig zerstört war, dann wird es nicht verwundern, wenn keine Trauerreaktion, sondern Erleichterung oder gar Genugtuung gezeigt werden. Doch damit muß der Fall für den Hinterbliebenen nicht unbedingt erledigt sein. Auch ein Verhältnis, das von Liebe über Haßliebe zu Haß gelangt ist, macht den Verstorbenen nicht ohne weiteres entbehrlich. Ein solches Verhältnis ist zudem auch fast immer von Schuld auf beiden Seiten bestimmt und es bleibt die Frage, wie der Hinterbliebene seine Schuld wahrnimmt und mit ihr fertig wird. Wenn es sich also nicht um eine überlebte Beziehung handelt, von der keine emotionalen Impulse mehr ausgehen, dann können schuld- oder haßmotivierte Trauerblockierungen zu einem Problem mit psychischen und psychosomatischen Auswirkungen werden.

In diesem Zusammenhang sind auch besondere Todesfälle, wie zum Beispiel Suizid, zu nennen. Hier fühlen sich die Angehörigen oft mitschuldig, manchmal werden sie durch entsprechende Abschiedsbriefe auch ausdrücklich beschuldigt, so daß sie vor lauter Abwehr- und Rechtfertigungsversuchen nicht zur Trauer kommen. Das wiederum kann später zu neuen Selbstvorwürfen führen. Der Schulddruck kann so groß sein, daß eine effiziente Trauerarbeit nie geleistet werden kann, obwohl sie in solchen Fällen besonders nötig erscheint.

Auch in Fällen 'vorweggenommener Trauer' ist oft der Trauerprozeß blockiert. Wenn ein Angehöriger schweren Herzens in ein Heim gegeben oder schwer krank in ein Krankenhaus eingeliefert werden muß, dann wird das zuweilen als ein erster Abschied trauerähnlich verarbeitet. Wenn diese 'Vortrauer' abgeschlossen ist, bevor der Angehörige stirbt, kann es schwerfallen, wieder in den Trauerprozeß hineinzukommen. Ähnlich verhält es sich bei Vermißtenmeldungen, denen erst viel später die Todesnachricht folgt.

Trauer – Der Weg zum Überleben

Wenn der Tod als wirkliche Erlösung erscheint, dann ist oft eine solche Leidens- und Mitleidenszeit für die Familie vorausgegangen, daß er manchmal nur noch Erleichterung, nicht aber mehr Trauer auslöst.

Ein anderer Fall von Trauerblockade ist gegeben, wenn Hinterbliebene sich aus religiösen Gründen ein Trauerverbot auferlegen: *Was Gott tut, das ist wohl getan!* Streng logisch genommen, gibt es nur egoistische Gründe zu trauern, wenn man den Verstorbenen am Ziel und selig und vollendet weiß. Egoismus aber ist Selbstsucht, ist religiös verboten. Ein Beispiel für die religiös begründete Ergebenheit ins Geschick sehen wir im Buch Hiob, 1,13-21 (S.238), wo Hiob, zunächst jedenfalls, auf die Schreckensnachrichten nur mit den fatalistischen Worten reagiert: *Der Herr hat's gegeben, der Herr hat's genommen; der Name des Herrn sei gelobt!*

Der Trauerprozeß kann auch in all seinen Phasen steckenbleiben. Es gibt (seltene) Fälle, in denen der Trauernde die Phase des Schocks nicht überlebt, andere kommen aus der Notwendigkeit, unter fremder Kontrolle zu leben, nicht mehr heraus (häufig, wenn bei schon recht alten Ehepaaren ein Ehepartner wegstirbt und der Hinterbliebene durch dessen Tod einen Schub von Alterung und Persönlichkeitsabbau durchmacht, so daß er nicht mehr für sich selbst sorgen kann). Oder aber die Trauerarbeit bleibt in der Regressionsphase stecken: Der Hinterbliebene spinnt sich ein in die Erinnerung an vergangene Zeiten, verwandelt das Zimmer des Verstorbenen in ein Museum, in dem nichts verändert werden darf, und ist kaum in der Lage, der Gegenwart ihre Bedeutung zuzuerkennen. Oft sind Depression und manchmal auch Suizid das Ergebnis dieser steckengebliebenen Trauer.

Trauerprozesse brauchen unterschiedlich lange Zeit. Man kann hier keine festen Angaben machen. Zudem sind Trauerprozesse in Ausdruck und Dauer kulturell überformt. Generell gilt, daß wir uns Zeit und Mut zum Trauern nehmen, Trauernde entsprechend ermutigen und in ihrer Trauer ernst nehmen sollten. Wenn wir aber beobachten, daß jemand gar nicht voranzukommen scheint, wird es meist gut sein, ihn einfühlsam auf seine Befindlichkeit anzusprechen. Ein solches Gespräch kann Ansatzpunkte geben, dem Trauernden zu helfen.

3. Kapitel

Hiob's Botschaften

> An dem Tage aber, da seine Söhne und Töchter aßen und Wein tranken im Hause ihres Bruders, des Erstgeborenen, kam ein Bote zu Hiob und sprach: Die Rinder pflügten, und die Eselinnen gingen neben ihnen auf der Weide, da fielen die aus Saba ein und nahmen sie weg und erschlugen die Knechte mit der Schärfe des Schwerts, und ich allein bin entronnen, daß ich dir's ansagte.
>
> Als der noch redete, kam ein anderer und sprach: Feuer Gottes fiel vom Himmel und traf Schafe und Knechte und verzehrte sie, und ich allein bin entronnen, daß ich dir's ansagte.
>
> Als der noch redete, kam einer und sprach: Die Chaldäer machten drei Abteilungen und fielen über die Kamele her und nahmen sie weg und erschlugen die Knechte mit der Schärfe des Schwerts, und ich allein bin entronnen, daß ich dir's ansagte.
>
> Als der noch redete, kam einer und sprach: Deine Söhne und Töchter aßen und tranken im Hause ihres Bruders, des Erstgeborenen, und siehe, da kam ein großer Wind von der Wüste her und stieß an die vier Ecken des Hauses: da fiel es auf die jungen Leute, daß sie starben, und ich allein bin entronnen, daß ich dir's ansagte.
>
> Da stand Hiob auf und zerriß sein Kleid und schor sein Haupt und fiel auf die Erde und neigte sich tief und sprach: Ich bin nackt von meiner Mutter Leibe gekommen, nackt werde ich wieder dahinfahren. **Der Herr hat's gegeben, der Herr hat's genommen; der Name des Herrn sei gelobt!**
>
> *Hiob* 1,13-21

Trösten – nichts für Männer ...

"Helden" im Krieg und "Helden" im Alltag

Wenn ich Besucher in einen besonders schönen Teil Bonns führen möchte, gehe ich mit ihnen zumeist auf den jahrhundertealten Kessenicher Friedhof. Dabei müssen wir allerdings an einem steinernen Rondell vorbeigehen, das eine Linde umschließt und nach außen die Köpfe von Kriegern zeigt. Auf dem Spruchband steht die Zeile aus dem Johannes-Evangelium: "Niemand hat eine größere Liebe, als wer sein Leben hingibt für seine Brüder."

Auf einem Kriegerdenkmal ist dies wohl der zynischste Spruch, der sich denken läßt. Häufig schon habe ich ihn auf Denkmälern, an Kirchen gesehen, und jedesmal stiegen in mir Zorn, Entsetzen und Trauer über die Verachtung menschlichen Leids hoch, die der Mißbrauch dieses biblischen Textes ausdrückt. Da werden junge Männer getötet, ohne daß sie überhaupt danach gefragt werden, ob sie bereit sind, sich totschlagen oder -schießen zu lassen, ohne daß sie überhaupt gefragt werden, ob sie bereit sind, andere zu töten. Und als billigen Trost für ihr ungelebtes Leben "verziert" man ihren Tod mit falschem religiösen Glanz. Wäre nicht eine Inschrift wie diese passender: "Wir sind über Euren Tod traurig und zornig"?

Man stelle sich einmal vor, was geschähe, wenn ähnliche Denkmäler mit ähnlichen Inschriften für die Aids-Toten errichtet werden, die für die sexuelle Liebe "gefallen" sind, um zu erkennen, daß die Rede von der größeren Liebe zwei Dinge verhindern soll: Trauer und Empörung über einen sinnlosen "Helden"-Tod; Gefühle, die Widerstand gegen neue Tötung hervorrufen würden. Bei Aids-Toten wäre die Trauer über die Sinnlosigkeit ihres Todes so verständlich wie bei den Kriegstoten, nur daß bei diesen die Realität des sinnlosen Tods verleugnet und ideologisch ummantelt wird. Auf diese Weise wird der Tod auf dem Schlachtfeld "würdiger" als der "durch" die Liebe. Und gerade dies paßt ausgezeichnet zur männlichen Erziehung in unserer Kultur. Was hat dies nun alles mit dem Titel zu tun? Ganz einfach: Die Unfähigkeit

3. Kapitel

zu trösten hängt an der Unfähigkeit zu trauern und sich zu empören über die Lebenseinschränkung, die der Mann und seine Mitmänner seit Kindestagen erleben. Warum sonst verhärten sich so viele Männer, wenn Kinder oder Erwachsene weinen und klagen, warum sonst fordern sie auf "Stell dich nicht so an!", warum sonst fällt es ihnen so schwer, die einfachen und so hilfreichen Gesten des Tröstens zu zeigen, Gesten, die für die meisten Frauen ganz selbstverständlich sind?

Es klingt inzwischen völlig banal, wenn jemand fordert, daß auch Jungen weinen dürften. Aber: wo stecken denn die weinenden Jungen in den heute erwachsenen Männern? Mir gehen die Kriegerdenkmäler nicht aus dem Sinn. Sie verleugnen die Trauer und wollen sie mit Stolz vertauschen. Die grausige Realität, die den Wunsch derjenigen, die vor jenen Denkmälern stehen, nach Tröstung hervorrufen müßte, wird geleugnet.

Wir werden neue Formen der Trauer und neue Denkmäler für die Toten der Kriege und der unmenschlichen Verfolgungen finden müssen, wenn wir das Bedürfnis nach Tröstung – aktiv wie passiv – wieder zulassen wollen.

"Wir", das sind in erster Linie natürlich "wir" Männer. Doch stehen die Chancen dafür vielerorts noch schlecht. Dazu nur ein Beispiel: In der kleinen bergischen Gemeinde Nürnbrecht wollten Bürger auf das Ehrenmal jenen Satz der Rede zum 8. Mai 1945 des Bundespräsidenten Richard von Weizsäcker anbringen, in der dieser *alle* Opfergruppen des Nationalsozialismus genannt hatte, also neben Juden, Kommunisten und Sozialdemokraten auch Homosexuelle sowie Sinti und Roma. Dies war anderen im Ort zuviel. Im Gemeindeparlament von Nürnbrecht soll der Vorwurf gefallen sein: "Solche Leute nennen, in einem Atemzug mit unseren Helden!" Die "anständigen" Bürger brachten den Plan zu Fall. Wieder ging eine Gelegenheit zu verändernder Trauer vorbei, wieder wurde eine Chance verpaßt, die Heutigen zu trösten und ihre Angst vor neuerlicher Verfolgung zu nehmen. Prompt erzählte ein Bürger der Stadt während einer Radiosendung aus Anlaß der Auseinandersetzung um das Ehrenmal, wie er einen Schwulen verdroschen hätte. Kann man trösten, wenn man sich nicht in andere einfühlen kann, wenn man zwischen sich und anderen eine harte, handgreifliche Grenze zieht?

Ja, um diese Grenze scheint es wirklich zu gehen. Ohne sie würden Kriege unführbar, denn ohne diese Abgrenzung des einen vom anderen würden verwundete, schreiende Soldaten ihre "Feinde" zur Besinnung bringen. Aber auch im zivilen Männerleben ist die Grenze unerläßlich, denn Konkurrenz braucht kein Mitgefühl, sondern die Lust, den anderen zu besiegen, wie sehr er auch darunter leiden möge.

Vor nichts scheinen Männer soviel Angst zu haben, wie ihre Schmerzen zuzugeben, ihre Angst, ausgebeutet und ausgenutzt zu werden. Wem solche Männer-Angst nützt, dies zu fragen gilt heutzutage bereits wieder als unfein. Doch ist ebendies ein gutes Zeichen dafür, wie richtig diese Frage ist. Wir Männer haben Anlaß genug, über die Antwort nachzudenken.

Siegfried Rudolf Dunde

3. Kapitel

Eigentlich können Sie froh sein!

Der Vater des Opfers

Als unsere Tochter Sabine noch lebte, bin ich oft am Sonntagmorgen um vier Uhr aufgestanden, habe sie geweckt, und dann gingen wir zwei hinaus in den Wald. Dort ist es am schönsten, wenn die Sonne aufgeht, wenn die Vögel zwitschern, wenn sonst kein Mensch unterwegs ist. Sabine hat das auch geliebt. Einmal da war sie vielleicht zehn Jahre alt – kam sie schon vor vier Uhr zu mir ans Bett, weckte mich: "Papa, komm, steh auf, die Ulrike schläft noch, komm, wir gehen in den Wald!" Am Abend zuvor hatte sie offensichtlich heimlich den Wecker gestellt, um mich einmal wecken zu dürfen. Natürlich bin ich aufgestanden, das habe ich mir nicht zweimal sagen lassen. Aber als wir dann zum Frühstück wieder nach Hause gekommen sind, war die Ulrike beleidigt. Weil wir sie nicht mitgenommen hatten. Sie hat schon ein wenig im Schatten der älteren Schwester gelebt. Das hat aber auch Vorteile für sie gehabt. Zur Sabine haben wir nämlich immer gesagt: "Du bist doch die Älteste, du hättest doch vernünftig sein können!", wenn irgend etwas passiert war. Mir tut's im nachhinein leid, oft mit der Sabine geschimpft zu haben. Manchmal zu Recht, manchmal sicher auch zu Unrecht. Das ist heute unerheblich. Schon oft bin ich bei ihr am Grab gestanden und habe sie um Verzeihung gebeten. Ich habe mir auch vorgenommen, mit den jüngeren Kindern nicht mehr so streng zu sein. Und daran habe ich mich auch gehalten.

Nach dem Tod unserer Sabine hat die Ulrike voll Besitz von mir ergriffen. Da hat sie gewußt: "Jetzt kann die Sabine nicht mehr mit dem Papa in den Wald gehen, jetzt bin ich die große, die anderen sind ohnehin noch zu jung." Wahrscheinlich war das eine ganz natürliche Reaktion. Aber daß das für die Entwicklung der Ulrike eine entscheidende Bedeutung gehabt hat, das ist mir erst nach und nach klargeworden. Wenn meine jetzt älteste Tochter mit mir zusammen ist, dann wickelt sie mich um den Finger. Da kann ich gar nichts machen, und wenn ich ehrlich bin, dann genieße ich das sogar.

Trauer – Der Weg zum Überleben

Was Trost und trösten können bedeutet, wie schwer uns das fällt, das haben wir nach dem Mord oft erleben müssen. Das sind teilweise sehr bittere Erfahrungen. Aber auch vereinzelt gute. Die Menschen in unserem Dorf haben sich schwer getan, vor allem mir gegenüber. Besser war es, wenn meine Frau dabei war. Sie haben gesagt: "Wie kann euch das passieren? Ihr seid doch so rechte Leute, ihr tut doch niemandem etwas zuleide! Ausgerechnet bei euch, die ihr so anständige Kinder habt, muß so etwas passieren."

Die Männer haben eindeutig reagiert. Da fielen harte Aussprüche. Auch am Arbeitsplatz. "Dem Kerl gehört der Kopf runter!" Das war aber kein Trost für mich, das hat mich nur noch haßerfüllter gegen den Mörder meines Kindes gemacht. Heute weiß ich, daß man in solch einer Situation den Haß nicht noch schüren darf. Mir ist es viel schwerer gefallen als meiner Frau, mich mit dem Mörder zu versöhnen. Das ist mir heute noch nicht so gelungen wie meiner Frau. Man kann Haß schüren und somit verstärken, aber auch Versöhnung einleiten und unterstützen. Im Endeffekt hätte mir das zweite viel mehr geholfen. Aber Haß zu schüren fällt offensichtlich den Menschen leichter als Versöhnung zu stiften.

Sehr verletzt hat uns eine Aussage einer Bekannten. Die hatte damals Sorgen mit ihrer Tochter und deren Freund. Offensichtlich wollte sie uns Trost zusprechen. Aber das ging völlig daneben. Sie tröstete uns nämlich mit dem Satz: "Eigentlich können Sie froh sein; Sie wissen wenigstens, wo Ihre Tochter ist. Ich mache mir jeden Abend Sorgen, wo meine Tochter jetzt wieder steckt." Ich kann ja gut verstehen, daß diese Frau auch ihre Sorgen hatte. Aber die standen doch in keinem Verhältnis zu dem, was uns passiert war. Immer, wenn ich diese Frau sehe, erinnere ich mich an das, was sie damals gesagt hat. So etwas bleibt.

Die Reaktionen waren sehr unterschiedlich. Ich bin seit meiner Jugend aktiver Fußballspieler. Einige Wochen nach dem Mord ging ich wieder zur wöchentlichen Trainingsstunde. Da hat zwar jeder auffallend freundlich: "Grüß Gott!" gesagt, aber sonst ist kein Wort gefallen. Das war mir so am liebsten. Im Fußballverein bin ich nie gefragt worden: "Wie war denn das und jenes?"

3. Kapitel

Anders war die Reaktion im Kirchenchor. Meine Frau und ich gehören seit vielen Jahren dem Kirchenchor unserer Gemeinde an. Nach vier Wochen sind wir wieder in die Singstunde gegangen. Wir konnten uns ja nicht ewig nur zu Hause aufhalten. Aber es war ein schwerer Gang. Als wir hinkamen, waren alle anderen schon da. Wir waren verunsichert, weil wir nicht wußten, wie die Chormitglieder unser Erscheinen auffassen würden: "Hoffentlich denken die nicht: die wollen sich doch nur wichtig machen!", haben wir zueinander gesagt. Als wir in den Probesaal kamen, haben alle wie auf Kommando Beifall geklatscht. Da waren wir noch mehr verunsichert. Das war ein ganz gemischtes Gefühl. Einerseits hat es mich wirklich gefreut, andererseits ist der ganze Schmerz wieder hochgekommen. Es war fast nicht zu verkraften. "Daß man da klatscht?" Wir haben es nach der Stunde miteinander rekonstruiert. Eine Frau hat angefangen, die anderen haben mitgemacht. Viele sind dabei regelrecht erschrocken. Man kann da ja nicht mehr viel denken, überlegen: "Klatschen wir jetzt da mit oder nicht?"

Immer dann, wenn es zu überraschenden Begegnungen kam, hatten die anderen Schwierigkeiten. Männer noch mehr als Frauen. Aber auch Frauen. Ich erinnere mich an eine traurige Begebenheit auf unserem Friedhof. Drei Tage nach der Beerdigung gingen wir auf den Friedhof. Schon vom Friedhofseingang aus sahen wir, daß die beste Freundin meiner Frau mit ihrer Schwester an unserem Grab stand. Wir haben uns nichts dabei gedacht. Wir haben uns eher gefreut. Bei uns auf dem Dorf ist es ja üblich, daß die Freunde und Bekannten auch nach der Beerdigung das Grab eines kürzlich Verstorbenen aufsuchen, um dort zu beten. Aber als wir näher zum Grab kamen, sahen die beiden uns und plötzlich sprangen sie auseinander. Ihren Schrecken haben wir auf ihren Gesichtern gesehen. Wir beide haben uns angeschaut: "Sind wir jetzt aussätzig?" Es hat uns jedenfalls sehr wehgetan. Meine Frau hat Monate später erst mit ihrer Freundin darüber sprechen können. Da kam heraus, daß ihre Freundin regelrecht Angst vor dieser Begegnung auf dem Friedhof gehabt hatte. Sie hätte nicht gewußt, was sie hätte sagen sollen. Da wäre sie lieber schnell weggegangen.

Das haben wir oft erlebt, daß die Menschen erschrocken sind, wenn sie uns gesehen haben. Wenn sie einigermaßen unauffällig einer Begegnung

Trauer – Der Weg zum Überleben

ausweichen konnten, haben sie es getan. Wenn sie uns nur nicht in die Augen schauen mußten! Das hat uns mit der Zeit so verunsichert, daß wir uns immer mehr zurückgezogen haben. Wir wollten ja nicht, daß die Leute unseretwegen Schwierigkeiten haben.

Einige waren aber auch unverschämt. Monate nach der Tat besuchten wir mit einem Schwager eine berühmte Kirche in der Nähe unseres Dorfes. Als wir vor der Kirche standen, sah ich einen Kollegen aus unserer Firma mit seiner Familie. Er hat mich offensichtlich auch gesehen. Plötzlich sagte er laut, so daß es jeder gehört hat: "Guck, das sind die Eltern von dem ermordeten Kind!" Das war nackte Sensationslust. Wir sind sofort weggegangen.

Als dagegen am ersten Jahrestag der Ermordung viele Lehrer der Schule, in die Sabine gegangen war, in den Gottesdienst kamen, hat uns das sehr gefreut. Auch sehr viele Mitschüler sind mit ihrem Lehrer Jahr für Jahr, bis sie aus der Schule kamen, nach dem Jahrtagsgottesdienst mit auf den Friedhof zu Sabines Grab gegangen. Das war für uns ein Zeichen, daß unsere Tochter in ihrer Klasse und bei ihren Lehrern beliebt war. Das war Trost.

Das Leben ging weiter. Wir mußten nach vorne schauen. Wir hatten noch drei Kinder, die haben uns dringend gebraucht. Die Tat konnte nicht mehr ungeschehen gemacht werden, der Täter war hart bestraft worden. Es gibt keinen Stillstand. Man muß sich zusammenreißen. Man darf auch nicht in Selbstmitleid verfallen. Das ist immer eine Gefahr. Es tut ja so gut, wenn alle mit einem Mitleid haben. Aber da bekommt man auch ganz schnell ein schlechtes Gewissen: "Das Kind hat sterben müssen, und wir werden mit soviel Mitleid überhäuft." Ich habe mich immer angestrengt, das Mitleid nicht in mich hineinzulassen. Immer ist es mir nicht gelungen.

Wenn ich mir überlege, welches Verhalten der Mitmenschen mir am ehesten geholfen hat, dann waren es wohl die ganz einfachen Gesten. Ein kräftiger Händedruck ohne viele Worte.

Die entscheidende Hilfe haben wir aber anderswo gefunden. Wir haben schon vor dem Tod unserer Tochter miteinander gebetet. Aber nicht regelmäßig. So hin und wieder. Das hat sich nach dem Mord grundlegend geändert. Meine Frau und ich haben uns in der Nacht nach dem Mord geschworen, jeden Abend für unsere Sabine zu beten, solange wir leben. Und das haben wir auch durchgehalten, zu 99 Prozent. Das werden wir auch weiterhin tun. Dieses gemeinsame Beten, jeden Abend, ist nämlich zu einer großen Bereicherung in unserer Ehe geworden. Es muß ja auch nicht bei einem Vaterunser bleiben. Am schönsten ist es für uns beide, wenn wir in einem persönlichen Gebet den Tag noch einmal überdenken, wenn wir für die schönen Stunden danken und wenn wir unsere Sorgen Gott anvertrauen dürfen. Außerdem hilft uns das Beten auch noch in einer ganz anderen Richtung. Es gibt ja in jeder Ehe hin und wieder Differenzen. Aber wenn wir abends miteinander zu Bett gehen, und wenn dann die Zeit des Gebetes kommt, ja da können wir ja nicht mehr miteinander im Unfrieden sein. Das geht ja nicht: streiten – beten – und dann wieder streiten. Ein Pfarrer hat uns einmal gesagt: "Lasset die Sonne nicht untergehen über eurem Zorn!" Ich glaube, das steht sogar in der Bibel. Wir halten uns dran und leben sehr glücklich damit.

Werner Knubben

Der Geheimrat Zet

Der Leiter eines großen Unternehmens, der Geheimrat Zet, ein behäbiger Sechziger mit großem rundem Gesicht, stattlich und breitschultrig, ein Mann, zu dem der schwarze Schoßrock und der hohe, steife Hut gut paßten, hatte nicht nur zu planen und zu werken hinterm Schreibtisch, ihm oblag auch, wie sich das versteht, die Pflicht, bei feierlichen Anlässen, traurigen und heiteren, Ansprachen zu halten, das Wort zu ergreifen, wie die Zeitungen hernach in ihren Berichten zu schreiben pflegten. Am häufigsten traf es sich, daß er bei Beerdigungen ein paar teilnahmsvolle Sätze zu sprechen, einen großen Kranz mit schwarzen, wehenden Flügelschleifen am Grab niederzulegen hatte.

Kunst des Lebens – Kunst des Sterbens

Wenn das Wetter gar zu schlecht war, wenn vom Himmel der Regen niederfiel in ein offenes Grab, und um das Grab standen viele schwarze Männer und Frauen und hatten viele schwarze Schirme aufgespannt, auf die der Regen trommelte, – so waren sie immerhin vor der schlimmsten Nässe geschützt, nur in das Grab fiel der Regen ungehindert – wenn das Wetter dann also gar zu schlecht war, und er hatte seine kleine Rede gehalten, der Geheimrat Zet, und hatte seinen großen Kranz niedergelegt, und war wieder zurückgetreten, in den Kreis der Trauergäste, so verstand er es vortrefflich, jede Gelegenheit wahrzunehmen, sich in die zweite und dritte Reihe der Zuschauer zu schieben, unmerklich, ganz wie zufällig, bis er der hinterste und allerletzte Mann war und nur mehr schwarze Rücken vor sich sah. Dann wandte er sich, dann ging er mit raschen, freien Schritten durch die Gassen der fröstelnd nassen Grabsteine, dahin zwischen weißen Marmorengeln und gelben Säulen, zum Friedhofsausgang, stieg in seinen Wagen, setzte sich in den Polstern zurecht, und fand es doppelt warm und gemütlich mit seinem Dach über sich, wenn er sich erinnerte, daß noch immer viele schwarze, nasse Schirme über einem offenen Grab schwankten.

Diese Geschicklichkeit, vor Beendigung von Feierlichkeiten sich davonzuschleichen, und das brauchten nicht immer nur Beerdigungen zu sein, und es brauchte auch nicht immer gerade zu regnen, bildete er immer kunstvoller aus, und die am nächsten Beteiligten, die trauernden und die jubelnden, merkten fast nie seine frühe Flucht. Die merkten nur Männer in wichtigen, öffentlichen Stellungen, die, wie er auch, gezwungen waren, viele Freudenfeste und Trauerversammlungen mitzumachen – die merkten es, mit Mißbilligung manche, die neidisch waren auf diese seine füchsische Gabe, andere mit Freude über seine Schlauheit, die sie bewunderten.

Aber dann kam einmal der Tag, da schwankten wieder viele schwarze Schirme über einem offenen Grab, und im offenen Grab und vernagelten Sarg lag der Geheimrat Zet, weit über die Siebzig nun, und sein Gesicht war noch rund, aber nicht mehr rot wie ehedem, und er lag im Sarg, wie wir alle einmal im Sarg liegen werden. Der Regen fiel, unter den Schuhen der Trauergäste platschte der klebrige Lehm und schrie auf,

3. Kapitel

wenn der Schuh sich hob, schrie boshaft auf, weil er den Schuh loslassen mußte, und Reden wurden gehalten, kurze und lange, gute und schlechte, und Kränze häuften sich über dem Grab, und die Feier nahm kein Ende, und wenn ein Windstoß ging, fand der Regen trotz der Schirme seinen Weg in die Gesichter.

Einer, der oft den lebenden Geheimrat Zet hatte in solcher Stunde fuchsschlau entwischen sehen, einer, der den großen schweren Mann gern gehabt hatte, legte die Hand im schwarzen Leder vor den Mund und flüsterte lächelnd und mit einem sonderbaren Zucken um die Augen seinem Nachbarn mit einem Kopfnicken auf das offene Grab hin zu: "Heut muß er aber bis zuletzt da bleiben!"

Wahrhaftig, heut blieb er bis zuletzt, der Geheimrat Zet, trotz der vielen Reden und des vielen Regens, aber ein guter Sarg ist besser als der beste Schirm, und Regen und Reden gleiten von ihm ab.

Georg Britting

Kunst des Lebens – Kunst des Sterbens

> Il n'y a pas la mort;
> il y a moi qui meurs.
>
> *André Malraux*

leben

nichts ist der tod
nichts
nur ein wort
für das ende
unseres lebens
meines
und
deines

    nichts wird uns
    ums leben bringen

was zählt
sei allein unser
begrenztes leben
deines
und
meines
und
unsere hoffnungen

    und danach die verblassenden Spuren -
    meines in deinem?   deines in meinem?

Dierk Schäfer

3. Kapitel

Tod und Leben

Während des Novembermonats, an Allerseelen und am Totensonntag gehen unsere Gedanken den ewigen Fragen des Lebens nach. Wir besuchen die Grabstätten unserer Angehörigen, wir suchen im Gebet die Verbundenheit mit ihnen erlebbar wachzuhalten und fragen uns selber nach der Kürze des Lebens und dem Sinn dieser winzigen Zeitspanne irdischen Daseins.

Kaum eine Frage sonst scheint in unserem Alltagsleben soweit verdrängt zu sein wie die Frage des Todes. Vor Jahren schrieb der englische Dichter Evelyn Waugh in seinem Buch *Tod in Hollywood* eine Charakterisierung dieses panischen Schreckens, der uns zu überfallen droht, wenn wir dem Tod gegenübergestellt werden: Beerdigungsinstitute in der Nähe von Hollywood versuchen, des Todes mit kosmetischen Mitteln Herr zu werden. So wie das Leben, so das Sterben; der Tod muß schön sein und der Gestorbene womöglich noch attraktiver und ansehnlicher, als er zu Lebzeiten war. In einer solchen durchgestylten Welt darf es die Trauer nicht geben, die Einsamkeit nicht geben, die Wahrheit nicht geben. Das Fest, die Party des Lebens verlangt ihre Fortsetzung, die Show muß weitergehen. Hollywood ist keine Ausnahme.

Niemand verlangt von uns, daß wir die Vorgänge des Sterbens schön finden oder in gewissem Sinne auch nur menschengemäß. Schon hygienische Gründe scheinen in der Evolution dazu beigetragen zu haben, daß uns ein instinktives Grauen beim Anblick von Verstorbenem überfällt. Keine der Linien, die zum Menschen führten, hat irgendwann die Reihe der Aasfresser passiert, also daß wir vor dem Töten scheinbar weniger Ekel empfinden als vor dem Toten. Zerfall, Verwesung – was unsere Augen sehen und was unser Gefühl wahrnimmt, mutet uns verletzend, abstoßend und erniedrigend an. Das ist unvermeidbar so. Es stärkt aber den Willen, zu leben, es ist der Reflex eines Gefühls, das seinen Sinn hat im Haushalt der Natur. Völlig unmenschlich und unnatürlich, ja das Leben schädigend aber ist die Verlogenheit, mit der wir dem Tod begegnen. Eine Gesellschaft wie die unsere hat keine

Kunst des Lebens – Kunst des Sterbens

Antworten auf die Fragen, die das Sterben stellt. Sie fühlt sich selbst durch den Tod eines einzelnen Menschen in Frage gestellt und riegelt sich ab, indem sie lügt. Bis in die Sterbestunden hinein muß dem Kranken suggeriert werden, daß er gesund wird, daß er schon bald nach Hause kommen wird, daß er schon gerade dabei ist, wieder der alte zu werden. In den Krankenhäusern habe ich Krebspatienten kennengelernt, die bis zur Todesagonie ihren Angehörigen noch vorspielen mußten, sie wüßten von nichts. Sie mußten sich bis zum letzten Augenblick den unsinnigen Zuspruch anhören, daß sie bald gesund würden und daß sie nur eine harmlose Magenkrankheit hätten. Schließlich schloß man sie an die Apparate und Schläuche, um selbst das Sterben noch unter die Illusion der Funktionstüchtigkeit und des Wir-Schaffen's Schon, Wir-haben-die machbaren-Antworten zu zwingen.

Die Lüge, mit der wir dem Tod begegnen, ist dieselbe, mit der wir uns weigern, wirklich zu leben. Wir verdrängen das Alter, wir vermeiden die Krankheit, wir halten den Schmerz nicht aus, wir wissen mit Trauer nicht umzugehen. Es ist wie ein Zwang, der uns nötigt, aus dem ganzen Leben ein endloses Geschwätz zu machen. Scheinbar geht es am Ende nur noch um die Gehaltsbezüge, um den nächsten Urlaub in Paris oder auf Sylt, um die kleinen Wehwehchen, deren wir Herr werden, und um die großen Zusammenhänge, die wir noch nicht überblicken können. Hinzu kommt der Zwang zur ewigen Jugend: wir müssen schön bleiben, fit bleiben, leistungsfähig bleiben ... Könnten wir den Tod akzeptieren, so gäbe es wunderbare Dinge zu entdecken. Der Tod ist nicht der Würgeengel, für den wir ihn halten. Er gehört zu unserer irdischen Existenz. Er ist weise und ein Lehrmeister, wenn wir ihn dafür nehmen: er hält uns an, in dieses Erdendasein uns niemals endgültig zu vergraben, so als ob unser Verlangen nach Hoffnung und Glück hier auf Erden jemals Erfüllung fände. Der Tod nötigt uns zu der heiligen Unruhe, Fragen zu stellen, auf welche die irdische Existenz niemals eine Antwort zu geben vermag. Wir Menschen werden angesichts des Todes vor die Frage gestellt, warum es uns gibt, als einzelne. Der Tod zwingt uns, aus der Masse herauszutreten. Er steht vor uns und möchte, daß wir Antwort geben für unsere Existenz, unableitbar, ohne Ausweichen, ehrlich. In jedem Moment kann der

3. Kapitel

Tod uns fragen, wie wir mit dem Leben umgehen und wozu wir da sind. Er verlangt von uns ein Stück Geradheit, Ehrlichkeit, Weitherzigkeit. Gewiß können wir auf den Tod antworten mit Vermehrung von Lebensangst, Engstirnigkeit und den Mechanismen sinnloser Verteidigung. Aber wir können angesichts des Todes auch lernen, weitherzig zu sein; denn angesichts des Todes sind wir alle Brüder und Schwestern, heimgesucht alle von letztlich dem gleichen Schicksal. Unsere eigene Individualität können wir dazu nutzen, die Seltsamkeit und Unableitbarkeit, die unwiederholbare Schönheit eines jeden Menschen an unserer Seite zu entdecken, zu fördern und zu vermehren. Dieses sterbliche, kurzzeitige Leben, das wir führen, kann ein einziges Konzert der Dankbarkeit für die erstaunliche Tatsache sein, daß es uns gibt. Wir sind nicht selbstverständlich. Der Tod sagt uns das am allerdeutlichsten, und jede Zeitspanne irdischer Existenz trägt in sich ein Verlangen nach Unendlichkeit, nach Würde, nach Liebe, nach Ewigkeit. So sind wir Menschen, wenn wir wagen, wahr zu sein.

Wenn wir die Gräber besuchen, pflegen wir eine Reihe symbolischer Bilder, die allem Anschein nach in Jahrhunderttausenden der Menschheitsgeschichte geformt wurden.

Lichter stellen wir auf die Gräber und erinnern uns selber an die wohl geheimnisvollste Erfahrung der Menschheit, wie aus totem Stein und morschem Holz Feuer und Wärme hervorzugehen vermag, etwas jahrhunderttausendelang völlig Unbegreifbares, ein langsam sich formendes Bild für die Gewißheit, so könne es auch sein mit unserem Leib: wenn er verfällt, kalt wie Stein, modrig wie Holz, sei er in Wahrheit dabei, die Lichtkraft und Wärme der Seele, den Glanz des ewigen Lebens, aus sich zu entlassen.

Blumenkränze legen wir auf die Gräber, wie um zu sagen, daß der Ring des Lebens sich schließt im Tod, doch daß das Dasein damit nicht endet, so wenig wie Blumen, die geschnitten werden: im Erdreich bleibt ihre Kraft, und im beginnenden Frühjahr werden sie wiederkommen, schöner denn je, in verjüngter Form. So möge das Geheimnis der Erde den toten Leib eines uns lieben Menschen aufnehmen und Gott zurückgeben im Kreis des Lebens für die Ewigkeit.

Kunst des Lebens – Kunst des Sterbens

Und Bäume pflanzen wir auf die Gräber, weil auch sie im Abwerfen der Blätter und im Begrünen der Zweige im Frühjahr Bilder der Unsterblichkeit sind. Wegweiser und Leitern sind sie zwischen Diesseits und Jenseits, zwischen Himmel und Erde. Gewiß, all dies sind nur Bilder, aber sie sagen uns etwas sehr Tröstliches. Wir haben gegen allen Augenschein gewissermaßen ein Recht auf ewige Schönheit, auf ewige Jugend, auf ewiges Glück. Wir würden diese Hoffnung vertun, wenn wir sie an unsere irdische Existenz richteten, indem wir auf fiktive Weise den Tod verdrängen oder verleugnen. Doch gerade angesichts des Todes weht uns eine Ahnung von Ewigkeit an. Und selbst die Gräber flüstern uns zu, was nur die Liebe uns lehren kann: Wir gehören untrennbar zusammen. Und: wir werden uns wiedersehen. Der Tod ist das Ende. Doch er ist nicht endgültig. Endgültig ist einzig die Wahrheit der Liebe.

Eugen Drewermann

3. Kapitel

Lebensanzeige

Mein Großvater

Karl-Anton Weber

feiert heute seinen 87. Geburtstag. Seit Jahren ist er durch eine sehr schwere Krankheit Tag und Nacht ans Bett gefesselt. Er, der ehemals so beliebt und hochgeachtet war, fristet sein Leben nun in großer Einsamkeit.

Wenn wir Angehörige, was morgen der Fall sein könnte, statt dieses vielleicht sonderbaren Aufrufes die traurige Nachricht von dem in Gott erfolgten Ableben unseres verehrten Karl-Anton Weber hätten hier abdrucken lassen, wäre des geäußerten Bedauerns kein Ende gewesen. Sein Leichenzug hätte sich durch die Anzahl der Trauernden, durch Ehrengeleit, Pracht der Blumen und die Feierlichkeit der Nachrufe zu einer Massenkundgebung seltener Wertschätzung eines Mitbürgers ausgeweitet.

Ich erlaube mir vorzuschlagen, daß man von dieser, einem Toten zu spät dargebrachten Ehrung absehen möge, dafür aber die wenigen Wochen, die dem Kranken und Einsamen noch zu erleben verbleiben, durch abwechselnde Besuche und gelegentliche Ansichtskarten, die ihn sicher erfreuen, auf das Glücklichste verschöne.

Im Namen der Angehörigen:

Felix Weber

Werner Knubben

3017 Pattensen, 7. Juli 1992
Steinstr. 14

Psalm 121

Nach langer Krankheit, doch unerwartet verstarb heute meine liebe Mutter, Schwester, Schwiegermutter und Großmutter

Dr. med.
Alwine Brinkmann
Ärztin
1911 – 1992

Thomas Brinkmann mit Familie
Ruth Peters, geb. Brinkmann, mit Familie

Beerdigung am Mittwoch, 10. Juli 1992, um 13.30 Uhr, Friedhof Pattensen

Hallo Jochen

Wir sehen uns wieder!

Dein Papa, Deine Bruni,
Dein Benjamin

Familienereignisse

berichten Sie Ihren Freunden und Bekannten durch eine Anzeige in Ihrer Heimatzeitung

3. Kapitel

Protest

Marti hat es in meisterhafter Weise verstanden, die gottesdienstliche Formulierung vom Gott, dem es gefallen habe, aus der Zeit in die Ewigkeit abzuberufen, als unreflektierte und blasphemische Floskel zu enttarnen:

> Wir sind Protestleute
> gegen den Tod.
> *(Christoph Blumhardt)*

dem herrn unserem gott
hat es ganz und gar nicht gefallen
daß gustav e. lips
durch einen verkehrsunfall starb

erstens war er zu jung
zweitens seiner frau ein zärtlicher mann
drittens zwei kindern ein lustiger vater
viertens den freunden ein guter freund
fünftens erfüllt von vielen ideen

was soll jetzt ohne ihn werden?
was ist seine frau ohne ihn?
wer spielt mit den kindern?
wer ersetzt einen freund?
wer hat die neuen ideen?

Kunst des Lebens – Kunst des Sterbens

dem herrn unserem gott
hat es ganz und gar nicht gefallen
daß einige von euch dachten
es habe ihm solches gefallen

im namen dessen der tote erweckte
im namen des toten der auferstand
wir protestieren gegen den tod
   von gustav e. lips

Kurt Marti

"Dein Tod soll nicht sinnlos sein"

3. Kapitel

Leben als Herausforderung

Wer ein Warum zu leben hat, erträgt fast jedes Wie.

Nietzsche

"Weh dem, der kein Lebensziel mehr vor sich sah, der keinen Lebensinhalt mehr hatte, in seinem Leben keinen Zweck erblickte, dem der Sinn des Daseins entschwand - und damit jedweder Sinn eines Durchhaltens.

Was hier not tut, ist eine Wendung in der ganzen Fragestellung nach dem Sinn des Lebens. Wir müssen lernen und die verzweifelten Menschen lehren, *daß es eigentlich nie und nimmer darauf ankommt, was wir vom Leben noch zu erwarten haben, vielmehr lediglich darauf: was das Leben von uns erwartet...* daß wir nicht mehr einfach nach dem Sinn des Lebens fragen, sondern daß wir uns selbst als die Befragten erleben, als diejenigen, an die das Leben täglich und stündlich Fragen stellt - Fragen, die wir zu beantworten haben, indem wir nicht durch ein Grübeln oder Reden, sondern nur durch ein Handeln, ein richtiges Verhalten, die rechte Antwort geben. Leben heißt letztlich eben nichts anderes als: Verantwortung tragen für die rechte Beantwortung der Lebensfragen, für die Erfüllung der Aufgaben, die jedem einzelnen das Leben stellt.

Viktor Frankl
KZ-Überlebender und Therapeut

Überlebens - Psalm

Opfer wurd ich in unfairem Kampf,
Den ich nicht wollte und ihn verlor.
Schande ist's nicht, so zu verlieren,
   nur zu gewinnen.

Doch das ist vorbei, ich bin Überlebender nun,
   nicht länger dem Opferschicksal versklavt.
Mit Traurigkeit mehr als mit Haß
   schau ich zurück.
Mit Hoffnung mehr als Verzweiflung
   blick ich nach vorn.
Vergessen werd ich wohl nie,
   doch muß nicht mehr ständig dran denken.

Opfer war ich.
Überlebender bin ich.

Frank M. Ochberg
aus dem Amerikanischen von *Dierk Schäfer*

3. Kapitel

> **Philemon und Baucis**
> **"Es nehme dieselbe Stunde uns fort!"**

Einmal, als die Götter noch in Menschengestalt zu Besuch auf die Erde kamen, so erzählt der römische Dichter Ovid, da baten sie die Menschen um Gastfreundschaft. Doch wo sie auch klopften, wurden sie abgewiesen. So verging der Tag.

Erst in einer armseligen Hütte tut man ihnen auf. Ein altes Ehepaar wohnt hier, Philemon und Baucis. Sofort eilen sie, ihren unbekannten Gästen jede Annehmlichkeit zu verschaffen, so wie es ihre geringen Mittel gerade erlauben. Baucis polstert die harten Sitzplätze diensteifrig mit einer Decke aus und entfacht das schon verloschene Feuer aufs neue, während Philemon Kohl aus dem Garten holt. Dann kümmert er sich um das Fleisch: Ein geräucherter Schweinerücken aus lang gehüteten Vorräten.

Während das Essen kocht, unterhalten die beiden ihre Gäste mit heiteren Gesprächen, reiben schließlich den Tisch mit duftender Minze ein und decken ihn zum bescheidenen Festmahl. Alles was ihre ärmliche Wirtschaft hergibt, tischen sie auf, mit freundlicher Miene und bereitwilligem Herzen.

Als der Wein im Krug trotz eifrigen Nachschenkens nicht ausgeht, erkennen sie endlich, wen sie bewirten. Ängstlich entschuldigen sie sich wegen der kargen Mahlzeit. Eine Gans hätten sie noch, die das Häuschen bewacht; sofort wollen sie das Tier für die Götter schlachten und zubereiten. Doch die wehren ab und erzählen von der Bosheit der wohlhabenden Nachbarn, deren Häuser zur Strafe im Sumpf versinken. Die Hütte des Paares jedoch, sie wird zum prunkvollen Tempel.

Und einen Wunsch haben sie frei, Philemon und Baucis. "Eure Priester zu sein und eure Tempel zu hüten, bitten wir euch, und da wir in

Eintracht die Jahre verbrachten, nehme dieselbe Stunde uns fort: Ich möge der Gattin Grab nie schauen, noch möge im Grab sie je mich bestatten." So bittet Philemon.

Und was sie erbaten, es wurde erfüllt. Nach Jahren nahm dieselbe Stunde beide hinfort.

Prosa-Fassung *Dierk Schäfer*

3. Kapitel

Seit einigen Wochen ist Frau Biermann auf O 3, eine der Pflegestationen des Altenheimes. Sie ist noch gut zu Fuß und winselt um jeden auftauchenden Besucher herum:

So laßt mich doch endlich sterben! Warum laßt ihr mich nicht sterben?

Eines Tages wirst vielleicht auch du	Eines Tages werde vielleicht auch ich
In einem lichten Moment ?	In einem lichten Moment ?
Auftauchend aus seniler Nacht	Auftauchend aus seniler Nacht
Schluß machen wollen	Schluß machen wollen
Und verlangst nach meiner Hilfe	Und verlange nach deiner Hilfe
DU ?	ICH ?
Wenn DU es bist	Wenn ICH es bin
Kann ICH dir trauen	Kannst DU mir trauen
Wenn DU es bist	Wenn ICH es bin
KANN	KANNST
ICH	DU
DICH	MICH
TÖTEN?	TÖTEN?

ich hab **Angst!Angst** hab ich

daß der Tod uns scheidet — bis der Tod uns scheidet

Kunst des Lebens – Kunst des Sterbens

Abraham starb alt und lebenssatt. So heißt es. Vielleicht hatte schon er es satt, war lebens- und leidensüberdrüssig wie viele unserer Kranken und Alten, die in ihrer Persönlichkeit kaum noch erkennbar in Krankenhäusern und Pflegeheimen auf den Tod warten.

Wer wartet auf ihren Tod?
Sie?
Wir?

Wer mag da zugucken?
Wer mag da eingreifen?

der kühle, distanzierte sachverstand von ethik-kommissionen?

Recht auf Leben umfaßt Recht auf Sterben – würdevoll und selbstbestimmt

Doch zuvor ein menschenwürdig-selbstbestimmtes Leben!

Dierk Schäfer

3. Kapitel

Wie wird es mit ihm weitergehen?

"Wenn ich einmal gestorben bin, dann ist alles zu Ende. Aus. Da ist nichts mehr. Nur Tod!" Wie oft hatte sich mein Schwiegervater mit solchen und ähnlichen Bemerkungen geäußert. Er hielt nichts von einem Weiterleben nach dem Tod. Damals war er noch fit und durchaus in der Lage, klare Gedanken zu fassen. Doch er stand mit dieser Haltung in unserer Familie auf einsamem Posten. Ich tat mich sehr schwer, dies zu akzeptieren, fühlte mich oft herausgefordert, auf ihn einzuwirken, um ihm eine tröstlichere Perspektive zu eröffnen. Erfolg hatte ich damit offensichtlich nicht.

In den letzten Jahren seines Lebens war er dann oft verwirrt. Eines Tages schaute er beim Mittagessen zum Fenster hinaus und überraschte uns mit der Feststellung: "Schaut mal, wieviele Panzer da aufgefahren sind!" Keiner von uns hat auch nur einen Panzer gesehen, nur er.

Als sein Tod dann offensichtlich näherrückte, machte ich mir große Sorgen. Wie wird es mit ihm weitergehen? Wo wird er nach seinem Tode sein? Diese Sorgen belasteten auch meinen Mann; sie wurden noch belastender, als es dann soweit war. Ist unser Vater erlöst? Ist er bei Gott? Gibt es so etwas wie Fegefeuer, Hölle? Diese Fragen und Ängste ließen uns nächtelang nicht schlafen.

Eines Nachts aber hatte ich einen Traum. Mein Schwiegervater saß in einem Sessel unseres Wohnzimmers, in dem er zu seinen Lebzeiten nie gesessen hatte. Er war frisch geduscht und offensichtlich sehr guter Stimmung. Er sprach mich direkt an und tröstete mich etwa so: "Mach dir keine Sorgen, mir geht es gut!"

Wenn ich dadurch auch keine Gewissheit habe, daß er wirklich im Himmel ist, so wurden doch mein Glaube und meine Hoffnung gestärkt. Ich kann wieder freier atmen und ruhig schlafen.

Werner Knubben
nach dem Bericht einer Teilnehmerin eines Trauerseminars

Sterbebegleitung
Im Namen der Menschlichkeit

Else T. (43) hat Brustkrebs. Durch die Chemotherapie sind alle Haare verschwunden, ihre Schmerzen müssen mit hohen Dosen Morphin gelindert werden. Ihr gegenüber sitzt Hospiz-Mitarbeiterin Daniela Tausch-Flammer am Wohnzimmertisch. Sie unterhalten sich, trinken Tee und lachen zusammen – Else T. weiß, daß sie nicht mehr lange zu leben hat.

Else T. entspricht nicht den Werten, die viele in unserer Gesellschaft zur obersten Maxime erhoben haben: Jugend, Leistung und Dynamik. Doch was geschieht mit den Menschen, wenn ihr Geist nicht mehr so rege, der Körper krank und hilfsbedürftig wird? Vielen droht die Abschiebung in ein Alters- oder Pflegeheim, meist durch die eigenen Angehörigen. Krebskranke und Aids-Patienten werden ins Krankenhaus eingeliefert, das sie nur selten wieder lebend verlassen.

Sterben im Abseits

Rund 70 Prozent der Baden-Württemberger beenden nach Schätzungen des Diakonischen Werkes in einer dieser Institutionen ihr Leben. Häufig würdelos, oft von der Familie im Stich gelassen, sterben sie im gesellschaftlichen Abseits. Else T. gehört nicht zu ihnen. Sie wird betreut. Die Mängel in unserem sozialen System haben die Evangelische Gesellschaft in Stuttgart dazu bewogen, die Arbeitsgemeinschaften "Sitzwachen" und "Hospiz" zu gründen - im Namen der Menschlichkeit.

"Angefangen hat das Ganze 1984", erzählt Gemeindediakonin Ursula Lesny und richtet ihren Blick nachdenklich auf den Boden. Erinnerungen werden wach. Damals kam der heute 55jährigen die Idee einer seelsorgerischen Betreuung Sterbender, der sogenannten Sterbebegleitung. Innerhalb weniger Monate vermochte sie es, eine 25köpfige Freiwilligengruppe zusammenzustellen, die sich alten einsamen Sterbenden in einem Stuttgarter Pflegeheim widmen wollte. "Die meisten Mitarbeiter und Mitarbeiterinnen haben selbst Erfahrungen mit dem Sterben gemacht", weiß sie zu berichten. Bezeichnend sei jedoch die mit knapp zehn Prozent verschwindend geringe Anzahl männlicher Helfer. "Allerdings", ist sie überzeugt, "sind die Männer unter uns wirklich ausnahmslos herausragend engagiert."

Die Sterbebegleiter sind meist mittleren und höheren Alters. Jüngste Helferin ist eine 25 Jahre alte Sozialpädagogin, als ältesten Mitarbeiter nennt die Diakonin einen 70jährigen Rentner. Alle sind vor ihrem Einsatz ein halbes Jahr lang in die schwierige Thematik eingeführt worden. Warum begleiten sie Sterbende? "Am Bett des Sterbenden haben wir unser eigenes Schicksal vor Augen. Betroffenheit und Angst, aber auch Hoffnung können entstehen", erklärt Lesny. Sie ist schon mit vielen den letzten Weg gegangen und hat "dabei immer wieder gelernt".

Ein Sterbender benötige einen Menschen, der Zeit für ihn hat, an seiner Seite wacht, ihm beisteht. Wem dies verwehrt werde, der verliere seine Würde - "deshalb sind wir da". Das Pflegepersonal sei überlastet und außerstande, die seelsorgerische Pflege zu übernehmen. Einer Institutionalisierung der Sitzwache steht die Kirchenvertreterin skeptisch gegenüber:

"Diese Tätigkeit muß ehrenamtlich bleiben – bezahlte Sterbebegleitung ist ein Widerspruch für mich."

Ebenso sieht es Diplom-Psychologin Daniela Tausch-Flammer, die drei Jahre später die Stuttgarter Hospizbewegung initiierte: "Ich befürchte dann einen Verlust der Qualität durch Freiwillige." Im Gegensatz zur Sitzwache begleiten die Hospiz-Mitarbeiter Sterbende nicht im Haus, sondern zu Hause. wie im Falle von Else T., oder im Krankenhaus. Ziel ist es, eines Tages in Stuttgart ein stationäres Hospiz zu realisieren. In diesem seit 1967 bestehenden Sterbehaus hat die 30jährige Tausch-Flammer einige Monate Erfahrungen im Umgang mit Todkranken und Alten sammeln können. Ein Gebäude im Zentrum Stuttgarts steht der Evangelischen Gesellschaft für dieses Vorhaben bereits zur Verfügung, "jetzt fehlt es nur noch an der Finanzierung." Gespräche mit Krankenkassen und Wohlfahrtsverbänden sind aber schon im Gange. Stuttgart hätte dann das erste stationäre Hospiz in Baden-Württemberg, sieht man von kleinen ähnlichen Abteilungen in wenigen Krankenhäusern einmal ab.

"Ich kann mit der Sterbebegleitung gut umgehen", erzählt Else T. Sie sei froh, intensiv von jemandem betreut zu werden, dem sie ihr ganzes Vertrauen schenken kann. Aus ihrer Verwandtschaft lebt niemand mehr, ehemalige Freunde ließen sich seit Jahren nicht blicken. "Wenn es das Hospiz nicht gäbe, hätte ich mich wahrscheinlich schon längst umgebracht. Jetzt habe ich wieder Mut zum Leben." Der behandelnde Arzt gab Else T. bereits nach der letzten Operation vor einem Jahr nur noch wenige Wochen.

Zeit zum Abschiednehmen

Ungefähr 20 Menschen hat Daniela Tausch-Flammer bisher ans Lebensende begleitet, bei allen hatte sie genügend Zeit zum Abschiednehmen. Nicht so bei ihrem Mann - unerwartet starb der 37jährige vor we-

Kunst des Lebens – Kunst des Sterbens

nigen Monaten an einer Gehirnblutung. Durch seinen Tod war Tausch-Flammer nahe daran, ihre Arbeit aufzugeben, "aber mein Mann hätte gewollt. daß ich weitermache – und ich mache weiter." Ihre Trauer sichtlich unterdrückend und trotzdem fest entschlossen fügt sie hinzu: "Ich kann mir keine schönere Tätigkeit vorstellen. Der Tod ist ein Teil des Lebens – meines Lebens."

(Ralph Höfelein)

3. Kapitel

Zehn Ratschläge eines Sterbenden für seinen Begleiter

1. Laß nicht zu, daß ich in den letzten Augenblicken entwürdigt werde. Das heißt, laß mich, wenn es irgend einzurichten ist, in der vertrauten Umgebung sterben. Das ist schwerer für dich. Aber es wird dich bereichern, Sterbebegleiter zu sein.
2. Bleibe bei mir, wenn mich jetzt Zorn, Angst, Traurigkeit und Verzweiflung heimsuchen. Hilf mir, zum Frieden hindurchzugelangen.
3. Denke dann nicht, wenn es soweit ist und du hier ratlos an meinem Bett sitzt, daß ich tot sei. Das Leben dauert länger, als die Ärzte sagen. Der Übergang ist langwieriger, als wir bisher wußten. Ich höre alles, was du sagst, auch wenn ich schweige und meine Augen gebrochen scheinen. Drum sag jetzt nicht irgendwas, sondern das Richtige. Du beleidigst nicht mich, sondern dich selbst, wenn du jetzt mit deinen Freunden belanglosen Trost erörterst und mir zeigst, daß du in Wahrheit nicht mich, sondern dich selbst bedauerst, wenn du nun zu trauern beginnst. So vieles, fast alles ist jetzt nicht mehr wichtig.
4. Das Richtige, was du mir jetzt sagen möchtest, wenn ich dich auch nicht mehr darum bitten kann, wäre zum ersten das, was es mir nicht schwer, sondern leichter macht, mich zu trennen. Denn das muß ich. Ich wußte es auch längst, bevor du oder der Arzt es mir mit euren verlegenen Worten eröffnet hattet. Also sag mir, daß ihr ohne mich fertig werdet. Zeig mir den Mut, der sich abfindet, nicht den haltlosen Schmerz. Mitleid ist nicht angebracht. Jetzt leide ich nicht mehr. Sag mir, daß du das und das mit den Kindern vorhast und wie du dein Leben ohne mich einrichten wirst. Glaub nicht, es sei herzlos, das jetzt zu erörtern. Es macht mich freier.
5. Das Richtige, was du mir jetzt sagen möchtest, wenn ich dich auch vielleicht nicht mehr darum bitten kann, wäre das Wort, aus dem ich gelebt habe. Wenn nichts bleibt vom Leben auf Erden, so sind es doch diese Worte. Und wenn sie nie Wort geworden wären in unserem Leben, so mußt du jetzt versuchen, sie zu finden. Hat sie es nicht gehabt, so hat unsere Liebe doch immer auf ihr Wort

Kunst des Lebens – Kunst des Sterbens

gehofft. Vielleicht war es ein einziger Bibelvers, aus dem wir lebten ein Leben lang, ein einziger, der unser Suchen jetzt zusammenfaßt. Versuch ihn zu finden und mir ins Ohr zu sagen. Ich höre.

6. Ich höre, obwohl ich schweigen muß und nun auch schweigen will. Halte meine Hand. Ich will es mit der Hand sagen. Wisch mir den Schweiß von der Stirn. Streich die Decke glatt. Bleib bei mir. Wir sind miteinander verbunden. Das ist das Sakrament des Sterbestands. Wenn nur noch die Zeichen sprechen können, so laß sie sprechen.

7. Dann wird auch das Wort zum Zeichen. Jetzt hättest du mehr von mir zu lernen als ich von dir. Ich blicke schon durch die Tür. Jetzt, da ich davongehe, wünsche ich, daß du beten kannst, das heißt, das Gute erkennst, das Gott uns jetzt schickt. Klage nicht an - es gibt keinen Grund. Sage Dank - ich werde Gott schauen. Und dir wird es auch geschenkt werden.

8. Morgen, wenn sie dich nicht mehr alleinlassen mit mir, sorge dafür, daß der Ton dieser Stunde zwischen uns nicht verlorengeht. Laß die ehrenden Worte auf der Anzeige, den Aufwand auf dem Friedhof. Das alles erreicht mich nicht mehr.

9. Und wenn dir mein Sterben ferner und ferner rückt, die letzten Kondolenzen beantwortet sind und du, wie es jedermann erwartet, in Trauer zurückfallen sollst, so wehre dich mit aller Kraft. Das viele Trauern in der Welt ist nur die andere Seite unseres Unglaubens, und das schlimmste ist, daß gerade die meisten Christen Ernst mit Traurigkeit verwechseln und von der Sonne singen, ohne sie zu leben. Du sollst von mir nur wissen, daß ich der Auferstehung näher bin als du selbst.

1o. Nimm mit dir mit, was wir zusammen erlebt haben, als ein kostbares Vermächtnis. Laß mein Sterben dein Gewinn sein, wie das Sterben unseres Heilandes unser Gewinn ist. Leb dein Leben fortan ein wenig bewußter als dein Leben vor dem Tod. Es wird schöner, reifer und tiefer, inniger und freudiger sein, als es zuvor war, vor meiner letzten Stunde, die meine erste ist.

Zitiert nach: Publik-Forum

3. Kapitel

Daniel: Setzt mir keinen Grabstein!

Auf seinem Nachtisch stand ein alter Bilderrahmen. Gesichter aus Fotos waren ausgeschnitten und kunterbunt durcheinander aufgeklebt worden. Verschwommene Schwarzweiß-Frauen, Männerporträts, bunte Babygesichter und Kinder:

Daniel sah meinen fragenden Blick. Ich legte den Rahmen in seine zittrigen Hände. "42 sind's. Alle meine Familie. Und alle tot." Nach einer Weile: "Ich freu' mich aufs Sterben nach dem langen Alleinsein und dem vielen Abschiednehmen." Plötzlich schaute er mir in die Augen. "Als du damals zur Bestrahlung gekommen bist, haben wir alle gedacht, du wärst die erste, die stirbt."

Vor fünfzehn Monaten waren wir eine Gruppe von zwölf Krebspatienten gewesen. Wir trafen uns immer wieder bei den Bestrahlungen, kotzten uns gemeinsam bei der Chemotherapie die Seele aus dem Leib.

"Bei wem warst du am Schluß dabei?" fragte Daniel. "Bei allen. Bis auf Erik. Der ist zu Hause gestorben." "Dann weißt du, was Abschiednehmen heißt", nickte er. "Jetzt bist du die letzte von uns. – Bist du traurig?" Ich legte meine Hand in seine: "Nein, jetzt nicht. Ich freue mich mit dir und bin dankbar, daß du mich rufen hast lassen." "Mit 81 ist es Zeit!" meinte Daniel nach langem Schweigen. "Gibt es ein Maß, wann es Zeit ist?" fragte ich. "Nein, aber für mich ist es Zeit!" lächelte er. "Ein Leben lang habe ich Grabsteine beschriftet. Für mich selbst möchte ich keinen. Ich geh' auf die Anatomie", blinzelte Daniel mir zu.

"So wie ich!" lachte ich zurück. "Dann treffen wir einander vielleicht wieder, so Knochen an Knochen ..." "Wir treffen einander, aber nicht auf der Anatomie! Wir sind doch beide Sonnenblumen!" entgegnete ich. Daniel lachte und griff mit beiden Händen meine Hand. "Natürlich! Sag, wie hast du da geschrieben?" Ich hatte ein Gedicht geschrieben, nachdem wir uns einmal lange über Grabsteine unterhalten hatten:

Kunst des Lebens – Kunst des Sterbens

"Setzt mir keinen Grabstein!
Auf ihm steht nicht,
daß am Tag
meiner Geburt
ein Schneesturm tobte,
der Bäume entwurzelte.
Setzt mir keinen Grabstein!
Auf ihm steht nicht,
daß Abschiednehmen
so sehr weh tut,
auch wenn das Leben
weitergeht.
'Ruhe in Frieden' steht auf ihm.
'Lebe in Freude' sollte dort stehen.
Setzt mir keinen Grabstein!
Denn irgendwo
blüht eine
Sonnenblume
und wiegt sich
im Wind."

Daniel hatte die Augen geschlossen. Er lächelte und drückte meine Hand ganz leise. Nach etwa zwei Stunden schaute er mich mit leuchtenden Augen an und hörte auf zu atmen.

Auf ein jüdisches Grab werden Steine anstelle von Blumen gelegt, weil selbst der Ärmste einen Stein bringen kann. Ich hatte einen kleinen Stein mitgebracht und legte ihn Daniel in die Hand. Den Fotorahmen ließ ich auf seiner Brust. Ich schloß ihm die Augen.

Auf meinem Nachttisch liegt auch ein Stein – aus Tirol. Ich werde Sonnenblumensamen kaufen.

Karin E. Leiter

3. Kapitel

abschied

komm, bring mich noch zum bahnhof
und sage mir adieu
die treppe steigt so angsterregend hoch
drum lass mich nicht allein und geh
nicht fort, bevor ich eingestiegen bin
wink mir noch nach, bis daß der zug entschwindet
versprich es mir, bei allem, was uns zwei verbindet
– voll sentiment und wehmut ist mein sinn –
erst wenn ich eine weile fort bin
dreh dich um und geh

geh still nach haus, versunken und gefangen
und denk an das, was nun vergangen
an uns und unser glück
an unser leben
dann raff dich auf und sichte fein
behutsam, was ich dir gelassen
ich werd dabei im geist noch um dich sein
erst nach und nach entschweben
und wohl auch verblassen
doch lass ich dich getröstet dann zurück

du wirst es schaffen, glaube mir
warst immer stark und hast mir kraft gegeben
hab dank, die zeit war gut mit dir
doch nun adieu – und du sollst leben

Dierk Schäfer

Kunst des Lebens – Kunst des Sterbens

*... und Gott wird abwischen
alle Tränen von ihren Augen ...*

Aufgabe der Religion ist es, dem menschlichen Leben und Erleben einen Sinn und damit eine Antwort auf das So-und-nicht-anders-Sein der Welt zu geben, also auch die Ungereimtheiten dieser Welt erklärend erträglich zu machen. Dies besagt nichts anderes als die harte Notwendigkeit, auch angesichts existentieller Krisen – wie etwa der Todesdrohung – dem Lebensverlauf einen Sinn zu verleihen.

In der modernen Gesellschaft, die fast keine gemeinsam geglaubten religiösen Vorstellungen und sinnstiftenden Werte mehr kennt, kann dies nur noch vom jeweils Betroffenen selbst geleistet werden. Menschen, die ihm viel bedeuten, können dabei eine wichtige Hilfe sein. Auch menschliche 'Ur-Signale' wie etwa Schutzgesten, Spiel, Hoffnung, Verdammung und Humor sind hilfreich, weil sie über das normale Alltagsverhalten hinausweisen, das in seiner ausschließlichen Funktions- und Nutzenorientierung keine sinnstiftende Menschlichkeit mehr bezeugt.

nach: *Armin Nassehi, Georg Weber*,
Textbearbeitung: *Dierk Schäfer*

3. Kapitel

Jeder braucht Trost

Gott hat uns Hände gegeben, damit wir einander die Hand reichen und zärtlich miteinander umgehen – nicht, damit wir gegeneinander die Faust erheben. Gott hat uns Füße gegeben, damit wir einander zu Hilfe eilen können – nicht, damit wir einander ein Bein stellen oder gar Fußtritte geben ... Gott hat uns Arme gegeben, damit wir einander in die Arme nehmen - nicht, damit wir einander an die Wand drücken. Ein geistig behindertes Kind von sieben Jahren war bei Verwandten zu Besuch. Beim Frühstück verbrühte sich seine Tante mit Kaffee. Sie ließ die Tasse fallen und stöhnte vor Schmerzen. Der Mann versuchte, Tischtuch und Tischplatte vor Schaden zu bewahren. Der behinderte Junge hielt ihn fest und schrie: "Jetzt nimm sie doch endlich in den Arm, sie weint ja ..."Jeder braucht Trost. So wollen wir denn einander die Hand geben, die Gesunden den Kranken, die weniger Leidenden den schwer Leidenden – und wohl auch umgekehrt. Auch das ist eine Erfahrungswahrheit. Mehr als einmal bin ich voller Angst zu einem Krankenbesuch angetreten, weil ich nicht wußte, was ich dem jahrelang Gelähmten sagen sollte, und ich bin getröstet zurückgekommen. Ein Kranker, der seine Leiden innerlich akzeptiert hat, kann eine Ruhe, Gelassenheit und Zufriedenheit ausstrahlen, die den Gesunden Mut und Trost gibt.

"Einer trage des anderen Last - so werdet ihr das Gesetz Christi erfüllen."

Johannes B. Brantschen

Auf dünnem Eis

Ein Anhalter! So etwa zwanzig Jahre alt; junges lachendes Gesicht! Schlaksig steht er am Straßenrand, den Daumen erhoben. Seine Haare sind lang und ungepflegt; ein Ohrring blitzt.

Nach Tübingen wolle er. Sehen, ob er eine Bude finde, denn im nächsten Semester fange er mit dem Studium an, Sozialpädagogik.

Zur Zeit leiste er noch seinen Zivildienst.

Ja, er habe verweigert. Dienst mit der Waffe, nein, das habe er nicht gewollt. Überhaupt, der Drill, Befehl und Gehorsam, Kasernenhof und und und.

Er arbeite in einer Sozialstation, Altenpflege bei alten Frauen und Männern, die allein nicht mehr klarkommen, aber nicht ins Heim wollen oder sollen. Die Angehörigen brauchten einige Stunden am Tag Entlastung bei der Pflege.

"Da mußte dich erst dran gewöhnen, an diese klapprigen Gestalten. Das war völlig neu für mich. Wenn ich da an meine Oma denke, die ist noch ganz rüstig, die braucht nur Hilfe, wenn der Großputz fällig ist.

Aber diese Frau Westernhagen, bei der ich seit sieben Wochen bin, die kommt gar nicht mehr allein zurecht, und durcheinander ist sie auch. Sie denkt immer, ich wäre ihr Sohn, nennt mich Karl-Heinz. Doch der Karl-Heinz läßt sich nie blicken. Überläßt mir seine Rolle. Vielleicht hat er ja recht. Denn diese Rundumversorgung geht mir schon manchmal ans Gemüt. Erst mußt du sie füttern, so 'ne Art Astronautennahrung, ein Konzentrat, weil sie nicht mehr ausreichend essen will. Dann den Mund putzen, wie bei 'nem Baby, nur weniger appetitlich. Manchmal spuckt sie auch die Hälfte wieder aus, und bevor ich mit dem Tuch da bin, hat sie oft auch schon ihre Zähne in der Hand – da kommt's mir auch beinahe hoch.

Bevor ich gehe, setze ich sie noch auf's Klo. Neulich kam die ganze Chose, bevor ich ihr den Slip runtergezogen hatte. Dann kommste so

3. Kapitel

ins Routieren, daß dir die ganze Situation gar nicht richtig bewußt wird; du reagierst nur noch und denkst gar nicht darüber nach, gar keine Zeit dazu. Hat dann ja auch sein Gutes.

Zweimal die Woche ist Badetag. Dann ziehe ich sie ganz aus und setze sie vorsichtig in die Badewanne; muß aufpassen, daß sie mir nicht hinschlägt, auch nicht zu tief ins Wasser rutscht. Wenn ich dann so daneben stehe, komme ich mir schon recht merkwürdig vor. Die Frau ist fast nur noch Haut und Knochen. Es ist, als ob du den Tod selber badest. Die Oberschenkel so lappig wie die Brüste, die Haut fahlweiß, mit braunen Flecken, nur noch wenige Haare zwischen den Beinen, dafür mehr um den Mund, der ganz eingefallen ist, wenn die Zähne draußen sind. Beim Abtrocknen dann dieser schlaffe Hintern; überall schrumpelige Haut. Bis du sie dann einigermaßen trocken hast ...

An solchen Tagen bin ich ganz komisch. Wenn ich so den leibhaftigen Tod vor Augen gehabt habe, auch der Geruch ist manchmal fürchterlich penetrant, dann muß ich zwanghaft auf andere Gedanken kommen, muß sehen, fühlen und riechen, was Leben ist. Da bin ich froh, wenn ich abends zu meiner Freundin kann. Ich weiß nicht, vielleicht ist ihr dabei etwas unheimlich zumute. Doch sie ist trotzdem sehr lieb und läßt mich machen. Ich ziehe sie aus und betrachte sie, ganz gebannt, als ob ich sie noch nie gesehen hätte. Immer wieder muß ich sie von oben bis unten anschauen. Dann nehme ich sie in die Arme, streichele ihre straffe, gebräunte Haut, presse mein Gesicht gegen ihren Bauch, atme begierig ihren Duft ein und vergrabe mich im dichten Haarpolster zwischen ihren Beinen.

Manchmal ertappe ich mich dabei, daß ich nach oben schiele. Wissen Sie, warum? Vielleicht kennen Sie die Szene aus Shining. Der Film handelt von einem Hotel in den Bergen. Jeden Winter wird es geschlossen, weil es dann durch den Schnee von der Umwelt völlig abgeschnitten wird. Nur ein Hausmeisterehepaar bleibt dort wohnen, um nach dem Rechten zu sehen. Doch in diesem Hotel spukt es. Als der Hausmeister durch den Flur geht, hört er, wie es in einem Zimmer plätschert. Er geht hinein. In der Badewanne liegt eine attraktive Frau. Sie sieht ihn, steigt nackt wie sie ist aus, geht auf den Mann zu und umarmt ihn. Während des langen Kusses öffnet er plötzlich die Augen: Völlig entsetzt sieht er eine häßliche, nun verrückt lachende, zahnlose alte Hexe in seinen Armen. Ganz so, wie meine Frau Westernhagen. Manchmal überkommt mich das wie eine Wahnvorstellung, wenn ich meine Freundin im Arm habe. Es sind doch nur lumpige fünfzig Jahre Unterschied auf der Zeitschiene zwischen ihr und so 'ner alten Vettel. – Doch wenn ich dann nach oben schaue und ihr liebes Gesicht sehe, dann bin ich wieder ganz bei ihr und komme nach und nach auch zu mir selbst. Dann wird unser Abend doch noch ganz schön und lustig. Das Leben hat mich wieder. – Können Sie das verstehen? Verrückt, nicht?"

Jetzt haben wir Tübingen erreicht. "Komisch, daß ich Ihnen das alles erzählt habe."

Auf der Neckarbrücke lasse ich ihn raus. Er winkt mir noch nach mit einem Lachen, in dem ich etwas Erleichterung zu erkennen meine.

Dierk Schäfer

3. Kapitel

Es ist nicht gut, daß der Mensch allein sei

Die Tupajas leben in den Urwaldgebieten Ostasiens. Diese Baumspitzhörnchen gelten als ideale Versuchstiere zur Streß-Erforschung, denn auf Streß reagieren sie ganz offensichtlich: Ihre Schwanzhaare sträuben sich je nach Streß mehr oder weniger stark; da braucht man gar nicht noch den Pulsschlag zu messen.

Leben die Tupajas in harmonischer Partnerschaft, dann hocken sie stundenlang in engem Körperkontakt vertraut zusammen. Solche Tiere reagieren weitaus gelassener auf Streßsituationen, als andere, die in getrübter Partnerschaft oder als Single leben.

Geglückte Sozialbeziehungen wirken sich auch bei den Menschen positiv für Gesundheit und langes Leben aus. Die krankheitsbegünstigende Wirkung von Schicksalsschlägen ist bekannt. Aber Menschen, die in einer intakten und sinnerfüllten Gemeinschaft leben, die einen Lebens-Grund gefunden haben in ihrer Familie oder einer religiösen Lebensgemeinschaft, überwinden Schicksalsschläge besser, werden seltener krank und leben länger. Wie bei den Tupajas ist in diesem Gemeinschaftsleben nicht der Sex das ausschlaggebende Element, sondern das enge und angstfreie Zusammenleben.

Es ist nicht gut, daß der Mensch allein sei, sagt bereits die Bibel (1. Mose 2,18). Und auch der Volksmund weiß aus Erfahrung: *Geteiltes Leid ist halbes Leid – und geteilte Freude ist doppelte Freude.*

Dierk Schäfer

Nachruf für E.

Der Tod ließ sich Zeit mit ihr. Schließlich hatte E. erst sehr spät richtig zu leben begonnen – wenn man ihren Erzählungen glauben durfte, erst nach der Pensionierung. Sie konnte damals nicht wissen, daß noch dreißig Jahre vor ihr liegen würden, ein ganzes Lebensdrittel, aber sie tat, als wäre es so. Im Alter, befreit von Rücksichten auf die bürgerliche Familie (deren "schwarzes Schaf" sie als Jugendliche gewesen war), auf ihren spät gefundenen Brotberuf (Lehrerin), auf Konvention und gutes Aussehen, brachte E. es zu einer ungewöhnlichen Meisterschaft in Lebenskunst. Jetzt lebte sie aus, was an jugendlichen Fantasien, Idealen, Schwärmereien abgeschnitten worden war vom Realitätsprinzip der mittleren Jahre. Sie merkte bald: Es brauchte junge Leute dazu, mit den meisten Gleichaltrigen ging das nicht. Immer häufiger büxte sie aus dem langweilig-idyllischen Freudenstadt, das ihr eine Freundin als Altersruhesitz aufgeschwatzt hatte, nach Tübingen aus. Nahm sich hier ein Hotelzimmer am Schloßberg, hörte Vorlesungen über Germanistik, Theologie, Philosophie, engagierte sich bei den Freunden des Zimmertheaters, diskutierte und feierte des Nachts mit Schauspielern (ein Traumberuf, aus dem es sie selbst hinausgeschleudert hatte in die Pädagogik), mit Studenten. Es waren die späten sechziger Jahre, sie ging auf die siebzig zu. Sie zog ganz nach Tübingen, erst in ein Zimmer, dann in eine kleine Zwei-Zimmer-Wohnung voller Bücher, Fotos, Bilder, Erinnerungen. Sie hatte keinen nahestehenden Menschen in dieser Stadt, doch sie litt keine Einsamkeit, und nie wäre es ihr eingefallen, in speziellen Altenzirkeln Kontakt und Ablenkung zu suchen. Als ihr Augenlicht nachließ, als sie selbst nicht mehr ihre Gesellschaft suchen konnte, sammelte sie die Jungen um sich, junge Männer vor allem. Sie kamen über die studentische Arbeitsvermittlung, sie lasen ihr vor, sie fuhren sie aus im Ford-Capri-Coupé. Es war E.'s Kompromiß-Automarke, "ein Hauch von Porsche", weiß oder weinrot. Den letzten schaffte sie mit fast 9o Jahren an, auf Raten. Die jungen Männer kamen gewöhnlich, um ein bißchen Taschengeld zu verdienen, einige blieben als Freunde, als Unterhalter, Reisegefährte, mehr als ein

3. Kapitel

Jahrzehnt. Sie gab ihnen Namen, ein Bezauberungsritual: "Weihnachtsmann" war ihr auf einer Weihnachtsfeier für Alleinstehende begegnet, "Osterhase" brachte aus seinem Heimatdorf regelmäßig frische Landeier mit, "Bel Ami" hatte ein Faible für die USA, "Wagenlenker" war ein guter Autofahrer, sein Name eine ironische Anspielung auf die Formulierungen des Polizeiberichts. Mit "ihren" jungen Männern besuchte E. Kunststätten und Feinschmeckerlokale, sie ließ sie teilnehmen an ihrer Begeisterungs- und Genußfähigkeit, sie haderte, wenn sie sich längere Zeit nicht blicken ließen, sie wurde eifersüchtig, wenn junge Freundinnen auftauchten, sie erlebte Enttäuschungen und Konflikte, aber es entstand dabei auch so etwas wie Liebe. E.'s Alter, je mehr es sich in körperlichen Handicaps zeigte, konnte in Vergessenheit geraten, wenn sie sich Herzenswünsche erfüllte: die Reise nach Burgund, die Reise nach Paris, der 9o. Geburtstag bei erlesenem Essen in der Champagner-Runde von Dreißigjährigen, der Flug nach Wien, mit 93, jeden Abend im Theater, einmal noch an der "Burg" ein Stück von Thomas Bernhard erleben – "sehen" konnte sie da schon fast nichts mehr, "es war fantastisch". Ein langer Schlußakt im Pflegeheim blieb ihr nicht erspart. "Wagenlenker" und "Osterhase" kümmerten sich um das Ausräumen der Wohnung, verteilten nach ihrem Willen die Bücher, verwahrten die Briefe. Und die jungen Männer teilten sich Besuchstage ein, immer sollte jemand nach ihr sehen, Goethe vorlesen oder aus "Effi Briest", ihr beim Essen Gesellschaft leisten, Rotwein einschenken, Gaumenlust bis zuletzt. Einer hielt ihre Hand, als sie auf die große Reise ging, dieser Tage, Mörikes "Orplid" im Ohr, ein wenig Cognac auf der Zunge, "nach Peking", pflegte sie zu sagen. Vom Tod sprach sie nie.

Ulrike Pfeil
Südwest Presse, Schwäbisches Tagblatt

"Lachen möcht' ich, wenn drüben auch nix wär'!"
Über Komik und Tod

"Das Sterben ist ein außerordentlich persönliches Geschehen, das im Unterschied zu anderen intimen Ereignissen nicht wiederholbar ist", so Joachim Wittkowski in seinem Buch "Psychologie des Todes". Tatsächlich: Wäre das Sterben nur eine periodische Belästigung und wäre nicht auch persönliche Anwesenheit erforderlich, es wäre weniger belastend.

Der Tod ist ein ungebetener Gast, der sich nicht abwimmeln läßt. "Ich bin zu allem bereit. Hier kann ich doch nicht bleiben", erkannte sehr richtig der sterbende deutsche Satiriker Gottlieb Wilhelm Rabener (✝ 1771). Nur der Selbstmörder kann den Zeitpunkt frei wählen; aber auch der Freitod ist keine Lösung des Problems. Er löst nicht einmal die Probleme anderer: Charlotte Sophie Stieglitz, die sich am 29.12.1834 das Leben nahm, um ihren Gatten Heinrich zum großen poetischen Wurf anzuspornen, tat es vergebens – Heinrich wurde kein Star, er blieb ein Stieglitz.

In einer vom Menschen beherrschten, selbstgemachten Welt ist der Sensenmann ein hartnäckiger Störenfried. Solange andere den Löffel abgeben, ins Gras beißen, den letzten Schnaufer tun, abnippeln und die Radieschen von unten besehen, kann man ihn verdrängen. Aber nicht für immer. Eine alte Grabschrift drückte es so aus: "Hier liegen meine Gebeine – ich wollt es wären Deine!"

Der Gedanke an den Tod kann angst und bange machen. Auch den Überlebenden raubt es die Besinnung, wie dieses Epitaph aus dem frühen 19. Jahrhundert nahelegt:

3. Kapitel

> "Von Eltern, Schwester, Freund' geliebt
> Machtest Freude Sie, nie betriebt.
> Nicht Trost in Zeit, Nothwendigkeit
> Deiner so frohen Ewigkeit,
> Dein' Hoffnung, Liebe, Glaube
> Ach! jezt den Tod zum Raube."

Selbst Profis gerät die Reklame fürs Handwerk unfreiwillig komisch. Ein Göttinger Bestattungshaus inseriert: "Auch der letzte Weg gehört zum Leben. Wir geben ihm einen würdigen Abschluß; und sind immer für Sie da, wenn Sie uns brauchen." Der Tod macht hilflos. Auch "Thanatopsychologie" sowie die "Trauerberatungsstelle der Universität Essen" können an den Fakten wenig ändern. Der Tod ist ein nicht zu behebender Mangel der Weltordnung. Er ist ein Manko in der bürgerlichen Gesellschaft: Mit ihm endet die Rechtsfähigkeit des Menschen. Er ist ein Kunstfehler der Schöpfung: Offenbar kann auch dem Allmächtigsten etwas schiefgehen, wenn er es mit der Erschaffung der Welt zu eilig hat und sich schon nach sechs Tagen zur Ruhe setzen will. Wer tot ist, steht gesellschaftlich und existentiell im Abseits, da helfen keine Pillen und keine schärferen Gesetze. Zu allem Überfluß steht der Gedanke an den Tod politisch auf der Tagesordnung: Die drohende Umweltkatastrophe und die mögliche Selbstvernichtung der Menschheit lassen sich ja nicht ignorieren.

Der Tod ist eine permanente Gefahr – fürs Leben und fürs Gefühlsleben. Komik aber wendet den Tod und seine grausen Umstände ins Makabre:

> "Hier ruht Theresia Feil.
> Sie starb in aller Eil':
> Von Heustocks Höh' fiel sie herab.
> Sie fiel in eine Gabel:
> Zum grossen Lamentabel
> Fand sie darin ihr Grab".

Komik ist ein Spiel mit der Realität, von der man frei sein will, und sie erspart Gefühlsaufwand. Anstrengende und belastende Gefühle wie Angst, Trauer oder Ehrfurcht, die man mobilisiert, werden, wenn das

Thema komisch behandelt und ins Harmlose gewendet wird, nicht mehr gebraucht, und die angestaute Energie entlädt sich als Lachen. Die ernsten Gefühle und der existentielle Schrecken aber sind im Komischen gleichwohl vorhanden, sind in ihm aufgehoben: nur wer die übliche ernste Norm kennt, erkennt auch die spielerische Abweichung und kann über das Mißverhältnis lachen.

Zugleich reinigt das Lachen von schädlichen Affekten, die der Gedanke an den Tod mit sich bringt und die dem Lebensgenuß abhold sind. Komischen Umgang mit dem Tod, schwarzen Humor gibt es wohl erst seit dem 18. Jahrhundert. Die Kirche sah im Tod der Sünde Sold und verhieß angenehmerweise für die Zeit nach dem Tod ein ewiges Leben. Vernunft und Wissenschaft aber, die in der Aufklärung das Regiment übernahmen, konnten das Rätsel des Todes nicht lösen. Während der Mensch sich alles verfügbar machte, verfügte am Ende doch stets der Tod über den Menschen. Nicht real, aber komisch konnte man sich über ihn erheben, und im Niemandsland zwischen Medizin und Metaphysik erblühte der schwarze Humor.

Seit dem Zeitalter der Aufklärung will der Mensch endgültig nicht mehr als Objekt Gottes sein Dasein hinter sich bringen, sondern es als eigenverantwortliches Subjekt ausleben. Das Wissen, daß es ein Diesseits gibt, siegte über den Glauben, daß es ein Jenseits geben möchte. Statt eines frommen "Lebe, wie du wenn du stirbst, wünschen wirst, gelebt zu haben" (Christian Fürchtegott Gellert, ✝1768) hieß es bald: "Lebe, wie du, wenn du stirbst, wünsche wohl gespeist zu haben."

Die Frage, ob es ein Leben nach dem Tod gibt, ist zwar noch nicht ausdiskutiert und wird es auch nie sein, da die Toten selbst ja nicht mitdiskutieren. Andernfalls könnte man beispielsweise einen gewissen Stuckart fragen, ob die Verse, die auf seinem Grabstein in Petersberg bei Hersfeld stehen, sich bewahrheitet haben:

"Gott sass auf seinem Thron
Und sprach zu seinem Sohn:
Steh' von deinem Sitze auf
Und lass' den sel'gen Stuckart d'rauf."

3. Kapitel

Einst hielt man sogar die leibhaftige Wiederkehr für möglich; die Totenwache sollte verhüten, daß der Tote wiederaufsteht und die Lebenden belästigt.

Zumindest in der Phantasie leben Wiedergänger, Gespenster und Untote weiter. Auch Proletarier dürfen, der materialistischen Weltanschauung sei Dank, ideell fortexistieren, denn die "Gewißheit des Klassenbewußtseins, individuelle Fortdauer in sich aufhebend, ist in der Tat ein Novum gegen den Tod", frohlockte Ernst Bloch (✝ 1977). Man ist eben schon mit wenig zufrieden. Mit noch weniger war Lenin zufrieden: er sah den Tod einfach als "Schacht, in den der Unrat geworfen wird". Aber Lenin selbst (✝ 1924) wurde in keinen Schacht geworfen, sondern ausgestopft und als Touristenattraktion ausgestellt.

Was also ist der Tod? Der Antithese zum Leben? Dem Rätsel des Todes korrespondiert das Rätsel des Lebens. "Das Leben ist ein Schwartenmagen – warum, kann ich dir selbst nicht sagen", reimten 1881 die "Fliegenden Blätter", (✝ 1990).

Das Leben ist ein Witz und der Tod die Pointe, wie ein populärer Spruch sagt. Was bleibt? Vielleicht tatsächlich Lachen: Der alte Mendel Dalles liegt im Sterben und nimmt Abschied von seinen Kindern, die sich um sein Bett versammelt haben: "Kinderlach, mei' ganzes Leben hab' ich gedarbt und gespart und mir nicht das kleinste Vergnügen gegönnt. Ich hab' mich immer getröstet und mir gesagt: in jenner Welt drüben werd' ich dafür reine Freude erleben. Lachen möcht' ich, wenn drüben auch nix wär!"

Peter Köhler

Nachwort

Die Strahlen der Sonne vertreiben die Nacht! singt Sarastro in Mozarts Zauberflöte. Das sieghaft klingende Es-Dur läßt die Schatten vergessen. Schon immer haben die Menschen den Gegensatz von Licht und Finsternis als Bild für Leben und Tod, für Gut und Böse verstanden. In den alten Schriften von Qumran geht es um den Kampf der Kinder des Lichts gegen die Kinder der Finsternis und noch die Nachfahren der Gnostiker hoffen auf die Rückkehr des Lichtfunkens der Seele in die Heimat des Lichtes. Auch wir sprechen vom Silberstreif am Horizont, wenn wir ein Ende der Auswegslosigkeit zu erkennen meinen.

Vom Licht am Ende eines langen, dunklen Tunnels berichten Menschen, die kurz vor dem endgültigen Tod aus dem Koma zurückgeholt wurden. Ob es sich dabei tatsächlich um eine abgebrochene Reise in eine andere Welt handeln mag oder nur um gnädige Endorphine, die der gequälten Kreatur mit morphiumähnlichen schönen, friedvollen Wunschträumen schmerzübertönend eine solche Reise vorgaukeln, beides hilft über die gefürchtete Schwelle hinweg. Hoffnung und Zuversicht sind die Schutzengel auch unserer letzten Stunde. Menschen, die (mit sich) im Unfrieden sterben, oft auch solche, die sich selbst zu töten versuchen, berichten nach erfolgreicher Wiederbelebung statt dessen von Alpträumen.

Christoph Breuer

Nachwort

Wir wollen Sie, den Leser, nicht mit dieser alptraumartigen 'Erledigt'-Karikatur verabschieden, auf der ein endgültiger Stempel grabsteinplattengleich den Menschen zerdrückt: Ein hoffnungsloser Totenschein.

Auch die Bibel bedient sich der Lichtsymbolik. Im Johannesevangelium wird Jesus als das Licht, das in der Finsternis scheint, bezeichnet. Der Tag der unbesiegten Sonne, wir nennen ihn heute noch *Sonntag*, wurde zum *Tag des Herrn;* in den romanischen Sprachen heißt er auch so. Doch was besagt das für uns aufgeklärt-verweltlichte Zeitgenossen, seien wir nun Christen oder auch nicht?

Für beide mag gelten, daß mit der Übertragung der Lichtsymbolik auf Jesus Christus zugleich eine inhaltliche Bestimmung einherging. Hoffnung und Zuversicht, diese beiden Schutzengel auch in unserer Todesstunde haben zwei Geschwister, die Paulus Glaube und Liebe nennt. *Die Liebe ist die größte unter ihnen*, schreibt er. Es ist unsere feste Überzeugung, unser Glaube, wenn Sie so wollen, daß wir ein Leben, das wir lieben, weil wir liebten und geliebt wurden, als ein erfülltes verstehen werden, das wir nicht gern, aber doch getrost hinter uns lassen können, voll Hoffnung und Zuversicht, daß die Liebe siegt und darum die Welt nicht ins Dunkel versinkt. Und wenn Sie, besonders wenn Sie Periletalexperte sind, an Ihre persönlichen Erfahrungen denken, dann werden Sie wohl auch schon erlebt haben, daß Menschen, die ihr Leben so verstehen, mit dem Tod eines geliebten Menschen, aber auch mit ihrer eigenen Sterblichkeit, in einer Art und Weise umgehen können, die uns Respekt abnötigt und den Wunsch weckt, das Leben und das Sterben auch so zu 'können', jenseits aller Professionalität, ganz von innen heraus, mit jeder Faser unseres Herzens.

Nachwort

Unsern Ausgang segne Gott,
unsern Eingang gleichermaßen,
segne unser täglich Brot,
segne unser Tun und Lassen,
segne uns mit selgem Sterben
und mach uns zu Himmelserben.

(Evangelisches Kirchengesangbuch 141,3)

Dierk Schäfer	Rottenburg/Sigmaringen
Werner Knubben	1992, im Herbst

Nachwort

Dank

An diesem Buch haben viele mitgeholfen, denen unser Dank gebührt.

Viele Polizisten haben uns Berichte über ihre eigenen Erfahrungen geschickt. Nicht alle konnten berücksichtigt werden und doch bilden auch sie einen bedeutenden Teil unseres Hintergrundwissens. Viele haben in Seminaren und in Einzelgesprächen von ihren 'Fällen' erzählt. Einige Beamte konnten wir ganz speziell um Rat fragen, andere stellten uns Unterlagen zur Verfügung, die wir anonymisiert verwenden konnten. Herr Dr. Smail Balic beriet uns über den Umgang mit sterbenden Muslimen. Herr Christoph Breuer fertigte eigens für dieses Buch eine Reihe von Grafiken. Allen, die mitgeholfen haben, sei an dieser Stelle herzlich gedankt.

Texthinweise

Namen und Orte sind in diesem Buch mit Rücksicht auf Betroffene geändert. Die Autoren haben auch darauf verzichtet, zu überprüfen, ob die fiktiven Angaben stimmen können. So wissen wir zum Beispiel nicht, ob ein Polizeirevier Hildesheim Nord existiert – es kommt in einem der Texte vor. Alle Verfassernamen sind jedoch authentisch. Wo ein Verfasser nicht genannt werden wollte, haben wir ein Kürzel gewählt.

Quellenverzeichnis: Texte und Abbildungen

Wer über dieses Buch hinaus umfassender und systematischer informiert werden möchte, der greife zu der hervorragenden und anspruchsvollen Veröffentlichung von Armin Nassehi und Georg Weber, *Tod, Modernität und Gesellschaft*, Opladen 1989, aus der die Autoren vieles gelernt haben. Wegen des Materialreichtums ist hier auch noch das gut illustrierte Buch von GION CONDRAU, *Der Mensch und sein Tod*, Zürich 1991 zu nennen.

1) S. 8 *Dierk Hagedorn*, aus: Die Zeit vom 15.2.1991 © beim Künstler.

2) S. 24 *Tommy Welsch*, Von einem ruhigen Sonntagsdienst, aus: Ziemlich bewölkt. Erlenverlag Gelsenkirchen.

3) S. 37 *Peter Sager*, Über unsere Arbeit spricht man nicht, in: Miese Jobs, aus: ZEITmagazin vom 13.6.1980.

4) S. 40 *Gottfried Benn*, Kreislauf, aus: ders. Sämtliche Werke. Stuttgarter Ausgabe. Band I: Gedichte 1. © Klett-Cotta, Stuttgart 1986.

5) S. 41 *Gottfried Benn*, Kleine Aster. Siehe Nr. 4.

6) S. 45 *Peter Gaymann*, Unheimliche Begegnungen. © Fackelträger Verlag, Hannover 1986.

7) S. 84 *Tizian*, Tod, aus: *Andreae Vesal*. Reprint by Verlag Konrad Kölbl, München 1968.

8) S. 87 *F. K. Waechter*, Ohne Worte. © beim Künstler.

9) S. 91 *Martin Gehlen*, Hoos Johannes überlebte Generationen, aus: Südwestpresse vom 31.3.1988.

10) S. 97 *Erich Fried*, Definition, aus: Warngedichte. © Carl Hanser Verlag, München 1964.

11) S. 112 *Peter Gaymann*, Unheimliche Begegnungen. Siehe Nr. 6.

Quellenverzeichnis

12) S. 114 *Edgar Allan Poe,* Die Maske des roten Todes. © Artemis & Winkler Verlag, Düsseldorf und Zürich.
© der Übersetzung 1959
13) S. 121 *Hans-Georg Rauch,* Überparteilich. © beim Künstler.
14) S. 141 *Ernest Hemingway,* aus: Wem die Stunde schlägt.
Copyright 1940 *Ernest Hemingway.*
Renewal Copyright (c) 1968 *Mary Hemingway.*
Deutsche Ausgabe: Bermann-Fischer Verlag, Stockholm 1941.
Abdruck mit Genehmigung der S. Fischer Verlag GmbH, Frankfurt am Main.
15) S. 146 Nach Schüssen Gewissensbisse. AP.
16) S. 152 aus: Weser Kurier vom 6. 9.1980.
17) S. 154 Das Geständnis, Illustration von *Uli Trostowitsch,* aus: *Walter G. Krivitzky,* Ich war Stalins Agent. Herausgegeben von *Hellmut G. Haasis,* Trotzdem Verlag, Grafenau 1990. © beim Künstler
18) S. 164 Ludwig Hohl, Das Unglück allein ..., aus: Lektüre zwischen den Jahren. © Suhrkamp Verlag, Frankfurt am Main 1982
19) S. 168 *Roald Dahl,* Auszug aus: Der letzte Akt aus: ders. Kuschelmuschel.
deutsch: Gisela Stege
Copyright (c) 1975 byRowohlt Verlag GmbH, Reinbek.
20) S. 173 *Michael Spohn,* Schwäbische Comics. © Schönemann Verlag, Esslingen 1977.
21) S. 195 Selbstmord nach Raubüberfall. Zollern-Alb-Kurier.
22) S. 205 *Nossrat Peseschkian,* Der gläserne Sarkophag, aus: ders. Der Kaufmann und der Papagei. © Fischer Taschenbuch Verlag GmbH, Frankfurt am Main 1979.
23) S. 209 *Yorik Spiegel,* Der Prozeß des Trauerns. © Chr. Kaiser/ Gütersloher Verlagshaus, Gütersloh.
24) S. 213 *Yorik Spiegel.* Siehe Nr. 23.

Quellenverzeichnis

25) S. 214 *Yorik Spiegel.* Siehe Nr. 23.
26) S. 215 *Frans Masereel,* Schwermütige. Stiftung Studienbibliothek der Arbeiterbewegung, Zürich.
27) S. 222f. *Frans Masereel,* Les malheureux se consolant... dans differents endroits. Siehe Nr. 26.
28) S. 227 *Johann August Nahl,* Grabmal der Maria Magdalena Langhans, aus: Wie die Alten den Tod gebildet. © Zentralinstitut für Sepulkralkultur der Arbeitsgemeinschaft Friedhof und Denkmal e. V., Kassel 1981.
29) S. 229 *Kurt Marti,* Leichenreden. Bern.
30) S. 230 *Marie Luise Kaschnitz,* Die Mutigen wissen, aus: Kein Zauberspruch. © Insel Verlag, Frankfurt am Main 1972.
31) S. 239 *Siegfried Dunde,* Trösten – nichts für Männer, aus: Publik-Forum Extra, Der Mut hat eine Schwester, Oberusel 1988.
32) S. 246 *Georg Britting,* Der Geheimrat Zet, aus: ders. Gesamtausgabe in 8 Bänden, Band 8. © Nymphenburger Verlag in F.A. Herbig Verlagshandlung GmbH, München.
33) S. 250 *Eugen Drewermann,*Tod und Leben? aus: Christ in der Gegenwart, Christliche Wochenzeitschrift, 26.11.89.
34) S. 256 *Kurt Marti,* Leichenreden. Siehe Nr. 29.
35) S. 257 Dein Tod soll nicht sinnlos sein. Photo: AP.
36) S. 258 *Viktor E. Frankl,* Leben als Herausforderung aus: ders. ... trotzdem ja zum Leben sagen. © Kösel-Verlag, München 1981.
37) S. 265 Sterbebegleitung, Im Namen der Menschlichkeit, dpa.
38) S. 268 Zehn Ratschläge eines Sterbenden für seinen Begleiter, aus: Im Gespräch miteinander, in: Zeitschrift der Evangelischen Kirche von Hessen und Nassau. Zitiert nach: Publik-Forum Extra, Siehe Nr. 31.
39) S. 270 *Karin E. Leiter,* aus: Der Trotzdem-Baum. © Verlagsanstalt Tyrolia, 11. Auflage Innsbruck 1991.

3. Kapitel

39) S. 270 *Karin E. Leiter,* aus: Der Trotzdem-Baum. © Verlagsanstalt Tyrolia, 11. Auflage Innsbruck 1991.

40) S. 273 ... und Gott wird abwischen alle Tränen von ihren Augen... nach *Armin Nassehi, Georg Weber,* Tod Modernität und Gesellschaft, Opladen 1989.

41) S. 274 *Johannes B. Brantschen,* Warum läßt der gute Gott uns leiden? Herderbücherei Band 1762. © Verlag Herder, Freiburg, 2. Auflage der Neuausgabe 1995.

42) S. 279 *Ulrike Pfeil,* Nachruf für E., Schwäbisches Tagblatt, Tübingen.

43) S. 281 *Peter Köhler,* Lachen möcht' ich, wenn drüben auch nix wär! Über Komik und Tod, aus: Achim Frenz und Andreas Sandmann (Hrsg.), Schluß jetzt! Das Buch zur Karikatura, Ausstellungskatalog. © 1992.

Anhang

Erste Hilfe – Letzte Hilfe

Sie haben eine Todesnachricht zu überbringen

> Die nachfolgenden Seiten des Buches, die in ihrer ursprünglichen Konzeption als "Faltblätter" angelegt sind, haben wir hier nochmals für Sie abgedruckt. Wir wollen Ihnen damit die zusätzliche Möglichkeit bieten, diese wichtigen Passagen gesondert auszuschneiden und damit ständig mit sich führen zu können.

Anhang

Erste Hilfe

Lebensrettende Sofortmaßnahmen!
Rettungsdienste alarmieren!
Unfallstelle absichern!
Mit dem Verletzten sprechen!

Bei Ohnmacht und Bewußtlosigkeit

Wenn der Verletzte oder ein anderer am Unfall Beteiligter plötzlich zusammensinkt, blasse Hautfarbe und kaum wahrnehmbaren Puls hat und nicht ansprechbar ist,
dann Atmung überprüfen (Kopf zurückneigen, Atemwege frei machen)!
Wenn noch nicht geschehen: Rettungsdienst rufen!

Wenn die Atmung nicht wieder einsetzt,
dann Mund-zu-Nase-Beatmung!

Wenn der Verletzte bei tiefer Bewußtlosigkeit und fehlendem Puls blaßblau wird,
dann soweit Sie es gelernt haben, Herz-Lungen-Wiederbelebung einleiten!

Wenn spontane Atmung einsetzt,
dann in stabile Seitenlage bringen
(Kopf zurück usw.)!

Bei Schock

Wenn der Verletzte fahl und blaß wird und ihm kalter Schweiß im Gesicht steht
(mangelhafte Durchblutung der Haut "Nagelbettprobe!"),
er bei schnellem und schwachem Puls unruhig ist
(Achtung: Es kann eine plötzliche Ohnmacht eintreten!),

Erste Hilfe – Letzte Hilfe

dann 1. sofort hinlegen (keine Medikamente geben, nicht trinken und nicht rauchen lassen)!
2. ständig Atmung und Puls kontrollieren!
3. Beine hochlegen!
4. warm zudecken!
5. beruhigend mit ihm reden (fast wie mit einem Kind, das man beruhigen will)!
6. nie allein lassen!
7. wenn noch nicht geschehen: Rettungsdienst rufen!

Letzte Hilfe

Wenn Sie den Eindruck haben, daß es mit dem Verletzten zu Ende geht,
dann bleiben Sie unbedingt beim ihm!
Haben Sie keine Scheu. Sprechen Sie mit ihm. Er braucht Ihren Beistand. Fragen Sie nach seinem Namen und reden Sie ihn mit Namen an. Das weckt sein Zutrauen, weil er sich persönlich angesprochen fühlt.
Sagen Sie ihm, daß Sie bei ihm bleiben.
Fragen Sie ihn, was Sie für ihn tun können.

Wenn der Verletzte die Ernsthaftigkeit seines Zustandes nicht erkennt,
dann sollten Sie ihn in aller Regel nicht darüber aufklären.

Wenn der Verletzte selber davon spricht, daß er sterben wird, und auch Sie die Verletzungen so beurteilen,
dann widersprechen Sie ihm nicht. Gehen Sie auf seine Wünsche und Ängste ein.
Fragen Sie ihn, ob er jemandem etwas ausrichten lassen möchte.

Anhang

Wenn er zu erkennen gibt, daß er in irgendeiner Form religiösen Beistand möchte,
dann fragen Sie ihn, ob Sie mit ihm beten sollen.
Beten Sie mit ihm ein Vaterunser oder ein frei formuliertes Gebet.
Sagen Sie ihm, daß Gott ihn nicht verlassen wird.

Wenn Sie den Eindruck haben, daß der Verletzte Moslem ist, (der Islam ist nach dem Christentum die größte Religion in Deutschland),
dann fragen Sie nach und denken Sie daran, daß Gott auf arabisch Allah heißt und, wie der Gott der Christen, ein barmherziger Gott ist. Alle anderen Unterschiede sind in diesem Moment unwichtig. Er wird es vielleicht nicht für angemessen halten, wenn Sie als Nicht-Moslem mit ihm beten. Aber sprechen Sie ihm den Trost seines Glaubens zu.
Benutzen Sie dafür die unten abgedruckten Gebete.

Wenn Sie den Eindruck haben, daß der Tod eingetreten ist,
dann bleiben Sie noch etwa fünfzehn Minuten bei ihm sitzen.
Sorgen Sie durch Zeichen für Ruhe in der Umgebung und lassen Sie außer dem Arzt oder Sanitäter niemanden an ihn heran, Angehörige ausgenommen.
Sprechen Sie mit gedämpfter Stimme, denn Geschrei und Hektik könnten eventuell doch noch wahrgenommen werden.

Wenn alles vorüber ist,
dann versuchen Sie nicht krampfhaft auf andere Gedanken zu kommen.
Es ist völlig normal, daß Sie nach einem solchen Erlebnis berührt sind und sich Fragen nach Ihrem eigenen Leben und Sterben aufdrängen.

Wenn Sie jemanden haben, mit dem Sie darüber sprechen können,
dann wird Ihnen das Gespräch sicherlich helfen.

Erste Hilfe – Letzte Hilfe

Vaterunser

Vater unser im Himmel,
geheiligt werde Dein Name.
Dein Reich komme!
Dein Wille geschehe
wie im Himmel, so auf Erden.
Unser tägliches Brot gib uns heute,
und vergib uns unsere Schuld
wie auch wir vergeben unseren Schuldigern.
Und führe uns nicht in Versuchung,
sondern erlöse uns von dem Bösen.
Denn Dein ist das Reich und die Kraft
und die Herrlichkeit in Ewigkeit. Amen!

Segensgebet

Der Herr segne Dich
und behüte Dich.
Er lasse sein Angesicht
leuchten über Dir
und sei Dir gnädig.
Der Herr erhebe sein Angesicht
auf Dich
und gebe Dir Frieden. Amen!

Psalm 23

Der Herr ist mein Hirte, mir wird nichts mangeln.
Er weidet mich auf grüner Aue und führet mich zum frischen Wasser.
Er erquicket meine Seele. Er führt mich auf rechter Straße um seines Namens willen.
Und ob ich schon wanderte im finstern Tal, fürchte ich kein Unglück;
denn Du bist bei mir, Dein Stecken und Stab trösten mich.
Du bereitest vor mir einen Tisch im Angesicht meiner Feinde.
Du salbest mein Haupt mit Öl und schenkest mir voll ein.
Gutes und Barmherzigkeit werden mir folgen mein Leben lang,
und ich werde bleiben im Hause des Herrn immerdar.

1. Bekenntnisformel

(sollte möglichst von einem anwesenden Muslim oder einer Muslima gesprochen werden)

Esch-chedu en lâ ilâhe illallâh;
Esch-chedu enne Muhammeden ressûlullâh.

das heißt:

Ich bezeuge, daß es nur einen Gott gibt;
Ich bekenne mich zu Muhammed
als Seinem Boten.

2. aus dem Koran:

Alle gehören wir Gott;
unsere Reise geht zu ihm. (2,156)
Oh du zur Ruhe zurückgefundene Seele!
Du warst anderen ein Wohltäter, kehre
nun in Frieden zu deinem Herrn zurück!
Schließe dich dem Kreis meiner Diener an:
Gehe also in mein Paradies ein! (89,28-30)

3. Gebet

(dem Propheten Mohammed zugeschrieben)

O Allah, Dir ergebe ich mich,
ich wende mein Gesicht zu Dir,
Dir vertraue ich mein Anliegen an,
ich stütze meinen Rücken auf Dich
mit Ehrfurcht und Begehren vor Dir.
Ich habe keine Zuflucht und Rettung
vor Dir – außer zu Dir.
Ich glaube an Dein Buch,
das Du herabgesandt hast,
und an Deinen Propheten,
den Du gesandt hast.

Sie haben eine Todesnachricht zu überbringen ...

Zunächst

lesen Sie bitte diese Seiten durch, auch wenn Sie sie schon kennen. Die Fragen im ersten Teil sollen Ihnen helfen und Sie auf die schwere Aufgabe einstimmen. Die praktischen Ratschläge im zweiten Teil sollen Ihnen helfen, nichts zu vergessen, was wichtig werden könnte, soweit es vorhersehbar ist. Nehmen Sie sich fünf bis zehn Minuten Zeit, versuchen Sie sich zu entspannen und: Seien Sie ehrlich zu sich selbst!

Was werden Sie antreffen? Entsetzte Hinterbliebene? Kinder darunter? Oder Eltern vielleicht, die durchdrehen bei der Nachricht? Sich schreiend am Boden wälzen, mit den Fäusten auf Sie losgehen oder Ihnen stumm und hilflos schluchzend um den Hals fallen?

Oder wird alles ganz anders sein: Völlige Gefaßtheit, Gleichgültigkeit oder gar Erleichterung, vielleicht sogar Genugtuung über den Tod und Haß auf den Verstorbenen?

Sie kennen die Geschichte zwischen dem Toten und seinen Hinterbliebenen nicht, wissen nicht, ob die Ehe gut war, die Kinder ok, wissen nichts von Liebe und Glück, nichts von Schuld und Schulden, Sie wissen nur, was die Hinterbliebenen noch nicht wissen: Ein Angehöriger ist gestorben oder verunglückt.

Und Sie müssen auf alles gefaßt sein.

Wie steht es mit Ihnen selbst? Werden Sie unsicher, wenn Sie Ihre Gefühle nicht verbergen können? Wenn Ihnen die Worte ausgehen und Sie einem aufgewühlten wildfremden Menschen nur noch stumm die Hand drücken können? Oder werden Sie aggressiv, wenn wieder ein Kind, es könnte Ihr eigenes sein, von einem rücksichtslosen Autofahrer überfahren wurde? Verachten Sie den Fixer mit dem Goldenen Schuß auf dem Bahnhofsklo? Und was halten Sie von dem Mann, der sich in seiner Alterseinsamkeit am Fensterkreuz erhängt hat?

Anhang

Denken Sie hin und wieder über den Tod nach, der Ihnen in Ihrem Beruf, sei es auf der Straße, sei es beim Verbrechen, so häufig begegnet? Oder versuchen Sie einen Bogen um den Tod zu schlagen? Doch so etwas läßt sich eigentlich nicht immer durchhalten. So etwas macht einen bei solcher Aufgabe doch nur verkrampft korrekt oder völlig hilflos. Egal wie die Angehörigen reagieren werden, sie erwarten von Ihnen fast immer möglichst viel Einfühlungsvermögen. Wenn Sie verkrampft sind, geht das nicht. Sie sollten bereit sein, offenen Herzens und mit verletzbarer Seele für die Angehörigen in dieser Situation da zu sein, so wie diese es für ihre körperliche Unversehrtheit und den Aufruhr ihrer Seele brauchen. Das können Sie nur, wenn Sie selbst keine unüberwindbare Angst, aber auch keine Hornhaut auf der Seele haben.

Doch das hängt wohl zusammen.

Routine für solche Aufgaben kann und darf es nicht geben. Ihre Unsicherheit ist im Gegenteil auch wertvoll: Ihre Unsicherheit läßt Sie im positiven Fall alle Sinne öffnen für die Signale, die Ihr Gegenüber aussendet – das ist wichtig. Ihre Unsicherheit macht Sie menschlich - und selbst wenn Ihnen einmal die Augen feucht werden sollten oder plötzlich ein hemmungslos weinender Mensch in Ihren Armen liegt, und Sie ihm nur noch hilflos das Haar streicheln können, Sie brauchen sich dessen nicht zu schämen, auch nicht vor Ihrem Kollegen. Es kommt in diesem Moment nur darauf an, daß Ihr Gegenüber Ihr Verständnis spürt.

Seien Sie also ganz da für den Hinterbliebenen und ertragen Sie seine Nähe – um so eher wird er dann auch für Ihre vielleicht nötigen Nachfragen da sein und sich dabei etwas normalisieren.

Grundsätze

Haben Sie in Ruhe die Fragen bis hierher gelesen? Wenn nein, dann sollten Sie das zuerst tun. Denn die folgenden Ratschläge sind keine Gebrauchsanweisungen für den Umgang mit Hinterbliebenen. Die Ratschläge sind nur ein paar Hilfshinweise, sozusagen Ihr "Notfallkoffer". Ob sie ihn richtig anwenden, hängt unmittelbar mit Ihrer

Persönlichkeit und Ihrer Geistesgegenwart zusammen, und die erwerben Sie nicht durch Handlungsrezepte.

VORBEREITUNGEN

1. Auch wenn es zunächst viel einfacher erscheint: Geben Sie solche Nachrichten nie telefonisch durch. Sie lösen im Erleben des anderen eine Extremsituation aus. Das Telefongespräch mag er noch überstehen, aber wenn er danach zusammenklappt und ohne Hilfe ist, dann haben Sie die Folgen Ihres Anrufs zu verantworten.

2. Wenn ein Polizeibeamter noch nie eine Todesnachricht überbracht hat, sollte er keinesfalls allein eine solche Aufgabe übernehmen. Aber der junge und unerfahrene Kollege sollte mitgenommen werden, damit er eine solche Situation kennenlernt, bevor er sie selbst verantwortlich bewältigen muß.

3. Soweit es ohne zuviel Aufwand möglich ist, machen Sie sich vorher sachkundig: Der Tote oder schwer Verletzte muß einwandfrei identifiziert sein; notfalls nachfragen. Wie ist der Unfallhergang (ohne daß Sie ihn dann ausführlich in seiner Schrecklichkeit erzählen sollen)? Wo befindet sich der Tote? Wer wird weitere Auskunft geben können (Arzt Krankenhaus)? Wenn Sie sich sachkundig gemacht haben können sie nach dem ersten Schock ein kompetenter Gesprächspartner sein.

   Manchmal, besonders in kleinen Ortschaften, lassen sich auch weitere Auskünfte einholen: Wer gehört zur Familie? Sind momentane Schwierigkeiten und Krankheiten bekannt? Sie können sich dann innerlich auf die Begegnung besser einstimmen. Fragen Sie aber keine Nachbarn, das könnte Probleme geben.

4. Sie müssen mindestens 30 Minuten Aufenthaltszeit in der Wohnung einkalkulieren – es kann aber auch deutlich länger dauern.

5. Gehen Sie möglichst nicht allein. Wenn Sie jemanden mitnehmen, der kein Kollege ist (z.B. einen Pfarrer, Arzt, Verwandten), sollten Sie ihn kennen und vorher Ihre Funktionsaufteilung besprechen (Sie übernehmen die Nachricht, Ihr Partner die Nachbetreuung).

Anhang

6. Nehmen Sie unbedingt ein Funkgerät mit, aber lassen Sie es zunächst ausgeschaltet. Mit dem Funkgerät können sie Hilfe herbeirufen lassen (Arzt, Pfarrer, Angehörige).

   Vielleicht informieren Sie aber schon vorher vorsichtshalber die Rettungsleitstelle, damit notfalls schnell ärztliche Hilfe geschickt werden kann.

VERHALTEN VOR ORT

1. Manche Menschen lächeln unbewußt - aus Unsicherheit oder um Aggressionen ihres Gegenübers abzuwehren. Das wird Ihnen nicht unterlaufen, wenn Sie sich das bewußt machen.

2. Sind Sie auch wirklich an der richtigen Adresse? Gibt es im Haus mehrere Bewohner mit demselben Namen? Fragen Sie vorsichtshalber nach: *Sind Sie die Frau von ... der Vater von ...* Doch zunächst: Stellen Sie sich kurz vor und nennen Sie ihre Dienststelle.

3. Die Nachricht sollte erst nach Betreten der Wohnung gesagt werden, sonst könnte hinter der verschlossenen Tür möglicherweise ein medizinischer Notfall eintreten. Wenn man Sie nicht einlassen will, ist der Satz: *Ich muß Ihnen eine schlimme Nachricht bringen ...* meist der richtige Türöffner. Er eignet sich auch als Überleitung zur eigentlichen Nachricht. Und wenn Sie dann noch stehen sollten: *Können wir uns nicht hinsetzen?* Denn es wird besser sein, wenn der Hinterbliebene die Nachricht sitzend erfährt, für den Fall, daß er umkippt.

.4. Anwesende Unbeteiligte und Kinder sollten anfangs möglichst nicht zugegen sein (Nebenzimmer).

5. Inzwischen ist der/die Hinterbliebene auf das Schlimmste gefaßt: Sagen sie jetzt Ihre Nachricht ohne Umschweife und ohne falsche Hoffnungen zu lassen: *Ihr Mann hatte vor zwei Stunden einen Verkehrsunfall und starb noch an der Unfallstelle.*

Eine Todesnachricht überbringen

6. Jetzt lassen Sie dem Hinterbliebenen Zeit für seine Reaktion. Alles ist möglich. Seien Sie offen und verständnisvoll – Mitleids- und Beileidsfloskeln werden in der Regel nicht erwartet, sondern nur Ihr Verständnis und Ihre momentane Anteilnahme als Zeuge dieses schrecklichen Augenblicks.

* Bei stark emotionaler Reaktion – Zeit lassen!

* Fällt man Ihnen um den Hals, geht man Sie tätlich an – in den Arm nehmen!

* Bleibt die Emotion aus, wirkt der Hinterbliebene starr und verschlossen – Achtung: Es kann sich ein Kollaps anbahnen. Er kann Sie auch möglichst schnell aus der Wohnung haben wollen – Suizidgefahr!

* Suizidgefahr auch, wenn der Hinterbliebene irgendwelche Schuldgefühle äußert!

* Bei körperlichem Zusammenbruch oder Hysterieanfällen – Arzt rufen!

* Ist der Angehörige offensichtlich erleichtert über den Tod – Achtung: Nicht moralisch verurteilen, sondern auch in diesem Fall behutsam verstehend nachfragen!

* In der Regel gilt: Wenn der erste Schock vorüber ist, fragen Sie nach dem Verstorbenen, interessieren Sie sich dafür, was er für ein Mensch war, was er seinen Hinterbliebenen bedeutet hat. Sie bekunden damit mehr Anteilnahme als durch ein "Herzliches Beileid". Achtung: Diese Fragen dürfen keinen Verhörcharakter haben und sollen zu nichts weiter dienen, als dem Angehörigen zu zeigen, daß jemand bemüht ist, auf seine schreckliche Lage einzugehen. Anknüpfungsbeispiele: *Das muß ein fürchterlicher Verlust für Sie sein ... Sie haben ihn/sie sehr geliebt!? ... Er/sie hat Ihnen viel bedeutet ... Sie hatten ein gutes Verhältnis zueinander ... Erzählen Sie doch etwas über ihn/sie ...* Leiten Sie dann über auf anstehende Probleme, bringen Sie aber keine Lösungen, das ist nicht Ihre Aufgabe. *Wie wird es nun weiter-*

Anhang

gehen? Haben Sie jemanden, der Ihnen zur Seite steht? Lassen Sie dem Hinterbliebenen Zeit, seine Antworten zu finden! Kann ich etwas für Sie tun? Soll ich jemanden von lhren Verwandten oder Freunden anrufen? Oder haben Sie in der Nachbarschaft jemanden, der nach Ihnen schauen soll?

7. Sie sollten in der Regel nicht gehen, ohne eine zuverlässige Person in der Wohnung zu hinterlassen: Ihr Kollege, mit dem Sie gekommen sind, ein Arzt, ein Pfarrer, ein emotional nicht so stark betroffener Verwandter oder Freund oder ein Nachbar. Soweit möglich: Fragen Sie den Hinterbliebenen, wen Sie herbeirufen lassen sollen. ("Ungeübte" Hilfspersonen müssen diskret auf mögliche Krisen hingewiesen werden.)

8. Hinterlassen Sie Ihre Visitenkarte und eine Kontaktadresse, über die der Hinterbliebene weitere Einzelheiten erfragen kann.

NACHBEREITUNGEN

* Verdrängen Sie Ihr Erlebnis nicht! Gehen Sie noch einmal alles in Gedanken durch:
* Ist der/die Hinterbliebene auch wirklich unter helfender Kontrolle und eine Kurzschlußreaktion weitgehend ausgeschlossen?
* Wie fühlen Sie sich? Erleichtert, verunsichert, gekränkt, aufgewühlt, verärgert oder ...?
* Sprechen Sie die Situation und auch Ihre Gefühle möglichst mit Ihrem Kollegen durch. Fragen Sie ihn, wie er es erlebt hat, wie er sich fühlt.
* Wenn Sie sehr geschlaucht sind, dann gilt auch hier wie in anderen belastenden Situationen: Streßabbau durch körperliche Betätigung!
* Wenn Sie Ihren anderen Kollegen Bericht erstatten, seien Sie menschlich : Geben sie keinen Sensationsbericht. Erzählen sie nur dann ausführlicher, wenn Sie auch über Ihre Reaktion und Ihre Gefühle sprechen können.

Eine Todesnachricht überbringen

* Wenn Sie Kollegen haben, mit denen Sie auch solche Gespräche führen können, dann sind Sie in einem guten Kollegenkreis.
* Überlassen Sie ein Nachgespräch mit den Angehörigen keinem Kollegen. Gehen Sie selbst, Ihnen bringt man Vertrauen entgegen, weil Sie dem Hinterbliebenen durch die gemeinsam durchgestandene Extremsituation verbunden sind.
* Wenn es geht, fragen Sie im Nachgespräch auch, ob Sie etwas falsch gemacht haben, etwa in der Art: *Ich fühle mich immer fürchterlich unwohl, wenn ich jemanden mit einer solchen Nachricht wehtun muß* ... Sie beweisen damit ein weiteres Mal ihr Verständnis und Ihre Solidarität und Sie bekommen vielleicht tatsächlich eine brauchbare Rückmeldung für Ihr Verhalten.

Nun haben Sie Ihre Gedanken gesammelt und sind auf Ihre Aufgabe gut eingestimmt.
Jetzt sollten Sie die nötigen Vorbereitungen treffen.
Und dann machen Sie sich mit Ihrem Kollegen auf den Weg!

Das Unglück allein
　ist noch nicht das ganze Unglück;
Frage ist noch,
　wie man es besteht.
Erst wenn man es schlecht besteht,
　wird es ein ganzes Unglück.
Das Glück allein
　ist noch nicht das ganze Glück.

Ludwig Hohl

Raum für Notizen

Raum für Notizen

Raum für Notizen